북한 여성, 변화를 이끌다

이화여대 북한연구회 총서 3

북한 여성, 변화를 이끌다

초판 1쇄 발행 2021년 3월 5일

엮은이	이화여대 북한연구회
지은이	강혜석·곽연실·김미주·김엘렌·김정수·송현진·전정희·조영주
펴낸이	윤관백
펴낸곳	도서출판 선인
등 록	제5-77호(1998.11.4)
주 소	서울시 마포구 마포대로 4다길 4 곳마루빌딩 1층
전 화	02)718-6252/6257
팩 스	02)718-6253
E-mail	sunin72@chol.com

정가 22,000원
ISBN 979-11-6068-460-5 93300

이화여대 북한연구회 총서 3

북한여성, 변화를 이끌다

이화여대 북한연구회 엮음

강혜석 · 곽연실 · 김미주 · 김엘렌
김정수 · 송현진 · 전정희 · 조영주 지음

도서
출판 선인

북한 사회 연구는 일정한 한계 속에서 이루어지기 마련이다. 70년 넘도록 청산하지 못하고 있는 전쟁과 그로 인한 불안정한 남북관계 때문이다. 남과 북이 상호 체제를 인정하고 적대관계를 청산한 후 제한적이나마 교류의 폭을 확대한다면 북한의 실상은 더욱 정확히 파악될 수 있을 것이다. 남북은 그동안 고위급회담과 정상회담을 통해 수많은 합의를 도출해왔다. 또한 이산가족 상봉행사를 필두로 스포츠, 예술, 대중문화, 방송, 학술, 종교 등 다양한 민간 교류와 인도적 지원, 관광, 경협 등 경제 부문에서의 교류가 있었지만 남북관계는 정상화하지 못하고 있다. 무엇보다 북한의 핵 문제가 얽혀있는 까닭이다. 이는 남북관계가 국제관계 속에서 독립적이지 못함을 단적으로 드러낸다.

김정일 사후 2012년 정권을 물려받은 김정은 총비서는 지난 9년여 동안 당을 정상화하며 사회주의강성국가를 추구하고 있다. 2013년 핵과 경제 병진 노선을 표방했던 북한은 제6차 핵 실험을 강행하고, 장거리 미사일 실험까지 마친 2017년 11월 핵 무력 완성을 선언했다. 이듬해 2018년에는 경제발전 우선 전략을 채택하며 적극적으로 대남, 대미 대화에 나섰다. 남북 정상은 판문점과 평양에서 세 차례 회담했다. 그 중간에 최초의 북미 정상회담도 성사됐다. 2018년 6월 하노이회담 합의문 3항은 4.27 판문점선언을 재확인하고, 북한이 한반도의 완전한 비핵화를 위해 노력할 것을 약속했다. 그러나 2019년 2월 싱가포르회담이 실패하자, 북미회담을 견인했던 남북관계가 급랭했는데 이 또한 남북관계의 한계를 그대로 노정한 것이다.

북한이 생존전략으로 채택한 핵 개발은 내부적으로 단결력을 높였지만, 외부적으로는 극심한 제재국면에 몰리게 했다. 자연재해와 코로나19 국면과 맞물리며 3중고에 처한 북한은 2021년 1월 개최된 제8차 당대회에서 일심단결과 자력갱생을 내세운 고강도의 국가주의 전략을 내세웠다. 이민위천을 표방했지만 인민들을 가장 혹독하게 만드는 아이러니한 상황이라고 할 수 있다. 수령과 당과 인민이 혼연일체가 되는 힘은 위기시 더 큰 위력을 발휘하는데, 이는 북한 특유의 문화적 현상이다. 수령을 중심으로 하는 동심원적 사회구성체를 유지하려는 대의명분과 결속력 때문이다. 북한 사회의 특수성을 제대로 파악할 때 효과적인 대북정책을 펼칠 수 있고, 그에 따라 남북관계 발전과 한반도 평화정착도 가능해진다.

이화여대 북한연구회는 북한학과 창립 20주년을 기념하여 2018년 11월에 첫 연구총서 『김정은 체제 변한 것과 변하지 않는 것』을 발간했다. 2020년 3월에는 두 번째 총서인 『남과 북, 평화와 공존』을 발간했다. 2021년 2월에는 세 번째 총서로 『북한 여성, 변화를 이끌다』를 발간하게 됐다. 첫 번째 총서가 북한의 정치와 경제, 사회와 문화에 대한 이해를 도왔다면 두 번째 총서는 남북관계의 성찰을 담았다. 이번 세 번째 총서에서 북한 여성을 다룬 점은 이화여대 북한연구회로서 매우 뜻깊은 일이다. 북한 사회 이해의 창으로서 북한 여성은 또 다른 관점을 제공하는 주제이기 때문이다.

김정은 정권 초인 2012년 7월, 릉라유원지 방문 시 부인 이설주와 동반한 모습은 선대 수령들의 행태와 다른 모습이었다. 초록색과 검정색의 달린옷(원피스)을 입고, 남편의 팔짱을 낀 채로 활짝 웃는 젊은 퍼스트 레이디(First Lady) 등장은 북한 사회 변화에 있어서 여성 역할의 변화를 단적으로 나타냈다. 어버이 수령의 위상과 다른 젊은 지도자 이미지를 안정감 있게 부각시킬 필요와 정상적인 국가 원수로서의 위상을 구축하려는 의도로 해석될 수 있었다. 또한 1990년대 고난의 행군 시절 가부장제 질서의 경제적 토대가 붕괴한 이후 여성의 역할이 크게 변화한 현실을 반영했다고도 볼 수 있다. 여성의 역할 변화가 북한 사회 변화를 가속한다면, 그 원인과 영향을 분석하고 규명하는 연구는 북한 사회 변화를 새로운 각도에서 조망하게 해준다.

이번 총서는 여는 글에 이어 총 3부로 구성되었다. 여는 글에서는 북한 사회의 변화로 인한 여성의 역할 변화, 여성의 역할 변화로 인한 북한 사회 변화의 가속화, 이 맞물린 관계가 어떻게 작동하는지를 살펴 북한 여성 연구를 통해 북한 사회를 해석할 수 있는 방향을 제시했다. 1부에서는 북한의 정치체제가 여성의 삶에 미치는 영향을 분석하기 위해 1장 북한 민족주의 부상 과정에서 여성이 민족재생산자로서 담당했던 역할과 기능을 검토했고, 2장 문화예술을 통한 북한 당국의 젠더 정치 등 북한의 체제 유지와 여성이 동원되는 방식을 다루었다. 2부에서는 1장 주민들의 충성심을 확보하기 위한 통치 방편으로 활용한 영웅 정치 중 여성 영웅에 대한 담론을 분석하고, 2장 김여정이 발표한 담화문을 토대로 동기이미지 분석을 통해 리더십 효과성에 관한 연구를 했다. 3부에서는 북한 여성의 의식 변화에 주목하면서 1장 가족 해체 및 그로 인한 북한 여성과 아동의 문제를 분석하고, 2장 의료 보건 분야에 나타나는 여성의 지위 변화, 3장 섹슈얼리티를 통해서 본 여성의 주체적 삶의 변모양상을 살펴보았다.

이화여대 북한연구회가 해를 거듭할수록 더욱 알차게 성장하고 있음을 확인할 수 있다. 북한학의 경계를 넘어서서 남북관계와 한반도 평화·통일에 이르는 다양한 주제들을 포괄하면서, 이화여대 특성에 맞는 북한 여성 연구의 열매들이 쌓이고 있다. 초대 회장으로 기초를 쌓은 김정수 박사와 구성원들의 형편을 세밀하게 살피며 애정을 쏟았던 2대 회장 이미숙 박사께 박수를 보낸다. 총서 발간에 힘썼던 조영주 박사와 김미주 박사, 그리고 회장단으로 함께 수고했던 구성원들께도 감사의 마음을 전한다. 이번 총서에 참여한 강혜석 박사, 송현진 박사, 김엘렌 박사, 전정희 박사, 곽연실 박사도 감사하다. 이화여대 북한학과에 몸담았던 많은 동문께도 새로운 기대와 감사의 마음을 전한다.

이화여대 북한학과를 이끌고 계시는 김석향 교수님과 최대석 교수님, 그리고 올해부터 학과장의 중책을 맡게 되신 조동호 교수님께 감사하며, 졸업 후 각자 삶의 현장에서 있음 직한 역할을 다하는 제자들의 모습으로 은혜에 보답하겠다는 다짐을 담아 드린다. 끝으로 이 책의 출간을 기꺼이 수락해주신 도서출판 선인의 윤관백 대표님의 배려와 수고에 진심으로 감사드린다.

2021년 3월
저자들의 뜻을 모아
이화여대 북한연구회 회장 윤은주

3부
북한 사회 변화와 북한 여성

여는 글

북한 사회에서 젠더 연구의 의미

조 영 주

사회주의는 '나쁜 것'이고 '비도덕적'인 것이다 …소비에트 사회주의의 몰락은 바로 이런 나쁨과 비도덕성에 의해 예견되었다. 이러한 가정은 오늘날 이 시스템을 묘사하기 위해 사용되는 용어와 소비에트의 현실을 묘사하는 데 동원되는 여러 이원론적 범주에서 명시적으로 드러난다. 억압과 저항, 탄압과 자유, 국가와 인민, 공식경제와 2차 경제, 공식문화와 반反문화, 전체주의 언어와 반反언어, 공적자아와 사적자아, 진실과 거짓, 현실과 위장, 도덕성과 부패 따위가 그것이다.[1)]

1. 들어가며

1990년대 중반 이후 시장의 확산은 북한 경제시스템의 변화를 야기했고, 주민들의 생활양식 전반에도 영향을 미쳤다. 시장 공간을 둘러싼

1) 알렉세이 유르착 저, 김수환 역, 『모든 것은 영원했다, 사라지기 전까지는: 소비에트의 마지막 세대』(서울: 문학과 지성사, 2019), p. 17~18.

주민의 경제활동 행태, 시장 중심의 경제활동을 통한 의식, 시장을 통해 유입 및 소통되는 정보와 문화에 따른 의식과 생활양식 등에서 여러 변화가 발견된다. 이러한 변화와 관련하여 북한 연구는 주민의 삶에서 발견되는 변화와 북한 사회 변화가 어떤 관계에 있는지에 대해 주목했다. 북한의 시장화에 따른 계층 변화, 일상적 생활양식의 변화, 공간의 재구성, 주민의 의식 변화 등 시장화가 야기한 변화의 다층적인 측면을 드러내고자 했다.[2]

시장의 확산, 그에 따른 북한 사회의 변화에 주목하면서 과거에 비해 북한 여성에 대한 관심이 상대적으로 높아진 경향이 있다. 시장활동의 주요 주체가 여성이다 보니 시장의 영향을 많이 받기도 하고 시장과 관련한 다양한 실천을 보이고 있기 때문이다. 그에 따라 북한 여성의 의식이나 생활양식의 변화, 그러한 변화가 북한 사회에 미치는 영향을 탐색하고자 했고, 북한 사회의 여러 측면 중에서도 가부장적 질서와 구조에 어떤 영향을 미쳤는지를 살펴보는 연구들이 늘었다.[3]

북한 여성과 사회 변화의 관계에 대한 기존 연구들은 개인주의와 물질주의의 확산, 가족관계의 변화, 몸과 관련 여성 실천 양식의 변화 등을 중요한 변화의 지점으로 밝혔고, 이러한 북한 여성의 변화가 북한의

---

2) 박희진, "북한의 시장화와 도시공간의 변화 연구: 공적-사적 공간의 관계," 『북한학연구』, 제14권 2호 (2008); 김병로, "북한의 시장화와 계층구조의 변화," 『현대북한연구』, 제16권 1호 (2013); 장인숙·최대석, "김정은시대 정치사회 변화와 북한 주민 의식," 『북한학연구』, 제10권 1호 (2014), 강동완, "김정은시대 북한 사회 변화 실태 및 북한 주민 의식조사," 『북한학보』, 제39권 2호 (2014), 김병로, "탈북자 면접조사를 통해 본 최근 북한사회의 변화," 『북한연구학회보』, 제18권 2호 (2014) 등.

3) 정은찬, "시장도입에 따른 북한 여성의 경제적 역할 변화," 『세계지역연구논집』, 제37권 4호 (2019); 조영주, "북한의 시장화와 젠더 정치," 『북한연구학회보』, 제18권 2호 (2014); 곽연실, "'고난의 행군' 이후 북한 여성의 정체성 재구성" (이화여자대학교 북한학과 박사학위논문, 2020) 등.

가부장적 질서 혹은 가부장제에 어떤 영향을 미치는가를 규명하고자 했다. 북한 여성이 시장을 통해 접하는 다양한 문물과 문화, 변화한 경제활동을 통해 의식의 변화를 갖게 되는 것은 부정할 수 없는 사실이다. 과거에 비해 개인이 중시되고 물질의 중요성이 강조되는 것 역시 마찬가지다. 하지만 시장을 매개로 여성의 경험이 다층화되는 현실을 단순히 '개인주의'와 '물질주의'의 확산이라는 것으로 귀결시킬 수 있는지에 대해서는 의문이다. 최근 남한 여성 역시 임신과 출산을 당연하게 받아들이지 않는 경향이 나타나고 있지만 이에 대해 개인주의의 확산이라는 방식으로 평가하지 않는다. 그런데 북한 여성이나 사회적 변화에 대해서는 '개인주의'나 '물질주의'라는 방식으로 단순화시키는 경향이 있다. 이는 그동안 북한 사회의 특성으로 논의되었던 '집단주의', '사상 중심'이라는 것들과 대비되는 개념을 통해 북한 사회의 변화를 설명하려는 맥락에서 나타난 것으로 보인다. 과거와는 다른 현상을 개념화하고 설명하는 것은 매우 중요한 과제이기는 하지만, 개념화가 경험과 경험에 내재된 의미를 단순화시키는 결과를 낳기도 한다. 그리고 개념과 개념 사이의 여러 층위들, 다양한 논의가 필요한 지점들을 간과하게 하기도 한다. 그런 점에서 북한 여성 또는 사회의 변화를 논하는 데 있어 변화를 단순화하는 것은 아닌지, 변화를 이분법적 관점에서 다루고 있는 것은 아닌지에 대한 끊임없는 점검이 필요하다.

경험에 대한 이분법적 접근에 대한 지양의 필요성은 젠더연구에서 구체화되어 왔다. 젠더연구는 여성 경험의 다층적인 측면과 의미를 드러내는 데서 경험에서 나타나는 복합성, 다층성 등을 드러내는 것에 관심을 갖는다. 그런 점에서 이 글은 그동안 젠더연구에서 여성 경험을 의미화한 방식이 북한 여성 또는 북한 사회 변화를 해석하는 데 어떤 시사점을 줄 수 있는지 살펴보는 것을 목적으로 한다.

또한 젠더연구는 단순히 여성을 대상으로 하는 연구가 아니라 사회를 조직하고 운용하는 데서 젠더가 활용된 방식을 규명하고자 하며, 사회 구성원이 정체화되는 방식, 사회 구성원의 정체성 수행 방식을 드러냄으로써 사회가 규율되고 규범화된 원리를 밝히는 것을 목적으로 한다. 그런 점에서 젠더연구는 여성연구를 넘어 사회연구의 한 축으로서 중요한 의미를 갖는다.

최근 북한 연구에서도 '젠더'(gender)는 분석의 대상이자 분석의 틀로 활용되고 있다. 북한 연구에서 '젠더'(gender)의 등장은 2001년 이후이다. 김미숙의 "북한 교과서의 민족국가 담론과 젠더"(2001)라는 논문에서 젠더라는 개념을 처음 사용한 것으로 발견되었고, 이후 '젠더'가 꾸준히 주요 개념으로 활용되었다.[4] 북한 여성연구에서 '젠더'연구로의 변화는 여성의 일상생활이나 경험에만 주목하는 것이 아니라 사회구조적 차원에서 '여성'이 구성되는 방식에 대한 관심에서 출발한다. 기존의 북한 여성연구가 여성만을 대상으로 한 연구에 그친 것에 비해, 여성을 둘러싼 정치, 경제, 사회, 문화적 맥락에 접근을 시도한

---

4) 북한 연구에서 젠더라는 개념을 활용한 연구로는 박영자, "경제난 이후 북한체제와 젠더의 구조 및 변화,"『통일논총』, 제25권 (2007); 박영자, "북한의 젠더시스템과 여성 삶의 전략,"『동북아연구』, 제16권 (2011); 임혜란·이미경, "북한의 젠더 불평등과 국가역할: 남북한 비교의 관점에서,"『동북아연구』, 제14권 (2009); 이영미, "《백일홍》에 나타난 북한 여성의 종속과 젠더,"『평화학연구』, 제10권 1호 (2009); 조영주, "북한 여성의 실천과 젠더 레짐의 동학" (이화여자대학교 북한학과 박사학위 논문), 2012; 조영주, "북한의 인민만들기와 젠더정치,"『한국여성학』, 제29권 2호 (2013); 조영주, "북한의 시장화와 젠더정치,"『북한연구학회보』, 제18권 2호 (2014); 김영선, "1960~70년대 북한의 재생산 정책과 젠더의 문화정치,"『여성과 역사』, 제21호 (2014); 안지영, "북한 영화에 대한 젠더 접근법 모색,"『현대북한연구』, 제18권 1호 (2015); 안지영, "북한 영화에 나타난 스포츠 내셔널리즘과 젠더,"『통일인문학』, 제62권 (2015); 권금상, "총대 서사의 젠더 이데올로기,"『현대북한연구』, 제18권 1호(2015); 전지니, "전사형 여성상으로 본 1950년대 북한 연극의 젠더체계,『한국연극학』, 제1권 68호 (2018); 조정아 외, 『북한 여성의 일상생활과 젠더정치』(서울: 통일연구원, 2019) 등이 있다.

다는 점에서 젠더연구가 갖는 특징이 있다. 따라서 이 글의 두 번째 목적은 젠더(gender)라는 렌즈가 어떻게 북한 사회의 변화와 관련한 쟁점을 설명하는 데 유용한 도구인지를 살펴보고자 한다. 북한 여성 경험에서 나타나는 특징들을 젠더 연구 차원에서 접근할 때 어떤 논의를 할 수 있는지, 그러한 경험의 변화와 북한 사회의 변화 관계를 어떻게 설명할 수 있는지를 논의할 것이다.

2. 젠더연구의 학문적 성과들

1) 젠더(gender) 개념

1995년 북경 세계여성대회에서 '젠더'는 사회적으로 구성된 성으로 정의되며, '성'(sex)와 구별되는 개념으로 논의되면서 대중적으로 알려진 용어이지만, 기실 젠더는 1970년대부터 페미니스트들에 의해 의미가 구성되어 왔다. 대중적으로 알려진 젠더의 의미는 남성성과 여성성 등 남성과 여성의 사회화된 특질로, 생물학적 성과 구별되는 사회적 성으로 이해된다. 하지만 젠더는 단순히 생물학적 성차와 구별되는 개념이라거나 여성성/남성성으로 정의되는 개념은 아니다. 페미니스트들의 젠더를 둘러싼 개념에 대한 논의와 작업은 복잡한 논의의 지형을 갖는데, 분명한 것은 젠더 개념에 대한 논의의 이유가 권력관계에 기초하여 특정한 존재가 특정한 방식으로 정체화되고 명명되며, 그로 인해 권력관계를 유지·지속하는 것에 대한 문제제기를 하는 것에 있다는 점이다.

페미니스트들은 생물학적 성에 기초한 성별의 구분이 갖는 본질주의를 문제제기했고, 젠더라는 개념을 통해 본질주의를 문제화하고자 했으나 젠더를 사회적 성으로 이해하는 한 섹스와 마찬가지로 본질주의에 머무를 수밖에 없다는 점을 지적해왔다. 그러면서 섹스와 젠더를 구분하는 것이 갖는 한계를 지적하기 시작했는데, 여기에는 그동안 여성/남성, 사회/자연, 이성/감정으로 구별되는 이분법에 대한 문제제기가 전제되어 있다. 그런 점에서 섹스와 젠더를 구분하는 것 역시 기존의 이분법적 접근과 다르지 않음을 지적했고, 젠더와 섹스의 구분이 '섹스를 구성하는 방식'을 간과하게 했다는 점을 지적했다.[5] 그리고 젠더라는 용어가 여성과 여성성의 사회적 구성에만 적용되는 것으로 간주되는 경향이 있고, 불평등한 권력관계를 드러내기보다 단순히 여성과 남성의 차이를 설명하는 틀로서 젠더를 활용함으로써 젠더 개념이 갖는 분석적 유용성이 상실되기도 했다는 점을 비판했다.[6] 섹스와 젠더의 구분이 결국 본질주의로 환원된다는 것을 비판하는 대표적인 학자는 주디스 버틀러(Judith Butler)이다. 버틀러는 섹스/젠더의 구분이 자연/문화, 본질/존재라는 이분법의 복사판이 되므로 섹스/젠더 체계를 해체하고자 한다.[7] 섹스/젠더의 의미가 어떻게 주어졌는지 의미를 묻지 않은 채 '주어진' 섹스나 '주어진' 젠더를 지칭할 수 있는 것인지에 의문을 제기하며, '섹스' 역시 젠더만큼이나 문화적으로 구성된 것일 수도 있고, 섹스도 이미 젠더일 수 있으므로 섹스와 젠더는 구별될 수 없다는 것이다.[8] 이러한 논의의 맥락에서 버틀러는 젠더는 존재하는 것이 아니라 수행될 뿐이라고 천명한다.

---

5) 배은경, "사회 분석 범주로서의 '젠더' 개념과 페미니스트 문화연구: 개념사적 접근," 『페미니즘 연구』, 제4권 1호 (2004), pp. 68~69.

6) Oudshoorn, *Beyond the Natural Body: An Archaeology of Sex Hormones* (London: Routledge, 1994), 1994; 배은경, "사회 분석 범주로서의 '젠더' 개념과 페미니스트 문화연구: 개념사적 접근," 『페미니즘 연구』, 제4권 1호 (2004), p. 66.

7) 임옥희, 『주디스 버틀러읽기』 (서울: 도서출판 여이연, 2006), p. 38.

8) 주디스 버틀러, 조현준 역, 『젠더 트러블』 (서울: 문학동네, 2008), pp. 96~97.

그런데 기존 북한 연구에서 진행된 젠더연구는 '사회적으로 구성되는 성'이라는 인식에 머무르는 경향이 있다. 여성과 남성이라는 생물학적 성이 어떻게 사회화되는지에 관심을 두고 변화된 성역할에 대한 논의가 주를 이루는 것이다. 하지만 젠더는 단순히 여성과 남성으로 구별되는 역할을 의미하는 것은 아니다. 젠더는 사회적 관계로서 이해되어야 하며, 이 때 사회적 관계는 다양한 협상(negotiation)을 포함하는 과정으로 접근되어야 한다. 이러한 '젠더'가 갖는 속성이 북한연구에서 젠더가 중요한 이유이다. '젠더'는 역할을 규정하는 효율적 수단으로, 권력을 유지하고 사회적 질서를 구축하는 데 활용된다. 또한 젠더는 국가권력과 정치체제의 중요한 작동원리이고, 권력을 설명할 수 있는 유일한 장은 아니지만, 권력이 지속되고 순환되는 장이다.[9] 젠더는 인식과 사회적 삶의 현실적이고 상징적인 조직을 구축한다는 점에서 인간의 상호작용의 여러 형태에 대한 복잡한 관계를 유지하고 의미를 해석하는 데 방법을 제공한다.[10] 조안 스콧(Joan W. Scott)에 따르면, 젠더는 ① 성차에 기반한 사회적 관계의 구성요소이며, ② 권력관계를 의미화하는 주된 방법이다.[11] 코넬(R.W.Connell)은 젠더를 사회적 배열의 한 형태이고, 그러한 배열이 지배하는 일상생활에서의 행위이자 실천이라고 정의하였다.[12] 이러한 차원에서 젠더는 실재하는 사회적 관계이며, 젠더의 수행은 "끊임없이 재개되고(renewed), 재창조되고(recreated), 방어되

---

9) Joan W. Scott: *Gender and Politics of History* (New York: Columbia University Press, 1988), p. 14.

10) Joanna Goven, "The Gendered Foundations of Hungarian Socialism: State, Society, and the Anti-Politics of Anti-Feminism, 1948-1990" (Ph. D. dissertation, University of California, Berkeley, 1993), p. 2.

11) Joan W. Scott, Gender and the Politics of History, pp. 42~44.

12) R. W. Connell, "The State, Gender and Sexual Politics: Theory and Appraisal," *Theory and Society*, vol. 19, no. 5 (1990).

는(defended), 그리고 또한 끊임없이 저항하고(resisted), 제한하고(limited), 변형하고(altered), 도전하는(challenged)"[13] 협상의 과정이다.

이러한 젠더개념을 기반에 둔 북한의 젠더연구는 단순히 '생물학적 매개로 여성'에 대한 연구가 아니라 젠더를 사회적 질서와 구조가 조직되는 방식에 대한 연구로 이루어져야 한다. 북한 당국이 체제 유지를 위해 취하는 전략, 정책, 제도 등이 어떤 방식으로 젠더를 활용하는지, 그 효과가 무엇인지에 대한 접근이 필요한 것이다.

2) 이분법적 시각과 환원론에 대한 문제제기

젠더연구는 젠더 개념과 더불어 여성의 경험을 해석하는 데 있어 구조와 행위의 이분법을 극복하고자 하는 시도를 꾸준히 전개했다. 구조와 행위에 대한 논의들은 각각의 맥락 속에서 차이를 보이기는 하지만, 공통적인 것은 구조와 행위 중 어느 한쪽에 우위를 두는 것이 아니라 각각이 어떻게 매개되고 구성되는가에 관심을 둔다는 점이다. 특히 젠더 구성과 관련해서는 젠더가 사회적으로 구성되면서 동시에 행위자들의 실천이기도 하다는 점을 강조한다. 젠더는 권력의 기획이나 구조적인 맥락을 통해 구성되기도 하지만, 사회구성원의 실천을 통해서도 생산 및 재생산된다는 해석이 가능하다. 나아가 젠더는 실재하는 것이 아니라 수행되는 것이라는 논의로까지 이어진다. 수행성의 논의는 존재하는 본질이 있는 것이 아니라 수행될 뿐이며 수행의 과정에서 반복과 모방, 패러디를 통해 그 의미가 재구성된다는 것을 의미한다.[14] 이러한 수행 개념에 따르면 과거와 단절된 북한 여성의 경험이나 변화는 존재

---

13) R. Williams: *Marxism and Literature* (Oxford: Oxford University Press, 1977), p. 112.

14) 주디스 버틀러 저, 『젠더 트러블』(서울: 문학동네, 2008), p. 24.

하기 어렵다. 왜냐하면 본질적인 '여성', 여성의 경험이 존재하는 것이 아니기 때문이다. 그들의 수행 방식이 변화하게 되는 맥락, 변화되는 방식, 그리고 그것의 의미를 좀 더 면밀히 살펴보아야 한다는 것이다.

구조와 행위의 관계에 대해서는 여러 사회학자들의 논의도 있었다. 안소니 기든스(Anthony Giddens)는 구조의 이원성 개념을 통해 구조는 사회적 행위의 매체이면서, 동시에 행위의 산물로서 양자는 상호의존적이고 순환적인 관계를 가진다고 규정한다.[15] 피에르 부르디외(Pierre Bourdieu)는 구조와 행위를 통일적으로 사고할 수 있는 매개적 장치로 아비투스(habitus) 개념을 도입한다.[16] 아비투스는 구조-행위 양자의 논리적 통합을 넘어서 행위와 실천 속에 존재하는 구조의 효과를 보여준다는 점에서 여타의 이론과 다르다. 부르디외는 아비투스를 매개로 실천의 이중성을 제시한다. 이중성의 첫 번째 측면은 구조화된 구조이자 실천의 발생 원리인 아비투스에 의해 수행되는 실천이 '구조화된(structured) 실천'이라는 것을 말한다. 여기서 행위는 연속성, 규칙성, 제한성을 가진다. 또 다른 측면으로 실천은 전환가능성, 자율성, 다양성, 예측불가능성을 내포한 역동적 행위로서 객관적 구조를 '구조화하는(structuring) 실천'이라는 것이다. 이는 행위자의 실천이 객관적 구조에 의해 생산되지만, 동시에 실천이 갖는 자율성이 객관적 구조를 변화시키는 동력이 될 수 있다는 것을 의미한다. 이러한 논의들은 젠더질서가 재생산되는 요체로 실천에 주목하게 한다는 점에서 유용하지만, 그러한 젠더질서가 실천을 통해 변형될 가능성에 대해서는

---

15) Giddens, Anthony 저, 황명주·정희태·권진현 옮김, 『사회구성론』(서울: 간디서원, 2006), pp. 74~78.
16) 부르디외 '아비투스' 개념을 '실천'의 논리로 설명하는 연구로는, Bourdieu, Pierre: *The Logic of Practice* (Stanford, CA: Stanford University Press, 1980)참조.

답을 주지 못하는 한계를 갖는다.

여성의 경험과 실천을 바라보는 관점에 이분법적 시각이 존재하고, 이는 결국 환원론으로 이어진다. 여성의 경험에 대한 해석에 있어 가부장제의 변화냐 아니면 지속이냐는 방식의 논의가 다수이고, 그에 따라 가부장적 구조와 의식 간의 대립으로 논의가 이어지는 경향이 있다. 다시 말해 가부장적 의식은 약화되었으나 가부장적 구조로 인해 그 변화는 한계를 가진다는 방식의 해석이다. 결국 가부장제는 공고하다는 결론으로 이어지게 된다. 그렇다면 가부장제는 무엇인가?라는 질문은 여전히 남게 되는데, '가부장제' 개념이 갖는 한계에 대해서는 전혀 논의가 되고 있지 않는다.

가부장제 개념은 북한 체제를 설명하거나 남성 지배와 여성 종속의 구조를 설명하는 데 활용된다. 하지만 가부장제라는 개념은 남성 지배와 여성 억압을 전제로 하면서 지나치게 포괄적이며, 다양한 지배 형태를 설명하지 못하는 측면이 있다. 특히 차별적이지 않거나 불평등하지 않은 젠더 관계를 설명하지 못한다. 또한 가부장제를 젠더 관계의 보편적인 특징으로 상정해 놓고 여성이 그 영향권을 벗어날 수 있는 여지는 거의 없는 것으로 묘사된다. 그로 인해 변화의 가능성을 제거함으로써 여성 실천의 맥락과 다양한 지배구조와의 결합 수준을 설명하지 못하는 한계를 드러낼 수밖에 없다. 북한 가부장제 하에서 여성의 행위성은 드러나기 어렵고, 여성은 항상 억압받는 위치에 있는 존재로 설명되며, 다양한 여성 경험을 의미화하기 어렵다.

3) 주체, 실천, 협상

북한 사회 변화에 대한 관심은 북한 주민의 행위성을 설명하고자 하는 것으로도 이어진다. 권력과 구조의 변화를 탐색하는 한편, 권력과 구조를 지탱시켜 온 이념이나 규율, 담론 등을 변화시키는 힘의 하나로 주민의 행위가 부각되어왔다. 그리고 그동안 구조와 권력을 중심으로만 북한 사회를 설명하고자 했던 한계를 벗어나기 위한 노력의 차원에서도 그러했다. 그에 따라 북한 연구에서 '일상'은 중요한 관심의 대상이 되면서 일상의 의미를 살리고 일상의 공간에서 이루어지는 주민 경험을 의미화하려는 노력들이 있었다. 특히 피권력집단의 행위의 의미를 분석하는 데 있어 '실천', '하위문화' 등 다양한 개념들이 차용되었다. 이러한 개념들은 주민의 행위성을 부각시키면서 그것이 북한 사회에 미치는 영향의 의미를 드러내는 데 매우 유용한 개념이라 할 수 있다. 북한 여성과 관련해서도 젠더질서 하에서 이루어지는 여성의 다양한 경험과 행위가 북한 사회의 가부장적 구조를 변화시킬 수 있는 가능성을 보여주는 데 유의미하다. 이러한 이유로 주체와 주체의 행위성, 실천에 대한 관심이 제기된다.

주체의 문제는 페미니즘 정치학에서 중대한 문제이다. 여성 주체에 대한 고민은 여성 억압적 질서를 해체하고자 하는 목적과 '여성'으로 범주화되는 존재의 정체성을 어떻게 설명할 것인가라는 물음에 대한 답으로 중요한 이슈이다. 그동안 여성이라는 정체성과 주체성에 대한 논의를 전개해왔던 페미니즘은 더 이상 주체를 고정되어 있거나 변하지 않는 용어로 간주하지 않는다.[17] 이와 관련해 버틀러는 행위 주체성은 행위자를 선험적으로 가정하지 않고 행위를 통해서만 행위 주체가 형성된다고 보며, 주체는 고유한 본질이 있는 존재가 아니라 담론 안에서 담론을 생산되는 것이며 단어들에 새로운 의미를 부여하는 맥락 속

---

17) 주디스 버틀러 저, 조현준 역, 『젠더 트러블』(파주: 문학동네, 2008), pp. 87~88.

에서 발언함으로써 행동한다고 보았다.[18] 이러한 버틀러의 여성 주체에 대한 관점과 논의는 본질적인 여성으로서 존재가 아닌 여성이 행하는 행위 자체의 중요성을 강조한다는 점에서 중요하다. 왜냐하면 행위가 이루어지는 맥락에 대한 규명이 이루어질 때 여성의 행위가 갖는 의미를 드러낼 수 있기 때문이다. 그리고 본질적인 여성 또는 단일화된 여성이 아니라 여성'들'을 드러낼 수 있고, 여성의 선택과 행위에서 드러나는 모순들을 해명할 수 있기 때문이다. 그리고 그 과정 자체가 젠더질서가 재생산, 변형되는 동학을 드러낼 수도 있기 때문이다.

여성 주체, 여성의 주체화, 주체성은 정체성 논의와 여성 경험의 해석과 밀접한 관련을 맺는다. 그동안 젠더연구는 여성의 경험을 해석하는 데 있어 구조와 행위의 이분법을 극복하고자 하는 시도를 꾸준히 전개했다. 특히, 버틀러의 수행과 정체성 개념은 이러한 이분법적 논의를 넘어서는 데 의미를 갖는다. 버틀러(Judith Butler)는 정체성은 주어진 것이 아니라 수행될 뿐이며, 반복된 실천을 통해 질서가 생성되고 고착화되면서 사회적 사실로 자리잡는다는 것을 지적하는데,[19] 이러한 정체성 개념으로 그러한 수행이 이루어지는 맥락과 효과에 관심을 두게 한다.

시장화에 따른 북한 여성의 의식과 경험의 변화 역시 그러한 수행을 행하는 맥락과 효과에 더 관심을 두어야 한다. 여성의 경험과 실천이 특정한 방향, 다시 말해 기존 질서를 전복시키거나 유지시킨다는 이분법적 해석이 아니라 각 경험과 실천이 갖는 중층적 의미를 드러내어야 한다. 이러한 여성의 주체의 행위를 설명하는 데 유용한 또다른 개념으로 데니스 칸디요티(Deniz Kandiyoti)의 '가부장적 협상'(patriarchal

---

18) 조현준, 『젠더는 패러디다』 (서울: 현암사, 2014), p. 11.
19) 주디스 버틀러 저, 조현준 역, 『젠더 트러블』 (파주: 문학동네, 2008), p. 25.

bargains)이 있다. 칸디요티는 가부장적 질서 하에서 여성의 행위를 설명하는 개념으로 '가부장적 협상'을 제안한 바 있는데, 칸디요티는 주어진 조건 속에서 선택하는 여성들의 전략화를 가부장적 협상이라고 하였다.[20] 이는 가부장적 질서 하에서 여성의 주체성을 인정할 것을 제기하는 개념으로, 여성이 무조건 피해자의 위치에 놓여있는 것은 아니라는 것에 주목한다. 그리고 여성이 기존의 질서를 전유해내는 방식을 포함함으로써 가부장적 질서를 유지, 변형시키는 지점들을 드러내는 것에 관심을 둔다. 이러한 실천, 가부장적 협상 등의 논의는 북한 여성의 경험을 저항 혹은 순응이라는 방식으로 단순화시켜 설명하는 것이 아니라 그 행위가 갖는 의미의 다층성을 드러내는 것이 중요하다는 점을 시사한다. 이를 통해 새롭게 발견되는 여성 주체의 행위와 선택의 의미를 맥락적으로 이해할 수 있다.

3. 북한 사회에 대한 젠더 접근의 지점들

1) 시장화와 여성 경험의 변화의 해석

북한의 시장화와 여성 경험의 변화에 대한 관심의 궁극적 방향은 결국 그러한 변화가 북한의 가부장제의 변화를 도모하느냐에 관한 것이다. 대부분의 논의들이 가부장적 의식의 변화에는 영향을 미치지만 가부장적 구조의 변화는 제한적이라고 본다. 북한 여성의 의식과 경험의 변화가 발견되지만 그것이 북한 사회 변화로 이어지기에는 북한 사회의 가부장적 구조가 잔존해있기 때문에 한계가 있다는 것이다. 그렇다

---

20) Kandiyoti, Deniz, "Bargaining with Patriarchy," Gender & Society, vol. 2, no. 3 (Newbury Park, Calif: Sage, 1988).

고 할 때 북한 사회의 가부장적 구조는 무엇인가? 이 부분에 대한 충분한 논의가 이루어지고 있다고 보기는 어렵다. 그리고 북한 여성의 의식과 경험의 변화가 북한 사회의 변화로 이어져야만 하는가? 그리고 이때의 '북한 사회'는 무엇인가?

북한 여성의 경험과 실천에 대한 관심은 맥락을 드러내는 것을 목적으로 한다. 북한 여성의 경험을 살펴보는 것은 북한 여성 경험 그 자체에 대한 관심과 의미 부여의 측면도 있지만, 북한 여성의 경험이 이루어지는 정치·경제·사회·문화적 구조를 드러낸다는 점에서 중요하다. 현상 자체에 집중하는 것이 아니라 현상을 통해 보여줄 수 있는 구조와 제도, 관습 등을 드러내는 것이 필요하다. 이를 통해 변화가 함의하는 바도 도출가능하기 때문이다. 단적으로, 북한 여성의 경제활동 변화를 살펴봄에 있어 북한 여성의 경제활동의 양상과 함께 그러한 경제활동이 이루어지게 되는 맥락, 경제활동에 영향을 미치는 정치·경제·사회·문화적 요소도 함께 보아야 한다. 북한 여성의 경제활동이 북한 사회에서 여성의 지위를 높였는가라는 질문에 있어 '지위'가 무엇인지에 대한 질문, 과거의 지위는 무엇인지에 대한 설명, 지위를 결정하는 데 미치는 요소들이 무엇인지를 살펴보아야 한다. 북한 여성의 경제적 역할 변화와 관련해서도 '역할'이 무엇인지에 대한 정의부터 다루어져야 한다. 가정 내 소득에서 여성의 소득이 차지하는 비중을 통한 역할의 중요성을 의미하는 것인지, 부여되는 역할의 내용을 의미하는 것인지 등 다루고자 하는 역할의 변화가 무엇인지 명확할 필요가 있다. 최근 발견되는 바로는 북한 여성의 경제활동이 이루어지는 장이 시장이 주를 차지하는 경향이 있다. 그런 측면에서 여성의 경제활동 행태에 변화가 있는 것은 분명하다. 그렇다면 그러한 행태의 변화는 어떤 의미를 갖는지 살펴보아야 한다. 그리고 경제활동 행태의 변화가 소득에도 영향을 미친다면 소득의 변화가 갖는 의미를 가족관계, 국가와의 관계 속에서 살펴볼 때 북한 사회 변화를 설명할 수 있다. 공장이나 기업소에서 경제활동을 하지 않는 여성이 늘어남에 따라 국가에 대한 여성의 의존도는 낮아질 것이고, 의존도의 축소는 국가에 대한 기대와 의무 수행에 영향을 미친다. 그러면서도 국가와 시장의 관계를 고려할 때, 여성의 시장 경제활동이 국가와 아주 무관하다고 보기는 어렵다. 시장을 공식화함으로써 시장을 국가적 통제에 두고 시장을 통한 국가적 수입을 창출하려는 당국의 정책적 조치가 이루어지고 있기 때문에 여성의 시장경제활동은 결과적으로 국가경제에 기여한다. 이처럼 북한 여성의 경제활동의 의미는 기존의 제도와 정책 속에서 함께 분석되어야 북한 사회 변화나 여성 경험 변화의 의미를 다층적으로 드러낼 수 있다.

또한 북한 여성의 경제활동으로 인해 가족 내 발언권이 향상되고 임신과 출산을 거부하는 등의 현상이 나타난다. 이러한 이슈가 변화의 관찰대상으로 중요한 이유는 무엇인가? 그동안 북한 사회는 가부장적이기 때문에 가족 내 여성의 발언권이 약하다고 여겨졌다. 또한 임신과 출산은 여성의 당연한 임무라는 전통적 인식이 자리잡고 있었다. 그런데 시장화로 인해 과거와 다른 양상이 나타남으로써 기존의 가부장적 통념, 질서가 변화되고 있다는 측면을 강조하게 된다. 그 변화를 부정할 수는 없지만 변화의 가능성을 면밀히 살피기 위해서는 과거 가족 내 발언권이 약했던 이유, 임신과 출산을 거부하게 되는 맥락과 그 효과 등이 함께 다루어져야 한다. 배급제가 유용하던 과거 남성 세대주를 중심으로 한 주택과 식량의 배급은 가족 내 남성의 권위를 지탱시키는 물질적 토대였고, 이는 북한의 수령제를 뒷받침하기도 했다. 그러한 물질적 토대의 와해가 남성 세대주와 최고지도자의 권위의 영향력을 약화시키는 데 영향을 준 측면이 있다. 여성과 남성에 대한 규정과 그에 따른 배급제의 적용이 북한 사회의 젠더질서를 만들어냈고, 그 기제가 약화되면서 젠더질서의 변화를 야기하게 된 것이다. 또한 임신과 출산의 거부는 여성 개인적 차원에서는 자신의 몸에 대한 권리를 인식하게 되었다는 측면에서 중요한 의미를 갖는 한편, 가족을 중심으로 한 국가통치 방식의 기반을 해체하는 효과를 낳는다. 그동안 북한 당국은 가족을 사회의 가장 기본적인 세포로 간주하고 가정으로부터 혁명화를 도모했고, 그 역할을 여성에게 부여했다. 하지만 이제 과거 방식의 가족의 구성이나 유지가 어려워지고 있기 때문에 가정을 기본 단위로 하는 통치의 방식은 유효하다고 보기는 어려운 측면이 있다. 또한 혁명적 의리와 동지애를 중심으로 한 친밀성의 구성 방식에도 영향을 미친다. 연인관계, 가족관계의 핵심적 감정을 혁명적 의리와 동지애로 규정했던 당국의 의도와는 다르게 이제는 개인을 중심으로 한 친밀성을 재구성해가고 있는 것이다.

이처럼 시장화와 여성 경험의 변화를 설명함에 있어 여성의 의식이나 실천 변화의 내용에 집중하는 것과 함께, 그것이 국가의 통치 방식이나 정책, 제도 등과 함께 분석되어야 사회나 체제 변화와의 관계를 규명할 수 있다. 그런 점에서 북한 당국이 통치 기제로서 젠더를 활용하고, '여성'을 구성한 방식에 대한 관심을 확대해나가는 것이 필요하며, 이것이 북한 사회에 대한 젠더 접근의 일환으로서 북한 여성 연구를 수행하는 것이라고 볼 수 있다.

2) 국가통치담론의 표상으로서 젠더

젠더는 상징체계로서 통치의 장치(dispositif)로 동원되기도 한다. 대표적인 것이 북한의 '모성'과 민족이다. 우선 북한 당국은 모성을 여성의 당연한 본성으로 전제하고, 여성으로 하여금 개인적 차원, 국가적 차원의 돌봄을 강조한다. 대표적으로 군인의 어머니, 병사의 어머니 등으로 여성을 명명하며 여성을 동원하는 데 모성을 활용한다. 이러한 담론의 구축은 '모성=여성의 본성'이라는 인식을 강화하는 효과를 가진다. 관련한 예로 과거의 북한의 산업정책 과정을 살펴볼 수 있다. 북한은 산업화 과정에서 산업 간, 중앙과 지방 간 위계를 규정했는데, 이때 젠더가 유용한 상징체계로 동원되었다. 북한 당국은 '어머니공장', '모체공장' 등의 명칭을 통해 공자의 규모와 산업의 중요성을 재현했다.[21] 또한 이러한 상징체계는 여성의 구성에만 영향을 미치는 것이 아니라 노동규율과도 관련이 있다. '모체'를 통해 공장의 지위와 역할을 부여함으로써 해당 공장에서 일하는 노동자의 자긍심을 만들어내기도 하고, 노동 규율에 있어 도덕성을 강조하는 논리적 구조를 만드는 역할을 하기도 한다. 모체공장, 어머니 공장은 하부 단위 공장에 필요한 설비와 기계를 대주어야 하는 의무와 책임감이 있다. 때문에 모체공장의 노동자들은 그 역할을 수행하기 위해 노력해야 할 뿐만 아니라 다른 공

---

21) 김일성, 김정일이 각별한 관심을 기울이는 대형공장, 연합기업소체계에서 모공장 역할을 하는 중심 고리의 공장을 어머니공장, 모체공장이라 명명했다. 산업분야에서는 중공업 우선의 발전전략의 맥락에서 중공업이 모체가 되었다. 그리고 '모체'는 각 산업 내에서도 특별히 중요한 공장을 강조할 때 나타났는데 모체 공장으로 명명되는 공장은 산업의 '밑천'이 되기 때문에 공장의 생산성을 높일 뿐만 아니라 공장의 원자재와 기계를 아껴야 할 주력 산업이며 공장이다. 그리고 특별한 관리와 지도를 통해 간부를 양성하고 좋은 노동자를 훈련해내는 것이 중요한 과제이다. 이처럼 다른 공장의 생산 설비를 대주고, 다른 공장을 지도하고 운영할 수 있는 노동자와 간부를 양성한다는 측면에서 모체공장으로서 위상을 부여받는 것이다. '모체', '어머니'라는 수사가 붙는 또 다른 경우는 공장관리체계 내에서 모공장과 분공장을 구분할 때이다. 이 경우는 산업분야에 관계없이 공장의 규모와 역할에 따라 구분한다. 모체 공장은 분공장에 대한 지도를 하기도 하고, 분공장에 특정한 공정을 주어 분업의 형태를 띠기도 한다. 조영주, "북한 여성의 실천과 젠더레짐의 동학" (이화여자대학교 북한학과 박사학위논문, 2012), pp. 71~72.

장을 운영할 수 있는 생산을 하기 때문에 자긍심을 가지게 된다. 그리고 하부 공장으로서 작은 공장들은 그러한 설비와 기계를 가지고 생산성을 높이고, 모체공장의 생산을 돕기 위해 노력해야 하는 것이다. 이처럼 대형 공장이나 설비·기계를 대주는 공장을 '어머니 공장'이라고 인격화하고 상징화하는 것은 '어머니'라는 존재가 갖는 생물학적 생산과 자녀양육 활동과 연관이 있다. '어머니 공장'이라 불리는 공장의 산하에는 작은 공장이 존재하게 되는데, 그것이 큰 공장에서 분화된 공장으로서 작은 공장이라는 의미를 가질 때 '어머니'의 자녀 출산에 비유한다. 그리고 분공장에 대한 생산지도와 관리 등은 어머니가 자녀를 돌보고 양육하는 과정으로 표현한다. 이는 젠더가 북한의 공장 간 위계와 관리 방식에서 상징체계로 작동하는 것을 보여주는 현상이라 할 수 있다. 그리고 이러한 상징은 결과적으로 여성의 모성을 자연화하는 결과를 낳는다.

민족의 경우도 마찬가지다. 담론으로서 민족주의는 그 언설이 어디에서 작동하고 있는지, 누구에게 말해지고 있는지, 그리고 어떤 정치적 주체를 구성하고 있는지에 따라 민족의 주체를 달리 구성해낸다.[22] 민족담론에 젠더가 동원되는 방식으로는 민족집단이나 구성원의 생물학적 재생산자로서의 역할 부여, 몸을 통한 집단 정체성의 상징화, 전통문화의 재생산자 등이 있고, 민족주의의 강화는 곧 가족과 가구에 기초한 사회적 재생산의 중요성을 강조하는 것으로 연결되면서 출산율 조정, 재산상속, 가족성원의 사회화과정, 노동자 및 시민의 재생산 등에

---

22) 김은실, "민족담론과 여성: 문화, 권력, 주체에 관한 비판적 읽기를 위하여," 『한국여성학의 전망과 과제: 여성학과 여성운동』, 한국여성학회 주최 10주년 기념 학술대회 (1994년 6월 3일)

국가가 깊숙하게 개입하는 결과를 낳는다.[23] 북한 당국이 여성에게만 민족옷을 입게 강조한다거나 '모성영웅' 등 여성의 출산을 국가의 유지와 존속의 중요한 역할로 의미부여하는 것이 단적인 예이다.

북한 사회를 통치하는 담론과 제도를 젠더와 매개하는 방식은 민족과 모성뿐만 아니라 다른 예에서도 찾아볼 수 있다. 배급제와 성분제도 등도 젠더와 밀접한 관련을 맺으며 상호구성한다. 최근 리설주의 등장이 북한의 정상국가화를 위한 연출이라는 해석의 지점도 마찬가지이다. 최고지도자의 배우자 등장이 왜 정상국가화를 상징하는가라고 할 때, 기존의 이성애질서에 기반을 둔 정상가족 프레임을 국가 차원으로 확장했기 때문에 그러한 해석이 가능하다. 따라서 북한 사회를 이해하는 데서 어떤 사회조직의 원리가 작동하고 있는지, 또 어떤 사회질서 생산의 효과를 갖는지를 젠더뿐만 아니라 여러 장치들과 함께 분석해 내는 것이 필요하다. 그러했을 때 변화가 갖는 의미를 다변적으로 드러낼 수 있기 때문이다.

3) 실천의 다층적 효과

어떤 행위 또는 사회적 현상의 변화에 주목하는 것은 그러한 행위나 변화가 기존의 질서나 구조에 미치는 영향 때문이다. 북한 연구에서도 끊임없이 새로운 현상의 발견에 관심을 두는 것도 그 이유에서이다. 과거와 다른 어떤 다른 현상이 있는지, 그리고 그러한 현상이 북한 사회 혹은 체제 변화에 어떤 영향을 미치는지를 분석하고자 함인데, 이는 북한 사회나 체제가 변화하기를 기대하는 연구자의 욕망에서 기인하는 측면이 있어 보인다.

---

23) 함인희, "베트남 통일의 교훈: 여성의 사회통합 과정을 중심으로," 『여성학논집』, 제14-15집 (1998), p. 151.

북한 여성의 경험이나 실천 역시 그 변화가 기존의 가부장적 질서 변화에 영향을 주는가 아닌가가 관심의 주 대상이 된다. 그러다보니 연구의 주제나 대상 역시 시장화 이후 북한 여성의 시장경험에 많은 관심을 둔다. 가부장적 질서와 구조 하에서 이루어지는 실천과 경험이기 때문에 기존의 질서와 구조에 영향을 미칠 수밖에 없으나, 그 영향이 해체나 전환으로 이어진다고 보기는 어렵다. 그리고 실천은 한 방향의 효과만 있는 것이 아니라 다층적 효과를 가지기 때문에 더욱 그러하다.

예를 들어, 시장활동을 통한 개인적 차원의 의식과 경험의 변화는 발견되지만, 기존의 남성중심적 질서와 남성권력 혹은 국가 중심의 경제의 틀을 지속, 강화하는 데 기여하는 결과를 낳는 실천도 있다. 연구자가 만난 북한이탈여성 중에 사진관을 운영한 경험이 있는 여성이 있었다. 이 여성은 ○○도에서 처음으로 사진현상소를 꾸렸고, 도당 책임비서와 사업을 해서 두 차례의 건물을 건설한 경험이 있다. 처음에는 시 내에 편의건물이 없어 건물을 짓고 그곳에서 사진관을 운영했다고 한다. 두 번째는 도에서 필요한 아파트 건설 사업에 대한 책임을 모두 졌고, 도당책임비서가 돌격대를 꾸려주는 등의 지원을 했다고 한다. 이 여성이 건설사업을 책임진 것은 자신의 사진관 사업을 성공시키고 확장하기 위한 일환이기도 하고, 도당책임비서와의 관계를 통해 사업의 기반을 닦고 사업 추진의 힘을 얻고자 하는 목적에서였다. 그 결과 성공적으로 사업을 확장해 나갔고, 화폐개혁 당시에도 사전에 정보를 얻어 경제적 손실을 피할 수 있었다고 한다. 이 여성의 경험은 개인적 차원의 경제적 이익의 창출과 부의 축적을 꾀하면서도 도와 도당의 경제적 부분을 일정 책임짐으로써 도당을 지탱할 수 있는 물질적 지원을 했고, 당을 중심으로 한 남성권력이 강건하다는 점을 보여주면서 권력 유지에 기여한다. 이 여성뿐만 아니라 북한 당국이 시장을 허용하고 관리하면서 시장은 국가의 통제 하에 있게 된다. 그로 인해 의도와 무관하게 여성의 시장활동은 국가경제에 기여하게 되고, 시장을 관리하는 남성권력을 더욱 강화하는 효과를 낳는다. 또한 과거 국가경제의 중심이 남성이고 여성 노동은 주변화되었던 노동의 위계화가 시장 확산 과정에서도 여전히 재연되는 경향이 나타난다. 북한 경제에서 시장이 중요한 부분을 차지하고는 있지만 여전히 생산노동 중심의 경제활동이 중요한 부분을 차지한다. 그로 인해 생산노동중심의 경제는 남성이 주로 담당하고 시장활동은 주로 여성이 담당하는 성별분업이 여전히 유지되고, 각 경제 간의 위계화도 지속됨에 따라 여성의 경제활동이 주변화되는 결과를 낳을 수도 있다.

실천을 해석하고 의미를 부여하는 데 있어 저항이나 순응이냐라는 이분법은 그 현상을 충분히 설명해내기 어렵고, 당초 변화의 의미를 설명하고자 했던 목적을 달성하지 못하게 한다. 또한 특정한 현상을 개념화함으로써 야기되는 설명의 제약도 간과하기 어렵다. 시장을 통해 물질주의와 개인주의가 확산되고 있다는 것은 사실이기도 하면서 그렇게만 설명하기는 어려움이 있다. 어떤 물질주의인지, 어떤 개인주의인지, 그리고 어떤 맥락에서 물질주의, 개인주의가 등장하게 되는지 등을 설명하지 않는다면 그 의미가 모호해지기 때문이다.[24] 과거 당원이 되고자 하는 주민의 욕망과 노력은 당을 위해 충성을 하겠다는 차원에서 '집단주의'적 인식이 많았다고 설명할 수도 있지만, 당원이 되고자 하는 욕망 역시 개인적인 차원의 것일 수 있기 때문에 개인의 성공 차원

---

24) 이와 관련하여 한재헌(2020)은 '북한 사회가 개인주의화되고 있다'는 기존의 테제가 갖고 있는 한계가 집단주의와 개닝주의에 대한 면밀한 이론적 개념화를 수반하지 않았기 때문이고 ,집단주의를 너무 자명한 것으로 받아들이는 것에서 온다는 문제를 지적한 바 있다. 한재헌, "개별화−전체화의 혼종양식으로서 북한의 '집단주의': '북한사회의 개인화' 연구를 위한 사설,"『개념과 소통』, 제25호 (2020).

에서 이를 접근한다면 이 역시 개인주의라 볼 수 있다. 한편 물질을 추구하는 것, 물질이 문제 해결의 수단이 되는 것은 과거로부터 지금까지도 이어지는 측면이 있다. 물론 과거에 비해 물질이 다양해지면서 물질을 통해 자아를 표현하고, 계급을 표출하는 장치로 활용하는 경향이 늘어나기는 했지만 그것을 통해 물질주의가 확산되었다고 보기는 어렵다. 부족의 경제 상황에서 물질은 늘 중요했기 때문에 더욱 그러하다.

따라서 경험의 해석과 의미 부여에서 중요한 것은 그 경험이 이루어지는 맥락에 주목함으로써 경험과 실천이 갖는 다층적 효과를 드러내는 것이다. 경험과 실천의 의미를 해석하는 데서 특정한 개념화는 학문적으로 중요한 작업이지만 그러한 개념화가 도식화, 이분법적 구분을 결과하지는 않는지도 중요하게 다루어져야 할 부분이다.

4. 나오며

북한 사회를 젠더라는 렌즈로 탐구하는 것은 단순히 여성에 대한 관심이 아니라 북한 사회 전체를 새롭게 해석하는 가능성을 열어준다. 북한 사회의 위로부터 혹은 아래로부터의 변화의 의미를 설명하는 데 있어 젠더는 중요한 관찰의 대상이기도 하다. 현재 상황을 타개하기 위한 북한 당국의 노력이 기존의 젠더 질서를 활용하는 방식, 이를 통해 젠더를 재구성해내는 방식에 대한 주목이 필요하다. 이는 북한의 불평등한 젠더 구조와 질서에 대한 관심에서 출발한다. 불평등한 젠더 구조에 대한 관심은 결국 이를 통해 체제를 유지하는 북한 체제에 대한 관심으로 이어질 수밖에 없다. 그러한 국가적 기획에 북한 여성이 어떻게 순응, 협상, 저항해나가는지를 통해 기존 질서의 유지 여부와 변화 가능성에 대한 탐색이 가능하다.

북한 여성 연구의 차원에서도 북한 여성의 경험이나 젠더 질서에 대한 관심은 북한 사회가 성평등한 방향으로 변화할 수 있는가에 대한 관심이기도 하다. 성평등한 사회로의 변화가 북한 체제의 변화와 직결된다고 볼 수는 없지만 그렇다고 무관하지는 않다. 성평등에 대한 관심과 무관하게 북한 체제 변화에 대한 관심이 북한 여성에 대한 관심으로 이어질 수도 있다. 하지만 북한 여성을 변화의 키워드로만 두고 살펴보기는 어렵다. 북한 여성 내부의 다양한 차이를 주목할 필요가 있고, 어떤 경험에 주목하느냐에 따라 변화의 양상이 다르며 그 의미 역시 다를 수 있기 때문이다. 또한 어떤 변화에 관심을 두느냐도 중요한 사안이다. 여성이 결혼을 기피하는 것은 기존의 가부장적 질서에 저항하는 것일 수도 있으나, 사실혼 관계의 유지나 시장활동에서 남성의 자원을 동원하는 방식 등은 기존의 질서에 의존하는 것이고 오히려 기존 권력을 강화하는 결과도 낳기 때문이다. 따라서 북한 여성의 변화된 경험에 대한 다층적인 접근, 차이에 대한 관심이 북한 여성과 사회의 관계에 대한 설명의 폭을 확장시킬 수 있을 것이다.

▌참고문헌

1. 국문단행본

알렉세이 유르착 저, 김수환 역. 『모든 것은 영원했다, 사라지기 전까지는: 소비에트의 마지막 세대』. 서울: 문학과 지성사, 2019.

임옥희. 『주디스 버틀러읽기』. 서울: 도서출판 여이연, 2006.

조정아 외. 『북한 여성의 일상생활과 젠더정치』. 서울: 통일연구원, 2019.

조현준. 『젠더는 패러디다』. 서울:현암사, 2014.

주디스 버틀러 저, 조현준 역. 『젠더 트러블』. 서울: 문학동네, 2008.

Giddens, Anthony 저, 황명주 외 역. 『사회구성론』. 서울: 간디서원, 2006.

2. 영문단행본

Bourdieu, Pierre. *The Logic of Practice*. Stanford, CA: Stanford University Press, 1980.

Joan W. Scott. *Gender and Politics of History*. New York: Columbia University Press, 1988.

Oudshoorn. *Beyond the Natural Body: An Archaeology of Sex Hormones*. London: Routledge, 1994.

R. Williams. *Marxism and Literature*. Oxford: Oxford University Press, 1977.

3. 국문논문

강동완. "김정은시대 북한 사회 변화 실태 및 북한 주민 의식조사." 『북한학보』, 제39권 2호 (2014).

곽연실. "'고난의 행군' 이후 북한 여성의 정체성 재구성." 이화여자대학교 북한학과 박사학위논문. 2020.

권금상. "총대 서사의 젠더 이데올로기." 『현대북한연구』, 제18권 1호 (2015).

김병로. "북한의 시장화와 계층구조의 변화." 『현대북한연구』, 제16권 1호 (2013).

_____. "탈북자 면접조사를 통해 본 최근 북한사회의 변화." 『북한연구학회보』, 제18권 2호 (2014).

김영선. "1960-70년대 북한의 재생산 정책과 젠더의 문화정치." 『여성과 역사』, 제21호 (2014).

김은실. "민족담론과 여성: 문화, 권력, 주체에 관한 비판적 읽기를 위하여." 『한국여성학의 전망과 과제: 여성학과 여성운동』, 한국여성학회 주최 10주년 기념학술대회 (1994년 6월 3일).

박영자. "경제난 이후 북한 체제와 젠더의 구조 및 변화." 『통일논총』, 제25권 (2007).

_____. "북한의 젠더 시스템과 여성 삶의 전략." 『동북아연구』, 제16권 (2011).

박희진. "북한의 시장화와 도시공간의 변화 연구: 공적-사적 공간의 관계." 『북한학연구』, 제14권 2호 (2008).

배은경. "사회 분석 범주로서의 '젠더' 개념과 페미니스트 문화연구: 개념사적 접근." 『여성과 역사』, 제4권 1호 (2004).

안지영. "북한 영화에 대한 젠더 접근법 모색." 『현대북한연구』, 제18권 1호 (2015).

_____. "북한 영화에 나타난 스포츠 내셔널리즘과 젠더." 『통일인문학』, 제62권 (2015).

이영미. "《백일홍》에 나타난 북한 여성의 종속과 젠더." 『평화학연구』, 제10권 1호 (2009).

임혜란·이미경. "북한의 젠더 불평등과 국가역할: 남북한 비교의 관점에서." 『동북아연구』, 제14권 (2009).

장인숙·최대석. "김정은시대 정치사회 변화와 북한 주민의식." 『북한학연구』, 제10권 1호 (2014).

전지니. "전사형 여성상으로 본 1950년대 북한 연극의 젠더체계." 『한국연극학』, 제1권 68호 (2018).

정은찬. "시장도입에 따른 북한 여성의 경제적 역할 변화." 『세계지역연구논집』, 제37권 4호 (2019).

조영주. "북한의 시장화와 젠더정치." 『북한연구학회보』, 제18권 2호 (2014).

_____. "북한의 인민만들기와 젠더정치." 『한국여성학』, 제29권 2호 (2013).

_____. "북한 여성의 실천과 젠더 레짐의 동학." 이화자대학교 북한학과 박사학위논문. 2012.

_____. "북한의 시장화와 젠더 정치." 『북한연구학회보』, 제18권 2호 (2014).

한재헌. "개별화—전체화의 혼종양식으로서 북한의 '집단주의': '북한사회의 개인화' 연구를 위한 사설." 『개념과 소통』, 제25호 (2020).

함인희. "베트남 통일의 교훈: 여성의 사회통합 과정을 중심으로." 『여성학논집』, 제14−15집 (1998).

4. 영문논문

Joanna Goven. "The Gendered Foundations of Hungarian Socialism: State, Society, and the Anti-Politics of Anti-Feminism. 1948−1990" Ph. D. dissertation. University of California. 1993.

Kandiyoti, Deniz. "Bargaining with Patriarchy." *Gender & Society*, vol. 2, no. 3, Newbury Park, Calif: Sage, 1988.

R. W. Connell. "The State, Gender and Sexual Politics: Theory and Appraisal." *Theory and Society*, vol. 19, no. 5, 1990.

1부

북한의 정치와 여성

제1장

북한 민족주의와 젠더*
– 민족 재생산의 주체로서의 여성 –

강 혜 석

1. 들어가며

'노동자에게는 국가가 없다'는 선언으로 상징되듯 마르크스 레닌주의는 대표적인 반(反)민족주의 이데올로기이다. 따라서 해당 이념을 통치 이데올로기로 삼은 사회주의 북한에게 있어 민족주의 문제는 오랜 세월 동안 자기모순과 내적 갈등을 유발하는 뜨거운 감자였다. 그러나 그 공식적 입장과 명칭이 무엇이었든 간에 민족해방운동의 역사적 경험을 정통성의 기반으로 한 분단국 북한에서 민족주의라는 변수가 지속적인 영향을 미쳐왔다는 점은 분명하다. 특히 북한 민족주의가 마르크스 레닌주의의 공식적 굴레를 탈피하여 매우 체계적이고 계획적인 국가적 프로젝트로 추진되기 시작한 1980년대 이후 그 위상과 중요성은 더욱 커져갔다. 1986년 '우리민족제일주의'와 1994년 '김일성민족론'의 등

* 본 논문은 서울대학교 『한국정치연구』 제30집 1호 "북한 민족주의와 젠더: 민족 재생산의 주체로서의 여성"(2021)을 수정 보완한 것임을 밝힙니다.

장, 1997년 '주체성과 민족성'론을 통한 '민족'담론의 정치적 복권과 2002년 '민족주의'의 공식적 호명이 그것이다. 그리고 이와 같은 흐름은 2015년 '김정일애국주의'와 2019년 '우리 국가제일주의'의 등장으로 이어지며 김정은 시대에 더욱 전면화되어 왔다. 이데올로기와 정책 모두에 있어 민족주의는 이제 명실공히 북한 체제를 분석하는 가장 중요한 변수 중 하나가 되었다.

북한 민족주의 연구 역시 이와 같은 현실에 발맞추어 많은 성과를 거두어 왔다. 북한이 정권의 출범부터 '이미' 민족주의적이었다는 주장에서부터, 체제 정당성의 또 하나의 기둥인 마르크스 레닌주의와 민족주의 사이의 긴장을 분석한 연구들을 비롯하여, 최근의 김정일애국주의 및 우리 국가제일주의에 대한 연구들에 이르기까지 북한 민족주의에 대한 연구는 다양하고 풍부한 성과들을 이루어 왔으며 최근 들어 그 깊이와 분야가 더욱 확대되는 경향을 보이고 있다.

그러나 이와 같은 질적, 양적 성장에도 불구하고 북한 민족주의 연구가 그 주제의 다양성과 풍부화라는 점에서 여전히 많은 숙제를 안고 있다는 점 역시 부인할 수 없다. 특히 그동안 다수의 연구들이 북한 당국의 민족주의에 대한 입장, 혹은 정책이라는 주제에 집중되어왔다는 점은 이를 잘 보여준다. 이러한 차원에서 본 연구가 주목하는 키워드는 바로 '젠더'이다. 주지하듯 젠더문제는 여성과 남성이 존재하는 한 인류의 모든 정치적, 사회적 이슈들에 내재해 있으나 여전히 많은 부분이 은폐되어 있는 대표적인 쟁점 중 하나이다. 북한 민족주의 분야 역시 젠더와 관련한 이슈들이 저발전을 넘어 미발전에 가까운 수준에 머물고 있다는 점에서 예외가 아니다.[1] 이하에서 본 연구가 북한, 민족주

---

1) 이러한 차원에서 박영자(2005)는 매우 예외적인 성과라 판단된다. 해당 연구의 성과와 함의에 대해서는 2장에서 보다 자세히 다루도록 하겠다.

의, 젠더라는 세 가지 키워드의 결합을 통해 시론적 논의를 제공하고자 하는 이유라 하겠다.

2. 민족주의와 젠더

북한 민족주의 연구에 젠더 이슈를 접목하는 첫 번째 단계는 보다 보편적인 차원에서 민족주의와 젠더를 결합시켜온 그간의 이론적, 경험적 성과들을 살펴보는 작업일 것이다. 이하에서는 젠더적 시각에서 본 민족주의의 '문제적 현실'과 이에 대한 비판적 성찰 속에 제기된 두 개의 질문들을 중심으로 기존의 성과들을 종합하고 이를 통해 본 연구의 분석틀과 가설을 구체화하고자 한다.

1) 은폐된 젠더

젠더문제는 역사적, 현실적으로 늘 민족문제와 깊이 연동되어왔다. 그러나 젠더문제는 민족주의의 거대한 파고 속에 오랫동안 은폐된 상태로 남겨져 있었다. 민족주의가 강력한 힘으로 기존의 가부장적 이데올로기와 지배양식을 강화해나가는 현실을 목도하면서도 젠더문제에 천착한 많은 학자나 운동가들조차 '실재하는' 민족주의의 몰(沒)젠더성에 대해 전면적인 문제제기를 하는 것이 쉽지 않았기 때문이다.

이와 같은 현상의 주요한 원인 중 하나는 바로 근대 시민혁명의 주된 동력으로서 민족주의에 부여된 역사적 과업과 시대적 요구가 민족주의와 마찬가지로 근대의 과제로 부각되었으나 여전히 주된 전선일 수는 없었던 젠더문제를 끊임없이 부차화시키는 압력으로 작동해 왔기 때문이었다. 유럽의 시민혁명에서부터 제3세계 식민국가의 민족해방운동,

그리고 근대화를 목표로 했던 무수한 발전국가들의 경험에 이르기까지 민족주의 이데올로기와 그 실천가들이 혁명과 개혁의 기수임을 자처한 모든 공간에서 이와 같은 현상은 매우 일반적이었다.

특히 유토피아 건설의 비전 속에 스스로가 근대성의 정수임을 자부하며 여성해방을 그 주요한 성과로 자랑하던 사회주의 정권에서조차 상기한 경향이 유사하게 나타났다는 점은 커다란 아이러니였다.[2] 여러 화려한 미사여구에도 불구하고 '사회주의 여성' 역시 혁명 이후의 국가건설(state-building)과 민족건설(nation-building) 과정에서 그들이 비판해 마지않은 '봉건 여성'과 '자유주의 여성'들과 마찬가지로 '여성'이 아닌 '어머니'와 '아내'로 동원되곤 했기 때문이다. 체제를 막론하고 민족주의에 내재된 젠더의 위계화 경향이 실제하는 균열을 은폐하는 강력한 통합의 담론으로서의 위상을 통해 젠더문제를 부차화시키는 주요한 메커니즘으로 작동해 왔음을 보여주는 사례였다.

또한 민족주의에 의한 젠더문제의 주변화 경향은 제3세계의 경우에도 마찬가지였다. 수많은 역사적 경험들에서 드러나듯 후발 근대화 국가들, 즉 서구의 근대화 과정을 추격 발전의 이름으로 보다 압축적으로 겪은 제3세계 국가에서도 민족주의와 젠더문제의 모순적 결합은 되풀이되었다. 외부에 대한 적대감과 내부의 단일화, 그리고 주체성을 핵심으로 하는 민족주의가 식민지 국가들에게 민족해방과 독립을 위한 최적의 전략이었음은 주지의 사실이다. 그러나 민족주의가 제국주의에

---

2) 민족주의가 그 공식적 언명에도 불구하고 사회주의 국가 일반에서 국가 건설에 중요한 역할을 했음은 많은 연구에서 밝혀진 바와 같다. 예컨대 비교적 최근의 소련에 대한 대표적인 사례연구로는 다음을 참고할 것. Mark R. Beissinger, *Nationalist Mobilization and the Collapse of the Soviet State* (Cambridge: Cambridge University, 2004); Ronald Grigor Suny & Terry Martin, eds., *A State of Nations: Empire and Nation-Making in the Age of Lenin and Stalin* (Oxford and New York: Oxford University, 2007).

대항하여 스스로의 전통을 강조하는 과정에서 여성을 억압하고 가부장제를 강화하는 일은 거의 모든 사례에서 반복적으로 관찰되었다.[3] 참정권의 명시적 제약에서 볼 수 있듯이 남성만의 전유물이었던 유럽의 시민혁명과 달리 공동의 목표를 위한 투쟁 과정에서 여성의 보다 적극적인 참여가 이루어지고 실제 내용에 있어서도 여성해방의 내용들이 반영되었음에도 불구하고 제3세계 식민지의 역사적 경험에서조차 젠더문제는 시민, 근대성 등 보편의 담론과 아젠다로 흡수되며 우선적 지위로부터 멀어지곤 했던 것이다.[4] 그러나 마찬가지로 민족해방과 여성해방의 공동의 적이었던 제국주의 국가에 대항하는 과정에서 민족해방운동에 통합된 여성운동가들이 민족해방전선의 남성 동지들에게 젠더문제를 이슈화하기란 현실적으로 매우 어려웠다.

다시 말해 민족주의의 부상과정에서 여성들은 '혁명'과 '근대화'의 기수로 끊임없이 호명되었으나 남성과는 차별적인 방식으로 통합되거나 심지어 배제되어 갔고 그러한 '문제적 현실'은 때로는 강제에 의해 때로는 암묵적 타협에 의해 은폐되어 왔다. 여성운동사의 수많은 장면들에서 반복되어 온 것처럼 "지금은 아니고 나중에"라는 위계화의 논리는 사회변혁 운동에 참여해온 수많은 여성과 페미니스트들의 통찰과 요구를 은폐시킨 대표적인 남성중심적 수사였다.[5]

3) Parta Chatterjee: *The Nation and Its Fragments* (Princeton: Princeton University Press, 1993); 정진성, "민족 및 민족주의에 관한 한국여성학의 논의," 『한국여성학』, 제15권 2호 (1999), pp. 33~34; 윤택림, "민족주의 담론과 여성," 『한국여성학』, 제10권 (1994), pp. 92~93.

4) 정현백, "민족주의와 페미니즘: 비교사적 고찰을 중심으로," 『페미니즘 연구』, 제1권 (2001), pp. 25~26, 34~35.

5) 박미선, "민족경계 안팎의 여성과 남성: 민족주의의 감정정치와 신체훈육," 『영미문학페미니즘』, 제17권 1호 (2009), p. 12.

2) 페미니즘의 개입과 가부장성의 '드러냄'

은폐의 메커니즘은 학계에서도 반복되었다. 겔너(Gellner 1983), 케두리(Kedourie 1993), 스미스(Smith 1986), 홉스봄(Hobsbawm 1990) 등은 물론 그린펠드(Greenfeld 1992) 같은 여성 학자의 연구에 이르기까지 민족주의 연구에서 헤게모니적 지위를 차지해온 거의 모든 저작들에서 젠더 이슈가 철저히 외면당해온 것은 이를 잘 보여준다.[6]

이처럼 은폐되어온 현실에 대한 페미니즘적 시각의 비판적 개입이 시작된 것은 대략 1980년대 중반 이후에 이르러서였다.[7] 민족주의가 남성 유대를 동성애에 대한 공포 없이 가능하게 한 강력한 접착제였으며 가부장적 이성애중심주의를 지배적 규범으로 안착시키는데 큰 공헌을 했다고 주장한 모스(George Mosse)의 연구나 민족주의는 전형적으로 "남성 중심적인 기억, 남성 중심적인 수치, 남성 중시적인 희망"에서 파생된 결과라 주장한 인로(Cynthia Enloe)의 연구는 그 대표적인 성과 중 하나였다.[8]

또한 몇몇 학자들은 민족주의의 가부장성 이면에 있는 이분법적 구

---

6) Ernest Gellner, *Nations and Nationalism* (Ithaca: Cornell Univ. Press, 1983); Elie Kedourie, *Nationalism* (Cambridge: Blackwell, 1993); Anthony Smith, "State-Making and Nation-Building," in John A. Hall, ed., *State in History* (Oxford: Basil Blackwell, 1986); E. J. Hobsbawm, *Nations and Nationalism since 1780* (Cambridge: The Press of University of Cambridge, 1990); Liah Greenfeld, *Nationalism: Five Roads to Modernity* (Cambridge: Harvard University Press, 1992); Nira Yuval-Davis 저, 박혜란 역, 『젠더와 민족: 정체성의 정치에서 횡단의 정치로』 (서울: ㈜그린비 출판사, 2012), p. 15.

7) 박미선, "민족경계 안팎의 여성과 남성," p. 11.

8) George L. Mosse, *Nationalism and Sexuality: Middle-Class Morality and Sexual Norms in Modern Europe* (London: University of Wisconsin Press, 1985); Cynthia, Enloe, *Bananas, Beaches and Bases* (Berkeley: University of California Press, 1990).

성체들을 밝힘으로써 해당 논의를 보다 진전시켰다. '공(公)과 사(私)', '자연과 문명'의 이분법이 그것이다.[9] 먼저 공과 사의 구분에 주목하고 그 매개로 사회계약론을 분석한 캐럴 페이트먼(Carole Pateman)과 레베카 그랜트(Rebeca Grant)의 연구를 들 수 있다.[10] 이들은 기본적으로 계몽사상을 통해 근대로의 징검다리를 놓은 사회계약론에 대한 비판적 성찰을 공유한다. 예를 들어 페이트먼은 '사회계약론'이 사회를 공적 영역과 사적 영역으로 나눈 이분법적 프레임을 가지고 있으며 여성과 가족을 사적인 영역으로 규정함으로써 정치와 무관한 영역으로 만들어 버렸다고 주장했다.[11] 또한 그랜트의 경우에도 대표적인 사회계약론자들인 홉스와 루소 모두 자신들이 주목한 자연상태의 인간 본성인 공격적 성격과 이성적 성격을 '남성적인 것'으로 전제함으로써 여성을 사회적 영역이 아닌 자연에 가까운 존재로 규정했다고 주장했다.[12] 요컨대 민족주의와 민족이 공적인 정치 영역을 독점함으로써 공적 담론으로서의 젠더문제가 배제되어 왔다는 것이다.[13]

또한 문명과 자연의 이분법 역시 마찬가지이다. 예를 들어 오트너(Sherry Ortner)의 경우 공적영역이 아닌 사적영역에 위치된 여성들은 쉽게 '자연'과 동일시 되는데, 이는 남성이 일반적으로 '문화'와 동일

9) Nira Yuval-Davis, 『젠더와 민족: 정체성의 정치에서 횡단의 정치로』, pp. 17~23.

10) Carole Pateman, 저. 이충훈·유영근 역, 『남과 여: 은폐된 성적 계약』 (고양: 도서출판 이후, 2001); Rebecca Grant, "The Sources of Gender Bias in International Relations Theory," in Rebecca Grant and Kathleen Newland, eds., *Gender and International Relations* (Bloomington: Indiana University Press, 1991).

11) Carole Pateman, 『남과 여: 은폐된 성적 계약』, pp. 4~10.

12) Rebecca Grant, "The Sources of Gender Bias in International Relations Theory," p. 4.

13) Nira Yuval-Davis, 『젠더와 민족: 정체성의 정치에서 횡단의 정치로』, p. 17.

시되는 것과 대조적이라 주장했다.[14] 그에 따르면 여성은 생물학적인 잉태를 통해 '자연적'으로 새로움을 창조하는 존재로 간주되는 반면 남성은 자유롭고 인위적인 방식을 통해 '문화적' 창조를 하는 존재로 가정된다. 그리고 이러한 가정들 속에 여성들은 '전 사회적' 존재인 아이를 양육하는 자연적이고 사적인 공간에 한정되며 결과적으로 문화의 목표를 자연을 통제하거나 초월하는데 두고 문화적 생산물을 물질적 생산물보다 우위에 두는 인간의 속성상 여성들은 열등한 상징적 위치를 부여받는다.[15]

민족주의 연구에 대한 이와 같은 페미니즘의 개입은 민족주의가 가진 은폐된 가부장성을 드러내고 비판적 성찰과 실천을 위한 토대를 마련했다는 점에서 민족주의 연구와 페미니즘 연구 모두에서 중대한 전환점이 되었다. 박영자(2005)의 연구는 민족주의 연구에 대한 페미니즘의 초기 개입을 통해 형성된 이와 같은 프레임을 북한 민족주의 분석에 적용한 선구적인 연구였다. 해당 연구는 탁월한 분석을 통해 북한 민족주의가 지닌 가부장성과 봉건성이 북한 여성정책에 미친 영향들을 밝혀냄으로써 북한 민족주의 연구의 주제를 확장하고 다양화하는데 중요한 징검다리 역할을 하였다.[16] 그러나 민족주의에 대한 페미니즘의

---

14) Sherry Ortner, "Is Female to Male as Nature is to Culture?" in Michelle Rosaldo and Louise Lamphere, eds., *Women, Culture and Society* (Stanford: Stanford University Press, 1974).

15) 이외에도 '물질 vs. 정신', '동물 vs. 신', '외부 vs. 내부', '세계 vs. 가정' 등의 이분법 역시 유사한 역할을 해왔다. 윤택림, "민족주의 담론과 여성," pp. 92~93.

16) 박영자의 연구 외에 보다 최근의 주요한 성과로는 박경숙(2012)을 들 수 있다. 비록 민족주의라는 개념을 직접적으로 쓰고 있지는 않지만 국가와 여성이라는 프레임 속에서 젠더문제를 접근했다는 점에서 유사한 문제의식을 담고 있다 할 수 있다. 또한 북한 교과서를 사례 연구한 김미숙(2001) 역시 참고할만 하다. 박영자, "북한의 민족주의와 여성," 『국제정치논총』, 제45권 1호 (2005); 박경숙, "북한 사회의 국가, 가부장제, 여성의 관계에 대한 시론," 『사회와 이론』, 제21-1집 (2012); 김미숙, "여성주의 시각에서 본 북한교과서의 민족국가 담론," 『교육

개입은 이후 많은 논쟁과 성찰을 거치며 또 다른 단계로 나아가게 된다. 본 연구가 주목하는 성과들이 바로 그것이다.

3) 비판과 새로운 질문: 누가 민족을 생산하는가?

주로 민족주의가 지닌 가부장적 속성을 드러내는데 초점이 맞추어진 페미니즘의 초기 개입에서 나타난 프레임은 민족주의와 페미니즘을 몰(沒)젠더적인 것과 젠더적인 것으로 적대화하는 이분법적인 것이었다. 이러한 프레임 속에 민족주의는 타파해야할 무엇이 되었고 민족주의와 페미니즘의 결별은 지극히 당연한 수순으로 간주되었다.[17]

그러나 일군의 학자들은 서구 페미니스트들에 의해 주도된 이와 같은 분석과 대응이 제1세계의 경험에 매몰된 결과라 주장하며 다양한 역사적 사례들에 대한 비교사적 분석에 기반한 새로운 접근들이 필요함을 역설하였다.

특히 이들은 전형적인 식민지 사례인 아시아의 제3세계 국가들은 물론 노르웨이, 핀란드, 스웨덴 등의 주변부 유럽에 이르기까지 이민족의 지배나 식민의 구조 하에 민족해방과 자결을 위한 투쟁이 있었던 사례들에 주목할 필요가 있다는 점을 강조해 왔다.[18] 앞서 살펴본 것처럼 해당 지역들에서조차 보편적 담론과 민족해방투쟁의 구호 속에 젠더 이슈들이 일정 부분 희석되거나 약화될 수밖에 없었던 것은 사실이나

사회학연구』, 제11권 2호 (2001).

17) 정현백, "민족주의와 페미니즘: 비교사적 고찰을 중심으로," p. 26.

18) Kumari Jayawardena, *Feminism and Nationalism in the Third World* (London: Zed Books, 1986); Chandra Talpade Mohanty, eds., *Third World Women* (Indiana: Indiana University Press, 1991); Lois West, *Feminist Nationalism* (London: Routledge, 1997); Richard Evans 저, 정현백 외 역, 『페미니스트』(서울: 창작과 비평사, 1997); 정현백, "민족주의와 페미니즘: 비교사적 고찰을 중심으로."

그것은 일방적인 은폐와 희생의 결과였다기보다 연대의 성격을 띤 거래 혹은 타협의 성격도 동시에 가지고 있었다는 것이다. 또한 스칸디나비아 반도의 사례에서 전형적으로 나타난 것처럼 해당 시기의 연대가 해방 이후에도 지속적으로 영향을 미치며 페미니즘의 성과로 이어진 점 역시 강조되었다. 기존의 민족주의와 페미니즘의 상관관계에 대한 이해가 제1세계 여성의 시각을 벗어나지 못해왔으며, 페미니즘 제2의 물결 이후에도 제1세계와 제3세계 페미니스트 사이의 대화는 극히 부족했고, 제3세계 여성이 처한 사회적, 경제적 맥락에 대한 이해 역시 일천한 수준을 벗어나지 못했다는 지적이 나온 이유였다.[19]

그러나 이와 같은 성찰과 반성에도 불구하고 여전히 한계는 남아있었다. 그것은 민족주의와 페미니즘의 관계를 적대적인 것으로 보건, 연대의 틀에서 보건 여전히 여성을 민족주의의 내부가 아닌 외부에 존재하는 객체이자 대상으로 간주하고 있다는 점이었다. 해당 관점이 기본적으로 민족과 여성을 별개의 존재로 가정하고 양자 간의 '관계'에 주목할 뿐 주체로서의 여성의 역할과 기능에 대한 탐구로 나아가지 못한 이유가 바로 여기에 있었다. '누가 민족을 재생산(reproduction)하는가?'라는 질문을 통해 민족주의의 지속과 부상의 과정에서 여성이 수행한 기능과 역할에 주목한 이가 바로 유발 데이비스였다.[20]

주지하듯 근대 민족국가 이전부터 존재하던 민족의 존재들을 고려할 때 민족을 근대적 창조물로 간주하는 근대론자(modernist)들의 주장이 근대 이전부터 '이미' 존재해온 민족 전체를 설명하는데 취약성을

---

19) 정현백, "민족주의와 페미니즘: 비교사적 고찰을 중심으로," p. 3.
20) Nira Yuval Davis, 『젠더와 민족』; Nira Yuval-Davis & Floya Anthias, *Women-Nation-State* (New York: St. Martin's Press, 1989).

지니고 있음을 부인할 수는 없을 것이다.[21] 그러나 이러한 한계에도 불구하고 근대주의가 여전히, 그리고 뚜렷하게 헤게모니적 담론으로 위상을 잃지 않고 있는 이유는 새로운 기술과 제도, 그리고 계층의 탄생과 함께 등장한 '근대 민족국가'라는 전적으로 새로운 현상과 결합된 민족주의의 특성과 양상을 설명하는데 독보적인 강점을 보여왔기 때문이다. 그리고 그 자연스러운 귀결로서 근대주의는 민족의 생산과 건설의 주체로 국가 건설의 주역과 동일한 주체들인 정치가, 관료, 정권 등 국가의 주요 장치들과 이들을 이데올로기적으로 떠받치는 지식인들에 주목해 왔다.

그러나 유발 데이비스는 관료와 지식인뿐만 아니라 '여성' 역시 민족의 생산과 건설에 핵심적인 역할을 한 주체였음을 주장했다.[22] 이와 같은 논의의 시작이었던 〈여성과 국민 재생산(Women and National Reproduction)〉이라는 국제 워크숍의 결과를 종합한 *Women-Nation-State*(1989)를 통해 유발 데이비스는 상기한 논의를 상호 중첩된 다섯 가지 경로를 통해 설명한 바 있다. 첫째, 여성은 출산을 통해 민족집단이나 구성원을 재생산한다. 둘째, 여성은 출산을 통제함으로써 국가 내에서 민족적, 인종적 경계선을 재생산한다. 셋째, 여성은 자신이 속한 민족집단의 이념적 재생산에 참여하는 동시에 전통문화의 담지자 역할을 함으로써 민족을 재생산한다. 넷째, 여성은 인종적, 민족적 차이의 기표, 예를 들어 사랑하는 아들을 전쟁에서 잃은 어머니를 상징함으로써 민족을 재생한다. 다섯째, 민족의 위기를 구원하는 적극적 주체로서 민족을 재생한다. 그리고 이와 같은 구분은 상기한 저서를

---

21) 장문석, 『민족주의 길들이기: 로마 몰락에서 유럽통합까지 다시 쓰는 민족주의 역사』(서울: 도서출판 지식의 풍경, 2007), pp. 44~60.
22) Nira Yuval Davis, 『젠더와 민족』, p. 16.

보다 발전시킨 『젠더와 민족』(2012)을 통해 생물학적 차원과 문화적·상징적 차원으로 재정리되었다.[23]

유발 데이비스의 연구가 갖는 또 다른 함의는 그가 민족의 재생산자로서 여성의 기능과 역할이 발현되는 과정에서 일관되게 나타나는 특성으로 '여성과 국가의 결합'에 주목하고 있다는 점이었다. 민족의 재생산자로서의 기능과 역할이 기존의 가부장적 국가에 대항하거나 분리된 독자적 형태로 나타나기보다는 국가를 '통한' 방식으로 나타나고 있다는 것이다. 〈여성과 국민 재생산〉이란 국제 워크숍의 결과물로 출간된 책의 제목에 '국가'가 추가된 이유였다. 유발 데이비스와 그의 동료들은 해당 논의를 통해 여성과 국가의 결합을 밝힘과 동시에 그러한 결합 속에서 국가에 의해 여성이 강제되고 동원되는 측면과 더불어 여성이 하나의 주체로서 적극적이고 자발적으로 해당 기능과 역할을 수행해 나가는 측면도 함께 존재한다는 점을 밝혀내고자 했다. 이와 같은 통찰은 민족과 젠더의 보다 다양한 측면을 드러내는 동시에 규범적 주장에서 현실적 분석으로 나아가는 기반이 되었다.

본 연구는 민족의 재생산자로서의 이와 같은 여성의 역할이 북한의 민족건설과 민족주의의 부상과정에서도 유사하게 나타났다는 가정 하에 유발 데이비스가 제기한 구체적 경로들을 검증하고 이를 통해 북한 민족주의와 젠더 문제에 대한 새로운 이해를 시도하고자 했다. 특히 최

---

23) 이와 같은 구분은 생산하는 민족이 '어떤' 민족인가라는 질문과도 연동되어 있다. 주지하듯 민족의 정체성과 경계가 생물학적인 혈통에 기반한 것인지, 사회적 문화적으로 구성되는 것인지, 아니면 이른바 '국민'과 동일한 것인지에 따라 민족의 정의는 다양하다. 이른바 혈통민족(volksnation), 문화민족(kulturnation), 국가민족(staatsnation) 으로 구분되기도 하는 이와 같은 민족의 구성은 때로는 교차하고 때로는 대립하며 다양한 민족의 경계를 만들어 왔다. 유발 데이비스는 생물학적 재생산은 혈통민족의 경계와 문화적·상징적 재생산은 문화민족의 경계와 밀접한 연관이 있다고 주장한다. Nira Yuval Davis, 『젠더와 민족』, p. 33, 50.

근 북한 여성의 위상과 역할이 기존의 가부장적 국가에 대항하거나 분리된 방식이기보다는 국가와 결합된 경로들을 통해 변화되어 가고 있다는 점에서 본 연구가 2000년대 이후 북한 민족주의와 젠더 문제를 보다 정확히 분석하는데 기여할 수 있을 것으로 기대한다. 이하에서 생물학적 재생산과 문화적·상징적 재생산으로 구분하여 이를 보다 자세히 살펴보도록 하겠다.

3. 생물학적 재생산

1) 출산을 통한 민족·인구의 재생산

여성은 출산을 통해 생물학적으로 민족의 인구 재생산을 담당한다. 또한 국가는 다양한 형식의 인구 정책을 통해 여성의 재생산 능력(reproductive capacity)과 활동을 통제함으로써 인구수를 관리하려 시도한다. 강제 피임, 산아제한 캠페인을 실시하거나 혹은 인구 증가를 적극적으로 장려하는 등의 사례가 그 예이다.[24]

---

24) 중국의 '한 자녀 정책' 즉 '계획생육정책(計劃生育政策)'은 그 대표적 사례이다. 1980년대 마오쩌둥(毛澤東)의 주도로 강제시행된 이 정책은 한 자녀 이상 가정에 상당한 불이익을 가함으로써 인구조절을 시도한 강력한 산아제한 정책이다. 특히 이 강압성은 부부가 아닌 여성에게 집중되었다는 점에서 철저히 젠더문제와 연동되어 있었다. 1982년 이후 첫 아이 출산 이후 모든 중국여성들은 자궁내 피임기구 IUD를 삽입하고, 둘째를 출산한 가정의 경우 5000위안의 벌금과 단산 시술인 난관결찰술을, 셋째를 출산한 가정은 당시 농민들의 3~10년 수입에 해당하는 거액인 2만원의 벌금이 부가되었다. 국가의 강력한 산아제한 정책은 공안이 여성들에게 낙태나 피임을 강제하는 과정에서 심각한 인권탄압을 초래했으며 헤이하이즈(黑孩子)와 사회문제를 양산했다. "中 산아제한 벌금, 지방정부의 '돈줄'," 「연합뉴스」(온라인), 2013년 9월 27일; 〈https://news.naver.com/main/read.nhn?mode=LSD&mid=sec&sid1=102&oid=001&aid=0006503153〉.

북한 정권 역시 인구에 대한 직접적인 개입 정책을 실시해왔다. 출산장려와 출산억제 정책은 특정 시기 북한 정권의 정치·경제적 필요에 따라 긴장과 이완을 반복했다.[25] 출산장려 정책은 한국전쟁 이후부터 1960년대 말까지 노동력 확보를 위해 실시되었다. 다자녀 어머니에 표창을 주고 쌍둥이를 출산하면 배급량이 늘었다. 그러나 1970년대 들어서는 급증하는 인구에 따른 국가 복지에 대한 부담을 이유로 출산을 점차 억제하기 시작했다.[26] 4자녀 부터는 양곡배급을 제한했고 재래식 피임법 및 피임장치를 보급했다. 여성들의 혼인 연령이 22세 이상으로 높아진 것은 출산력의 감소와 상관있으며 늦추어진 여성들의 결혼 나이는 그만큼 노동력과 생산력 동원을 연장할 수 있는 배경이 되었다. 특히 1970년대 공식 허용되기 시작한 낙태는 국가의 직접 개입에 따른 생물학적 기획이 본격화된 계기였다.[27] 1980년대까지 이어진 산아제한 정책은 1990년대 초반까지 지속되었다. 자녀 수는 1~2명이 권장되었고 자궁내 피임장치의 적극 배급 및 인공임신중절이 성행하게 된다. 그

25) 홍민, "북한의 인구정치의 기원과 식량체제," 『통일정책연구』, 제22권 1호 (2013), pp. 313~318.

26) 임신, 피임, 출산, 낙태 등 여성의 생물학적 재생산의 기본 행위는 개인차원의 문제가 아닌 사회적 차원의 여타 구조 및 조건들과 보다 더 깊은 연계를 맺는다. 국가 정책과 제도, 그 사회의 성적 규범 등은 여성 개인의 모성 경험에 지대한 영향을 줄 수밖에 없다. 특히 피임과 낙태의 경우 결혼 제도 유무에 따라 상이한 의미를 지니며, 특히 사회·제도적 측면에서 볼 때 낙태는 인구조절의 차원에서 역사적으로 묵살, 권장, 제한되어 왔다. 김영선, "1960~1970년대 북한의 재생산 정책과 젠더의 문화정치," 『여성과 역사』, 제21집 (2014), pp. 205~206.

27) 박경숙(2012)의 경우 1983년에 여성들의 낙태 수술이 공식적으로 허용되었다고 소개하고 있으나 안지영(2015), 김영선(2014), 홍민(2013, 317), 김두섭(2010, 265) 등은 북한 당국의 임신중절 개입 시기를 1970년대로 파악하고 있다. 박경숙, "북한 사회의 국가, 가부장제, 여성의 관계에 대한 시론," p. 147; 안지영, "김정일 시기 이후 북한의 '인구재생산'과 영화 속 모성담론," 『여성연구』, 제88권 1호 (2005), p. 53; 김영선, "1960~1970년대 북한의 재생산 정책과 젠더의 문화정치," p. 191; 홍민, "북한의 인구정치의 기원과 식량체제," p. 317; 김두섭 외, "북한 인구센서스 분석 연구," 『한국사회과학자료원』 (2010), p.265.

러나 사회주의 붕괴, 잇단 자연재해, 수령의 사망 등 대내외의 악재는 경제난을 심화시켰고 고난의 행군으로 인한 대규모 집단 아사에 직면한 북한 정권은 2000년 이후 출산장려정책을 재소환하게 된다. 1961년과 1998년에 이어 2005년 개최된 제3차 전국 어머니대회는 인구급감에 따른 대책의 성격을 지니고 있었던 것이다.[28]

김정은 정권에서도 상기와 같은 생물학적 재생산에 대한 북한 당국의 입장은 지속되고 있는 듯하다. 북한 역시 여타 국가들과 마찬가지로 저출산과 고령화 문제로부터 자유롭지 않기 때문이다.[29] 다섯 번째 어머니날을 맞이한 2016년 11월 김정은은 제6차 조선민주여성동맹 대회 연설에서 다음과 같이 언급한다. 여성들의 생물학적 재생산은 국가와 민족의 장래가 달린 중차대한 문제라는 것이다.

"녀성들이 아들딸을 많이 낳아 잘 키우는것은 나라와 민족의 전도와 관련되는 중요한 문제입니다. 녀성들이 아들딸을 많이 낳아 키우도록 하여야 합니다."[30]

---

28) 이 시기 북한은 다산 여성 혜택을 다양하게 제공했다. "임신 여성과 산후 1년까지의 산모, 4살 이하 어린이들에 대한 식량 우선공급, 4명 이상 자녀를 둔 여성에 특별보조금 지급, 3자녀의 경우 산후 4개월부터 12개월까지 휴직, 4살까지의 어린이가 있는 여성의 사회적 노력동원 면제, 3자녀 이상 가구에 주택 우선 분배" 등이 그 예이다. "북(北) 7년만에 어머니대회 개최 왜?" 「DailyNK」 (온라인), 2005년 11월 16일; 〈https://www.dailynk.com/%e5%8c%97-7%eb%85%84%eb%a7%8c%ec%97%90-%ec%96%b4%eb%a8%b8%eb%8b%88%eb%8c%80%ed%9a%8c-%ea%b0%9c%ec%b5%9c-%ec%99%9c/〉.

29) 통계청은 '2020년 북한의 주요통계지표'를 통해 북한의 낮은 출산율과 고령화에 대해 전망하면서 2038년부터 인구가 감소할 것을 전망했다. "북한 인구도 늙어간다, 2038년부터 인구 감소," 「조선일보」 (온라인), 2020년 12월 28일; 〈https://www.chosun.com/economy/2020/12/28/CXBRHNGYHFCO3IPGVXYYD5UIQM/〉.

30) 김정은, "온 사회의 김일성-김정일주의화의 기치따라 녀성동맹사업을 더욱 강화하자(2016.11.17)," 「조선중앙통신」, 2016년 11월 19일.

여성이 영웅이 될 수 있는 수사는 반드시 '모성'이어야 하고, 이는 민족, 인구의 재생산을 담당한 여성들은 출산을 통해 애국자로 승화될 수 있다. 김정은 시대 들어 북한의 주요 매체들은 국제부녀절인 3월 8일, 남녀평등법 제정을 기념한 7월 30일 그리고 어머닐날 11월 16일을 전후하여 그러한 모성과 출산에 대한 담론을 보다 확대시켜 나갔다.

김정은 정권의 정식 출범이 있은 2012년 11월 18일, 어머닐날이 제정되었다. 어머닐날은 김일성이 1961년 제1차 전국어머니대회를 기념하여 내놓은 연설이 있었던 때였다.[31] 김정은 정권에서는 이어서 같은 해 7년 만에 제4차 전국어머니대회 역시 소집했다. 이 대회에서 다산을 한 여성에게 '모성영웅' 혹은 '공화국로력영웅' 칭호가 수여되었다.[32] 또한 "자식을 많이 낳아" "참된 영웅어머니"로서 "애국적녀성"의 본보기가 지속적으로 선전되었다.[33] "자식을 많이 낳아키우는 녀성을 영웅"이자 애국자로 내세운 것이 김정일의 업적이라는 주장도 여전히 어머니의 날이 지닌 핵심적인 역할이 출산장려 정책이었음을 강하게 시사하고 있었다.[34]

세계 여성들의 평등한 삶을 지향하는 차원에서 정권초기부터 기념해 왔던 3월 8일 국제부녀절은 김정은정권에서 역시 유지되고 있으며 마찬가지로 모성영웅에 초점을 두고 있었다.[35] "녀성들은 혁명의 한쪽수레바퀴를 떠밀고 나가는 힘있는 력량"이라는 김정은의 언급은 북한이

---

31) "조선의 어머닐날," 「조선중앙통신」, 2017년 11월 16일.

32) "10번째 자식을 낳은 모성영웅," 「조선중앙통신」, 2014년 6월 11일; "녀성문제해결의 빛나는 본보기," 2018년 7월 30일.

33) "조선의 어머닐날," 「조선중앙통신」, 2017년 11월 16일.

34) "은혜로운 태양의 빛발아래 꽃피는 어머니들의 행복," 「로동신문」, 2020년 11월 16일.

35) "주체혁명의 새시대를 위훈으로 수놓으며: 새로운 주체 100년대의 진군길에서 근 60명의 녀성영웅 배출," 「로동신문」, 2020년 3월 8일.

"녀성들의 영원한 삶의 요람"인 만큼 "아이들을 많이 낳아키우는 것은 녀성들의 본분이며 애국심의 중요한 표현"이므로 "더 많은 자식을 낳아 시대 앞에 떳떳이 내세움"으로써 조국의 부강번영에 기여해야함을 강조한 것이었다.[36] 남녀평등법 제정일에도 역시나 이러한 주장은 반복되었다. "위대한 태양의 품이 있어 우리 녀성들의 자주적 삶과 존엄이 빛나고 있는 것"이라며 "자식을 많이 낳아 나라 앞에 훌륭히 내세우는 모성영웅들"의 사례를 소개하고"한 가정의 꽃"을 넘어 "사회의 꽃, 나라의 꽃"으로서 혁명의 긍지를 드높이는 것이 북한 여성들의 애국임을 강조했다.[37]

이러한 흐름에서 김정은 정권은 2015년 3월 8일 국제부녀절을 맞아 자신들이 시행하고 있는 여성우대 법률들을 홍보했다.[38] 여성 근로자를 위한 산전산후휴가, 사회보험제뿐만 아니라 '어린이보육교양법'에 따라 "임신한 녀성들"을 위한 "체계적인 의료봉사와 해산방조" 무료 제공, 3명 이상의 쌍둥이 자녀를 키우는 여성과 어린이에게 의료일군을 배정하여 양육 보조 서비스 제공 및 살림집과 약품, 식료품, 가정용품 무상 공급 등의 혜택을 골자로 했다. 출산을 장려하여 인구증대를 기대하는 김정은 정권의 정책적 의도는 "어머니가 되는 것은 녀성들에게 있어서 가장 큰 행복이고 권리"라는 논리로 귀결되었다.[39]

결과적으로 김정은 시대에 들어서도 모성의 역할을 강조한 논리는 젠더의 문제를 여전히 은폐하고 있으며 평등보다는 불평등의 방향으로

36) "공화국창건 일흔돐을 맞는 올해에 조선녀성들의 혁명적기개를 더욱 힘차게 떨치자," 「로동신문」, 2018년 3월 8일; "조선녀성들은 사랑과 헌신으로 사회주의조국을 받들어가는 참된 애국자들이다," 「로동신문」, 2019년 3월 8일.
37) "녀성문제해결의 빛나는 본보기," 「로동신문」, 2018년 7월 30일.
38) "조선에서 실시되는 녀성우대의 법적조치들," 「조선중앙통신」, 2015년 3월 8일.
39) "한 산과의사의 수첩에서," 「로동신문」, 2020년 7월 30일.

심화된 듯 보인다. 혁명의 열기는 소강된 듯 보이지만 건설에의 집중은 오히려 가중되었고 이 과정에서 여성이 담당한 후비대 생산과 양육에 대한 부담은 전에 비해 강조되어 왔다. 출산장려 및 모성담론의 확대는 실제 북한 여성들의 인구 재생산에 대한 당국의 관심을 잘 보여주고 있다.[40] 무엇보다 이러한 민족의 재생산은 정권과 국가가 지속되는 기본 전제라는 점에서 중요하다 하겠다.

2) 민족적 경계의 재생산

여성은 민족적 경계를 재생산한다. 그리고 해당 과정에서 국가는 이질적인 집단구성원 사이의 자녀를 출산하지 못하도록 권고함으로써 여성을 통제한다. 인종에 기반한 종족 민족주의적 집단주의의 위력은 순수 혈통에 대한 민족국가의 강력한 집착과 연결되는데 그 과정에서 출산의 당사자인 여성들에게 민족적 단일성을 지켜야 하는 의무가 생겨나게 되는 것이다. 이 문제가 젠더와 민족에 긴장을 유발하는 이유는 서로 다른 민족 간의 성관계 시, 오염을 당하는 쪽이 여성이라는 믿음 때문이다. 남성은 민족적 순수성에 의무가 없지만 여성에게는 민족적 경계를 지켜내야하는 의무가 부과된다. 소위 '혼혈인'에 대한 원죄가 당사자 만큼이나 생모에게 덧씌워지는 이유이기도 하다.

일제강점기 일본인과의 관계로 출생한 '혼혈아'에 대한 부정적인 이미지는 비정상적이고 '더럽혀진 피'라는 논리로 그려졌다.[41] 해방 후 남

---

40) 김정은 시기 북한 정권의 인구재생산과 모성담론의 강조에 관한 연구는 안지영 (2015)의 연구를 참고할 것. 안지영, "김정일 시기 이후 북한의 '인구재생산'과 영화 속 모성담론."

41) 염상섭, 현진건의 소설 속에 등장하는 혼혈아를 인종, 젠더, 민족주의적 관점에서 분석한 이혜령(2003)의 글은 "성별화된 질서가 민족주의의 민족적 동질성이 섹슈얼리티에 대한 남성중심주의"에 기초하고 있음을 강조한다. 이혜령, "인종과 젠더, 그리고 민족 동일성의 역학: 1920~1930년대 염상섭 소설에 나타난 혼혈

한에서 등장한 혼혈아 가운데 다수를 차지했던 미군과 한국 여성 사이에 출생한 아이들, 특히 흑인을 아버지로 둔 아이는 우생학적으로도 열등할 뿐만 아니라 도덕적으로도 비난을 피하기 어려운 존재가 되었던 사실 역시 같은 맥락이다. 혼혈의 결과인 아이들의 외모는 그들을 낳은 어머니의 죄를 입증하는 표식이었다. 한민족보다 열등하다고 간주되던 흑인은 물론이거니와 선망과 열패감을 동시에 주었던 백인의 자녀조차 한국사회에서 환영받지 못했다. 낯선 인종에 대한 불안과 여성 혐오의 결과였다.[42] 이민족의 '피 한 방울'이라도 존재하면 '우월 인종'을 '오염'시키고 '공해'가 된다는 '한 방울 법칙(one-drop rule)'은 그러한 인종적 거부감과 '이종족혼'에 대한 공포를 잘 드러낸다.[43]

혼혈에 대해 부정적이기는 북한도 마찬가지였다. 북한에서 국제결혼은 원칙적으로 허용되고 있지 않다. 순결한 민족성을 상징하는 '단일민족'은 북한에서도 자부심의 원천이다.

"조선민족은 대대로 한강토에서 살아온 **단일민족**으로서 반만년의 유구한 력사와 찬란한 문화를 가진 슬기로운 민족이며 위대한 령도자를 모시고 사는 존엄있는 민족입니다."[44](이하 강조 필자)

"우리 인민은 예로부터 하나의 문화와 언어를 가지고 한강토우에서 살아온 **단일민족**으로서 슬기롭고 근면하며 유하면서도 강합니다."[45]

아의 정체성," 『현대소설연구』, 제18권 (2003).

42) 박정미, "혈통에서 문화로? 가족, 국적, 그리고 성원권의 젠더 정치," 『한국사회학』, 제54권 4호 (2020), pp. 90~91.

43) Nira Yuval Davis, 『젠더와 민족』, p. 52.

44) 김정일, "혁명적문학예술작품창작에서 새로운 앙양을 일으키자(1986.5.17)," 『김정일선집 11』(평양: 조선로동당출판사, 2011), pp. 292~326.

45) 김정일, "당사상교양사업에서 나서는 몇가지 과업에 대하여(1990.1.11)," 『김정일선집 13』(평양: 조선로동당출판사, 2012), pp. 176~192.

"세계에는 나라와 민족이 많지만 조선민족과 같이 일찍부터 한강토우에서 **단일민족**으로 유구한 력사와 찬란한 문화를 창조한 민족은 없습니다."[46]

"우리 민족은 오랜 력사를 가진 문명하고 슬기로운 민족이며 하나의 피줄을 이어 받은 **단일민족**이다"[47]

조선민족이 제일이라는 민족적 긍지가 응축된 '우리민족제일주의'의 핵심적인 근거에 민족적 단일성이 자리한다. 이러한 혈통의 순수성에 대한 고집은 '혼종'의 가능성에 어떠한 여지도 내어주지 않는다. 북한에서 '혼혈아'가 공식적으로 부정되는 현상은 그 방증이다.[48] 실제 북한에서 혼혈인은 공민권의 박탈과 동시에 후대 생산을 하지 못하게 되는 불이익을 받았다. 외국인과의 결혼 역시 현실적으로 불가능한 것도 북한의 혈통 순수성에 대한 과도한 집착에 따른 것이라 할 수 있다.[49] 그렇다고 해서 북한에서 혼혈아의 존재가 아예 없는 것은 아니다. 예를 들어 아이노꼬, 로스케(러시아 혼혈) 등의 용어는 북한에 혼혈인이 존재하고 있음을 보여주는 예이다.

북한이 혈통의 순수성에 대한 편향된 인식은 남한사회의 다문화사회

---

46) 김정일, "청년들을 주체혁명위업의 믿음직한 계승자로 튼튼히 준비시키자 (1990.1.17)," 『김정일선집 13』(평양: 조선로동당출판사, 2012), pp. 193~210.

47) 김정일, "주체문학론(1992.1.20)," 『김정일선집 16』(평양: 조선로동당출판사, 2012), pp. 94~374.

48) 북한은 순수한 민족이라는 개념에 집착한 나머지 혼혈아의 존재 자체를 부정하는 것으로 알려져있다. 북한을 이탈한 여성이 중국에서 임신한 상태로 강제 북송될 경우 태어난 아기가 버려지는 경우가 적지 않게 발생하는 것으로 보도된 바 있다. '불순하기 때문에 살 가치가 없다'는 이유로 "신생아를 양동이에 넣어 처리"도 있다고 전해진다. "북한이 처벌받아야 하는 8가지 이유…'중국 혼혈 신생아는 양동이에 버려'," 「아시안투데이」(온라인), 2014년 11월 19일; ⟨https://www.asiatoday.co.kr/view.php?key=20141119010011801⟩.

49) "北 혼혈인, 공민권 박탈. 후대생산 불가," 「DailyNK」(온라인), 2006년 4월 28일; ⟨http://www.dailynk.com/korean/read.php?num=21618&cataId= nk00700⟩.

에 대한 지향과 배치된다. 북한은 남한의 "다민족, 다인종 사회화"에 대해 강하게 비판하면서, 그것이 종국에는 분단의 고착화로 이어질 수 있음을 경고하기도 했다.

"결론부터 말한다면 남조선의 친미사대매국세력이 운운하는 **'다민족, 다인종 사회론'은 민족의 단일성을 부정하고 남조선을 이민족화, 잡탕화, 미국화하려는 용납못할 '민족말살론'이다.** [..] '다민족, 다인종 사회론'을 제창해나서는 남조선의 친미매국세력은 민족관과 사회역사발전에 대한 초보적인 이해조차 없는 것은 물론 한 조각의 민족의 넋도 없는 얼간 망둥이들이다. [..] 남조선에서 겨레의 지향에 배치되는 반(反)민족론이 제창되는 것은 [..] 민족을 영구 분열시키려는 '한나라당'을 비롯한 친미족속들의 범죄적인 기도와 미국의 배후조종의 결과이다."[50]

"**남조선의 곳곳마다에는 민족도 국적도 밝히기 어려운 혼혈아들이 생겨났으며** 이러한 현실은 **남조선사회의 이질화, 잡탕화, 미국화의 뚜렷한 증거물**로 되고 있다. [..] 특히 지금까지 〈단군의 후손〉, 〈한피줄〉, 〈한겨레〉 등을 강조하여온 초등학교 교과서에 올해부터 〈다인종, 다민족문화〉와 관련된 내용을 포함시키려하고 있으며 〈국제결혼가정〉, 〈외국인근로자가정〉 등의 용어도 〈다문화 가정〉으로 바꾸려고 책동하고 있다"[51]

단일민족의 순수성을 통일의 오랜 당위로 전제한 북한 입장에서 남한의 이주노동자와 그로 인한 혼혈인의 문제를 지적하는 것은 민족성의 훼손에 대한 책임전가와 무관하지 않았다. 혼혈인을 포함한 다문화가정에 대한 북한의 부정적 인식은 이하 예시에서 잘 드러난다.

---

50) "〈다민족, 다인종사회〉론은 민족말살론," 「로동신문」, 2006년 4월 27일.
51) 강명옥, "〈우리 인민의 미풍량속을 적극 살려나가자〉 조선민족의 피줄의 공통성을 부인하는 사대매국행위," 『민족문화유산』, 제1호 (2009).

"코시아, 코유안, 코미안 [..] 이 단어들은 남조선사람들과 외국인들사이에서 태여난 혼혈2세들을 가리키는 말이다. 빠른 속도로 국제인종화되여가는 남조선에서는 이런 혼혈아들이 한자리를 〈당당히〉 차지할 정도로 늘어나고 있어 **민족의 순수한 혈통이 심히 모독당하고 있다. [..] 민족성을 말살하는 〈혈통의 국제화〉에는 괴뢰지배층과 특권족속들이 앞장서고 있다.**"[52]

사실상 북한당국의 입장에서 '민족적 단일성' 즉 '혈통의 순수성'은 절대적인 가치이자 지켜야 할 목표이다. 왜냐하면 혈통의 순수성이 훼손되는 순간, 통일의 당위론의 근간 역시 흔들리기 때문이다.[53] 북한에서 통일은 "갈라진 민족의 혈맥을 잇는" 일 인 것인 만큼 혈통은 정치적으로 중요한 의미를 지니고 있다. 설사 "같은 언어를 사용한다고 해도 피줄이 다르면 하나의 민족으로 되지 못한다"는 주장은 적어도 직관적으로 볼 때 소위 '핏줄'이 북한이 상정하는 민족 요건에 얼마나 중요한지를 보여주는 사례라 할 수 있다.[54] "우리 민족은 미국과 같이 조상도 유구한 력사도 고유한 민족문화도 없는 혼혈집단"이 아니며 "한피줄을 이어오며 5천년의 유구한 세월 단일민족의 혈통을 지켜온 자랑스러운"민족이라는 언급도 같은 의미였다.[55]

---

52) 편집부, "국제인종화되여가는 남조선," 『천리마』, 제1호 (2005).

53) 이러한 북한의 인식이 반영된 경우는 다음의 사례도 참고 할 수 있다. "한줌의 흙을 큰산이라고 과장하면서까지 자기를 혼혈이라고 자처하는 것이 그리도 자랑스러운 일인지. [...] 우리는 조선민족이 단일민족이라는데 대하여 높은 긍지를 가지며 자랑스럽게 생각한다. 조선의 사회과학자라면 마땅히 민족의 혼혈성을 헛되이 〈증명〉하려고 애쓸 것이 아니라 단일민족으로서의 긍지를 안고 단혈성의 근거를 풍부히 하며 우수한 민족성을 높이 발양시키도록 하는데 자기의 지혜와 정력을 바쳐야 할 것이다." 허종호, "조선민족과 민족성의 형성, 발전에 대한 력사적 고찰 2," 『력사과학』, 제2호 (2005).

54) 강민화, 『민족문제에 관한 주체적 연구』 (출판사 미확인, 2002), p. 20.

55) 안경호, "우리 민족제일주의기치를 높이 들고 나가는데 자주통일의 활로가 있다," 『근로자』, 제3호 (2004).

관건은 바로 북한의 혈통 중심의 단일민족 논리가 지닌 배타적 속성이 민족적 경계의 재생산을 담당한 여성에게 투사되는데 있다. 혼혈은 그 경계를 무너뜨리는 일이기에 민족에 대한 반역으로 규정된다. 따라서 북한에서 민족적 경계의 재생산 과정은 단일민족에 대한 집착과 결부되어 강력한 당위를 가지게 되는 것이다. 혼혈이 인정되지 않는 북한에서 외국인과의 관계를 통해 임신한 여성의 경우 강제로 낙태가 시술되는 것은 그 대표적인 사례이다.[56] 중국과 국경이 맞닿아 있는 접경지역에서 탈북이나 경제활동 등 빈번한 접촉 과정에서 태어난 중국 혼혈아는 순수한 혈통을 지켜야 한다는 이유로 살해되는 경우도 종종 보도되고 있는 실정이다.[57] 혼혈인은 곧 적대계층으로 분류되어 오염된 민족을 회복시키기 위해 반드시 제거되어야 하는 대상이 된다는 의미다. 다시 말해 오늘날 북한의 단단한 민족 경계는 여성들의 의지는 차치하고라도, 적어도 생물학적 '수비'(guard)를 통해 외부로부터의 훼손과 오염을 차단함으로써 여전히 그들이 말하는 '단일성'을 고수하고 있는 것이다.

---

56) "탈북여성, 유엔서 북한인권 침해 고발, '강제 낙태, 폭행시달려,'" 「VOA」 (온라인) 2017년 12월 12일; 〈https://www.voakorea.com/korea/korea-social-issues/4159402〉.

57) "여성이 김정은을 싫어하는 5가지 이유," 「RFA」 (온라인) 2021년 1월 7일. 〈https://www.rfa.org/korean/in_focus/human_rights_defector/nkwomen-08162016153551.html〉.

4. 문화·상징적 재생산

1) 민족 이념과 전통의 재생산

여성은 자신이 속한 민족집단의 이념적 재생산에 참여하는 동시에 전통문화의 전수를 담당한다. 즉 여성은 가정 내 주요 사회화 주체이며 또한 여성들에게는 민족적 상징이 되는 '전통' 문화유산과 삶의 방식을 특히 젊은이들에게 전달해야 하는 의무가 부여된다는 것이다. 인간의 기본적인 생활양식인 의식주의 주체가 오랜 세월 동안 여성이었다는 점에 더해 우리 전통문화의 이면에 폭넓게 자리 잡은 여성주의적 문화양식은 전통과 젠더의 접근을 보다 자연스럽게 받아들이도록 했다.[58] 사실 여성이 변하지 않는 전통의 담지자로서 민족혼에 비유되고 신비화되는 일은 역사적으로 쉽게 발견된다. 특히 후발주자로 근대화에 진입한 아시아 지역에서는 발전이 추구하는 불안정성을 상쇄할 수 있는 안정된 집단적 정체성이 필요했고, 그 과정에서 형성된 민족적 전통은 '변하지 않는 절대정신'으로서의 역할을 자임하게 된 것이다.[59]

이렇듯 전통이 마치 처음부터 존재했던 것 같은 기시감에도 불구하고 사실 전통 역시 사회의 필요에 따라 끊임없이 새롭게 만들어지고 구성되어 왔다는 점에 주목할 필요가 있다. 홉스봄(Hobsbawm 2004)의 주장대로 '만들어진 전통(invented tradition)'은 집단구성원의 소속감을 형성하고 통합을 유도하며 그 자체로 집단적 통일성의 상징이 된다. 즉 발명의 결과로서의 전통은 사회공학의 산물이며 대중의 에너지를

---

58) 임재해, "민속문화의 여성성과 민속학의 여성주의적 문제의식," 『비교민속학회』, 제45권 (2011), pp. 14~45.

59) 이선옥, "젠더 정치와 민족간 위계만들기," 『여성문학연구』, 제15권 (2006), pp. 106~107.

이끌어냄으로써 지배 엘리트의 이익에 봉사하도록 한다는 것이다.[60] 이렇게 본다면 민족국가의 특정한 의도는 전통의 내용과 형식을 구성하는데 기초가 되는 동시에 전통이 지닌 그와 같은 인위적 속성은 민족적 이념과 전통의 재생산을 담당한 여성들에게 일정한 정치적 영향력으로 작용했을 것이라는 짐작은 그리 어려운 일이 아니다.

북한에서 가정 내 정치사상 교양과 사회주의적 생활양식을 교육하는 여성의 임무가 강조된 것은 바로 그러한 연유에서였다. 1961년 11월 제1차 전국어머니대회에서 김일성에 의해 강조된 바 있듯이 "가정교육에서는 어머니가 중요한 책임"을 져야 하는데, 이때 아버지 보다 어머니의 책임이 더 큰 이유는 "아이들을 낳아서 기르는 것이 어머니"이며 따라서 "첫째가는 교양자는 어머니"라는 주장이었다.[61] "가정교양을 잘하는 것은 자녀들을 사회주의조국을 끝없이 빛내여가는 열렬한 애국자로 키우기 위한 중요한 요구"이며 결국 애국이 "자기 집뜨락에서부터 시작"된다는 것이다.[62] "여성이 없으면 가정도 사회도 나아가서 조국의 미래도 있을 수 없다"는 김정은의 언급 역시 가정에서 여성이 담당한 교육과 교양의 중요성을 강조하면서도 그것은 여전히 국가가 중심이 되는 가부장적 그림자 내부에 위치해야 함을 분명히 한 것이기도 했다.[63] 아래의 예문은 김정은의 연설로서 여성들이 가져야 할 도덕적 규

---

60) Anthony Smith 저, 강철구 역, 『민족주의란 무엇인가?』 (서울: 용의 숲, 2012), p. 86.

61) 김일성, "자녀교양에서 어머니들의 임무(1961.11.16)," 『김일성저작선집 3』 (평양: 조선로동당출판사, 1981); "어머니들의 임무," 「로동신문」, 2019년 7월 30일.

62) "가정교양은 나라의 대를 잇는 중요한 사업," 「로동신문」, 2019년 8월 22일.

63) 1995년 3월 8일 국제 부녀절을 기념하여 김정일은 조선로동당 중앙위원회 책임일군들의 담화를 통해 국제부녀절인데 매체에서 "녀성문제를 별로 취급하지 않은"것을 지적했다. 과거 김일성이 여성이 한쪽 수레바퀴를 담당했다거나 해방 직후 남녀평등법을 추진한 일화를 들어 여성문제 해결에 적극적이었음을 드러냈다. 그러나 정작 그 역시 "부녀절을 계기로 남자들이 녀성들에게 꽃이라도 한송

범과 사상 정신적 태도 그리고 아내, 며느리 등의 가부장적 제도 내에서의 바람직한 상을 묘사하고 있다.

> "녀맹원들과 녀성들속에서 도덕기강을 바로세워야 합니다. **녀성들속에서 도덕기강을 바로세우지 않으면 녀성들자신은 물론 가정과 후대들도 사상정신적으로 병들게 할 수 있습니다.** 녀맹원들과 녀성들은 혁명선배를 존대하고 스승과 웃사람을 존경하며 **안해로서, 며느리로서** 가정과 사회앞에 지닌 도덕적의무와 책임을 다하여야 합니다. 녀맹원들과 녀성들은 언제나 례절바르게 행동하며 공중도덕과 사회질서를 자각적으로, 모범적으로 지켜야 합니다.[64]"

한편 전통의 담지자로서의 여성의 역할은 의복생활에서 보다 직접적으로 수행되었다. 북한에서 전통옷에 대한 실천규범은 시대, 환경적 조건에 따라 다르게 구성되었다.[65] 특히 북한 당국이 "집단적 가치를 전수하거나 정치체제를 선전"하는 현장에서 "조선옷"을 요구한다는 것이다. 본격적으로 북한의 '조선옷' 전통이 의식적으로 제도화 된 것은 1990년대 이후의 일이다. 김정일의 피복연구사업 지시라든가 남한 한복 연구가 이영희의 초대 및 패션쇼 개최, 북한 국산 브랜드의 원단 개발 및 판매 등이 그것이다.

　"옷차림에는 사회의 풍조와 사람들의 문명정도, 정신도덕적 상태"가

　이씩 주고 축하"하거나 "축하장이나 그림엽서"같은 것을 줄 것을 권하는 등 1990년대 중반까지 여성에 대한 북한 지도부의 인식이 가부장적인 영역에 머물러 있음을 엿볼 수 있다. 김정일, "녀성들은 혁명과 건설을 떠밀고 나가는 힘있는 력량이다(1995.3.8)," 『김정일선집 18』 (평양: 조선로동당출판사, 2012), pp. 219~222.

64) 김정은, "온 사회의 김일성-김정일주의화의 기치따라 녀성동맹사업을 더욱 강화하자(2016.11.17),"

65) 박민주, "김정은 시기 '조선옷 전통'의 재구성: 한복 정책을 중심으로," 『현대북한연구』, 제23권 1호 (2020), pp. 230~233.

반영되며 김정일은 직접 "녀성들의 옷차림의 옷차림"에 신경을 쓸 만큼 여성들의 의복문제를 중요하게 생각했다.[66] 아래는 그 예이다.

"지금 사람들의 옷차림 문제가 잘 해결되지 않고 있습니다. [..] 지금 우리 **녀성들이 조선치마를 짧게 해입기 때문에 민족옷의 고유한 특성이 살아나지 못하고 있습니다.** [..] 일군들이 애국자가 되려면 자기 민족의 력사와 문화를 더 잘 연구하여 사람들의 옷차림에서도 고유한 민족성을 살려나가야 합니다."[67]

위의 김정일 담화에서 남성들의 옷차림에 대한 지적은 다림질 문제나 작업복을 입고 외출하는 문제, 옷의 형태의 단조로움에 국한되는 등 그 내용과 형식에 있어서 민족성 투영 여부가 문제로 지적되지는 않았다는 사실이 흥미롭다. 즉 전통 복식을 고수함으로써 사회주의 생활양식을 수호하자는 주장은 사실상 여성들에게만 적용되는 것이었다.[68] 이는 규찰대나 여맹을 통한 복장단속이 대부분 젊은 여성들에 집중되어 있다는 사실에서도 잘 드러난다.[69] 다시 말해 여성들의 옷차림은 민족 전통의 상징으로 규정되는 동시에 그 자체로 도덕적 규범성을 지니게 된다는 것이다. 전통에 맞지 않는 옷차림은 곧 비사, 즉 비사회주의의 황색바람으로 치부될 것이었다. "녀성들속에서 사회주의생활양식을

---

66) "우리의 멋, 우리 식대로." 「로동신문」, 2019년 8월 10일.

67) 김정일, "온 사회에 문화정서생활기풍을 세울데 대하여(1989.1.5)," 『김정일선집 12』 (평양: 조선로동당출판사, 2011), pp. 458~480.

68) "유구한 력사, 찬란한 문화: 조선옷의 아름다운 색조화," 「로동신문」, 2019년 5월 12일.

69) 필자가 2020년 1월~9월까지 진행한 2019년 이후 탈북한 여성 20명을 대상으로 실시한 심층인터뷰 결과 대부분 응답자가 복장단속의 대상을 여성 특히 젊은 여성에 국한되어 있음을 진술했다. 다음은 그 예이다. "남자들은 그렇게 없어요. 주로 여자들이 걸리지, 단속하니까"(30대 여성, 김○화). 다만 본 연구는 북한여성들의 옷차림단속에 관한 실태연구를 목표로 하고 있지는 않기 때문에 구체적인 인터뷰 자료를 활용한 연구는 추후 수행할 예정이다.

철저히 확립하기 위한 된바람을 일으켜 우리 식이 아닌 옷차림과 몸단장으로 사회의 건전한 공기를 흐리는 일이 없도록" 해야한다는 주장이나 "우리 식이 아닌 우리 식이 아닌 이색적이고 불건전하며 례의에 어긋나는 옷차림을 하는 것은 사람들의 정신을 병들게 하고 인간다운 면모를 잃게 하며 사회를 사상적으로, 도덕적으로 변질시켜 사회주의의 본태를 흐리게 하는 엄중한 후과를 초래"한다며 "녀성들을 비롯하여 사람들 누구나가 옷을 자기 나이와 몸매에 어울리게" 입는 것이 "사회 도덕"이라 주장한 것은 옷차림을 단순한 전통적 문화의 차원을 넘어 도덕적인 영역의 것으로 치환하고 있음을 드러낸다.[70]

요컨대 "우리 녀성들 누구나가 조선치마저고리를 민족적 특성이 살아나게 잘 만들어입고 나설 때 사회주의 우리 생활은 풍만한 민족적향취와 더불어 더욱 아름다워질 것"이라는 설명은 사실상 여성에게 착장되는 의복에 전통적 가치와 규범을 부여하고, 취약해지는 사회주의의 정당성에 민족적 집단주의를 환기시키려는 의도가 반영된 것이라 할 수 있다.[71] 분명한 것은 그러한 민족적 이념과 전통을 재생산하는 임무를 수행하는 주체가 바로 여성이라는 사실이다. 이미 선택되고 창출된 전통의 가치들이 일시성을 넘어 영속적인 민족의 구심력으로 작용할 수 있도록 여성은 그러한 전통적 가치를 담지할 뿐만 아니라 전수의 기능을 담당하고 있는 것이다.

2) 민족 상징의 재생산

여성은 인종적, 민족적 차이의 기표로서 사랑하는 아들을 전쟁에서

---

70) "우리 식 생활양식이 제일," 「로동신문」, 2019년 9월 15일; "옷차림과 례절," 「로동신문」, 2019년 11월 30일.
71) "조선치마저고리의 고유한 미를 살리려면," 「로동신문」, 2019년 12월 1일.

잃은 어머니를 상징한다. 여성은 민족 및 민족집단의 문화적, 이념적 전통을 전수하는 것을 넘어 실제 상징적 형상을 구성하기도 한다. 위험에 처한 사랑받는 여인이나 전장에서 아들을 잃은 어머니라는 상징은 남성이 '여성과 아이들을 위해' 싸우거나 '그들의 명예를 수호'하도록 동원될 때 예컨대 민족해방투쟁과 같은 민족국가 갈등에서 흔히 활용되는 민족주의 담론이다.

한국전쟁 당시 미군에 의한 신천 지역의 민간인 학살에 대한 북한 당국의 묘사는 그 대표적 사례라 할 수 있다. 미국은 "조선인민의 불구대천의 원쑤"이며 "주된 투쟁대상"으로 "신천땅에 기여든 미제침략자들"이 "빨갱이새끼가 어떻게 생겼는가 보자고 하면서 임신한 녀성의 배를 가르는 짐승도 낯을 붉힐 야수적 만행"을 감행했다는 김정일의 담화는 美제국주의에 유린당한 여성을 민족과 동일시하고 있음을 잘 보여준다.[72] "어머니들의 눈앞에서 아이들을 총창으로 찔러" 살해했다는 묘사 역시 피해자로서의 여성을 자극적으로 그리고 있다.[73] 김정은 역시 2014년과 2015년 각각 신천박물관을 방문하여 반미애국교양에 관심을 둔 모습을 보였으며 2016년에는 신천박물관 창립 60주년을 기념하는 기념보고회가 진행된 바 있다.[74] 신천의 역사는 과거에 머문 것이 아니라 끊임 없이 현재성을 부여받고 있는 것이다.

한편 상기와 같이 제국주의에 의한 민족적 상처를 극복하고 민족해방과 구원을 상징으로서 여성이 호명된다. 북한 여성으로 가장 이상적인 인물은 단연 강반석과 김정숙을 꼽을 수 있다. 절망에 빠진 조국을

---

72) 김정일, "신천박물관을 통한 계급교양사업을 강화할데 대하여(1998.11.22)," 『김정일선집 19』 (평양: 조선로동당출판사, 2013), pp. 431~436.

73) 최필승, "신천박물관을 통한 반미교양을 강화하는 것은 계급교양의 중요방도," 『근로자』, 제11권 (1998).

74) "신천박물관창립 60돐 기념보고회 진행," 『로동신문』, 2018년 3월 27일.

해방시키는 남편 혹은 아들을 지원하고 나아가 혁명에 직접 참여했던 강한 어머니로 묘사되는 두 사람은 희생, 헌신, 애국, 현모양처와 같은 가치의 수사를 통해 현재까지 호명되고 있다. 먼저 강반석은 "력사상 그 어느 녀성도 지닐 수 없었던 비범한 천품과 고매한 도덕성, 무한한 헌신성을 지닌 조선의 위대한 어머니"로 그려진다.[75] 그 내용은 김형직의 혁명활동 지원, 시할머님과 시부모님의 봉양, 동서와 시누이와의 남다른 우애 등으로 그려지며 오늘날 북한 녀성들에게 "고귀한 귀감"으로 권장되고 있는 것이다. 다음으로 김정숙은 수령의 "신변안전과 안녕을 보장해드리는 것을 첫째가는 임무"로 하여 일생을 바친 "친위전사의 참다운 귀감"으로 그려진다.[76] 김정숙의 업적에 대해서 "녀사의 공적중에서 특출한 것은 김일성주석을 견결히 옹호보위한 것"이라는 주장도 마찬가지이다.[77] 걸출한 항일의 여장군이자 정치활동가로서 그의 역할이 수령 결사 옹위에 국한되었지만, 그것은 곧 민족의 위기를 구한 김일성을 보위한 것이라는 점에서 칭송되었다. 국가가 모든 자원을 독점한 가부장으로서 그 권력의 재생산을 위해 불평등한 제도와 담론을 총체적으로 재생산하고 있다는 견해는 그러한 북한의 민족 상징으로서의 역할을 담당하는 여성들의 단면을 잘 요약하고 있다.[78]

한 걸음 더 나아가 '처녀어머니' 장정화에 관한 서사와 상징은 민족과 민족주의의 현대적 버전으로 탄생했다. 전쟁은 아니지만 전시만큼 어려운 국가 현실에서 부모를 잃은 고아들을 거둔 미풍선구자 여성의

---

75) 리성숙, "온 사회를 화목하고 단합된 하나의 대가정으로 만들어나가는데서 우리 녀성들의 역할," 『근로자』, 제5권 (2013).

76) 홍영삼, "수령결사옹위로 빛나는 한평생," 『근로자』, 제9권 (2016).

77) "항일의 녀장군, 걸출한 녀성정치활동가," 『로동신문』, 2020년 9월 23일.

78) 박경숙, "북한 사회의 국가, 가부장제, 여성의 관계에 대한 시론," p. 369.

미담은 영화로도 재현되었다.[79] 모성에의 강요는 미혼여성에도 예외는 아니었다. "부모잃은 아이들을 부모잃은 아이들을 스스로 맡아키우는 강선땅의 《처녀어머니》처럼, 전쟁로병, 영예군인들의 생활을 친혈육의 심정으로 돌보아주는 수많은 미풍선구자들처럼 서로 돕고 이끄는 집단주의적기풍이 그 어디에서나 높이 발양되여야" 한다는 것이었다.[80] 한편 전쟁에서 사지를 잃은 영예군인을 간호하고 2세를 낳을 수 없다는 사실을 알고 있음에도 불구하고 결혼을 한 여성 서재렬에 대한 소개는 또 다른 예이다. "혁명 동지에 대한 사심없는 자기희생"을 했다는 것이다.[81] 이는 남편이나 자녀를 군에 보낸 군인가족들을 "우리 당의 딸, 우리 당의 며느리"로 묘사한 가부장적 위계의 재생산에서도 잘 드러난다.[82] "녀성들은 어머니로서 가정주부로서 또 안해로서 며느리로서 가정과 사회 앞에 지닌 도덕적 의무와 책임"을 다하라는 것이다.[83]

〈처녀어머니관련 표현〉

"녀맹원들과 녀성들속에서 도덕기강을 바로세워야 합니다. 녀성들속에서 도덕기강을 바로세우지 않으면 녀성들자신은 물론 가정과 후대들도 사상정신적으로 병들게 할수 있습니다. 녀맹원들과 **녀성들은** 혁명선배를 존대하고 스승과 웃사람을 존경하며 **안해로서, 며느리로서 가정과 사회앞에 지닌 도덕적의무와**

---

79) 강혜석, 〈김정은 시대 통치담론 변화와 '국가'의 부상: 〈김정일애국주의〉와 〈우리국가제일주의〉를 중심으로," 『국제정치논총』, 제59집 3호 (2019).

80) "온 사회에 아름답고 고상한 도덕기풍을 철저히 확립하자," 『로동신문』, 2019년 5월 25일.

81) "어머니당을 받들어 충성과 헌신의 60년," 『로동신문』, 2020년 9월 20일.

82) "최후 승리를 위한 총공격전에서 조선녀성들의 혁명적 기상을 힘있게 떨치자," 『로동신문』 2016년 3월 8일.

83) "전민총돌격전에서 조선녀성의 혁명적기개를 힘있게 떨치자," 『민주조선』, 2017년 3월 8일.

책임을 다하여야 합니다. 녀맹원들과 녀성들은 언제나 례절바르게 행동하며 공중도덕과 사회질서를 자각적으로, 모범적으로 지켜야 합니다."[84]

"특히 **20살 꽃나이에 7명 부모없는 아이들을 친혈육의 정으로 애지중지 키우**고 있는 **《처녀어머니》의 소행은 만사람을 감동시키는 훌륭한 미덕**입니다."[85]

"부모잃은 아이들을 스스로 맡아키우는 강선땅의 《처녀어머니》처럼 전쟁로병 영예군인들의 생활을 친혈육의 심정으로 돌보아주는 수많은 미풍선구자들처럼 서로 돕고 이끄는 **집단주의적기풍이** 그 어디에서나 높이 발양되여야 한다."[86]

김정은 정권에서 전개되고 있는 여성을 통한 민족 상징의 재생산은 심화하고 있는 듯 보인다. 바로 여성이 국가와 민족적 상징에 더해 사회주의 즉 '당'에 대한 상징이 전면화 되고 있기 때문이다. 지난 2020년 10월 10일 조선노동당 창건 75주년을 맞이한 열병식에서 '어머니당'이 호명되었다. 당에 대한 모성의 이미지가 크게 강조되는 가운데 최근 북한매체 역시 전반적으로 '어머니당'을 부각시키는 현상에 주목할 필요가 있다.

북한 체제를 가부장적 질서로 이해한 기존의 주장들과 부합하는 것이기도 하다. 주체사상과 유교(주자학)과의 유사성을 들어 북한 사회주의와 전통과의 공명을 주장한 스즈키 마사유키(1994)나 유교질서의 강력

---

84) 김정은, "온 사회의 김일성-김정일주의화의 기치따라 녀성동맹사업을 더욱 강화하자,"

85) 김정은, "김정은동지께서 청년들을 고상한 정신과 미풍을 지닌 시대의 선구자들로 키워낸 당조직들과 청년동맹조직들에게 보내신 감사문(2015.5.26)," 「조선중앙통신」, 2015년 5월 27일.

86) "온 사회에 아름답고 고상한 도덕기풍을 철저히 확립하자," 「로동신문」, 2019년 5월 25일.

한 영향아래 혈연적 조합주의를 형성했다고 본 커밍스 (Bruce Cumings 2001)가 대표적이다.[87] 특히 와다 하루키는 1980년 무렵에 '어머니 당'이라는 신조어가 등장했고 이는 세계 공산주의운동사에서 유례가 없는 독특한 발상이라고 지적한 바 있다.[88] 『김일성저작집』에 따르면 이미 "대중이 당을 어머니처럼 믿고" 라든지 "당일군은 [..] 사람들과의 관계에서는 어머니가 되어야" 한다든지 등 정권초기부터 당을 어머니에 비유했던 것이다.[89]

사실상 '어머니당'이 북한 공간문헌에서 등장하기 시작한 것은 그보다 앞선 1963년 9월 5일 김일성이 중심군당위원장들앞에서 한 연설 "당일군들의 사업방법과 사업작풍을 바로잡을데 대하여"였다. 사회주의대가정론에서도 잘 알 수 있듯이 북한에서 가족과 여성을 가부장적 수사에 포괄한 것은 새로운 현상은 아니다. 김정일의 1997년 〈주체성과 민족성〉에서도 이는 잘 드러난다. 흥미로운 점은 그러한 사회주의대가정론이 상징하는 수령에 대한 당과 인민의 일방적인 충과 효, 혁명적 동지애의 상향식 발현만을 강조하던 점에서 인민 간의 관계나 위로부터의 의리도 함께 강조된 데 있다. 노동신문에서 '식솔'론이 광범하게 등장하기 시작하고 정론 및 논설에서 이를 크게 강조하고 있는 것은 그 예이다.[90] 김정일의 '사회주의대가정'론에서 보다 나아간 개념인 '한

87) 스즈키 마사유키, 『김정일과 수령제사회주의: 북조선, 사회주의와 전통의 공명』 (서울: 중앙일보사, 1994), p. 163; Bruce Cumings, 『브루스 커밍스의 한국현대사』(서울: (주)창작과 비평사, 2012).

88) 와다 하루키, 『북조선: 유격대국가에서 정규군국가로』(서울: 돌베개, 1998).

89) 김일성, "대중지도방법을 개선하며 올해 인민경제계획 수행을 성과적으로 보장할 데 대하여(1947.3.15)," 『김일성저작집 3』(평양: 조선로동당출판사, 1979); 김일성, "조선로동당 중앙위원회 1959년 2월 전원회의에서 한 결론(1959.2.15)," 『김일성저작집 13』(평양: 조선로동당출판사, 1981).

90) 『노동신문』의 2019년 5월 11일 ; 2020년 9월 28일 ; 2020년 3월 19일에 각각 해당 표현이 등장했다. 2018~2020 기간 동안 '식솔'이라는 단어가 등장한 노동신

식솔'은 '한피줄로 잇고 사는 것으로 하여 언제나 자신처럼 믿고 사랑하며 어렵고 힘들 때 제일 먼저 찾게 되고 의지하게 되는 손길'로 규정되었다. '식솔복의 정점이 곧 수령복'이라는 주장은 당을 어머니, 수령을 어버이, 인민을 자녀로 규정한 사회주의대가정론의 가부장적 성격이 수평적인 인민들 간에 애착으로 돌린 점은 가정의 국가에 대한 귀속만큼이나 국가의 가정에 대한 의존에 보다 무게 중심을 둔 것으로 이해될 수 있다. 이는 2021년 1월 진행된 조선로동당 제8차대회의 인민대중제일주의와 궤를 같이한다. 즉 운명공동체로서의 의미가 강한 한식솔은 '어머니의 품'을 자연스럽게 상기시키고, 이는 김정은 시대 여성들의 정치적, 사회적, 가정적 책무를 재강화했다. 이처럼 김정은 시대 전반에 걸친 여성·가족 관련 정치담론의 부상은 일종의 경향을 지니고 있었다. 김정은 시대 '여성'의 호명과 '사회주의대가정론'의 재(再)기능화를 통해 당국은 '느슨한 규율'이자 '실재하는 조직'으로서 가정을 국가에 기꺼이 협력하도록 하는 정치적 동학을 구현하고 있는 것이다.[91]

문 기사 수는 총 320여 건이다.

91) 첫째, 3.8 부녀자절에 더해 2012년 11월 16일 '어머니날'을 지정하고 올해(2020년) 공휴일로 재지정하는 등 상징적 여성우대 정책을 실시했다. 둘째, 김정은 시기 역시 김일성(1961.11.16.), 김정일(1998.9.28/2005.11.22) 때와 같이 2012년 '전국어머니대회'를 개최하였으며 여기서 여성의 혁명적 현모양처로서 전통적 성 역할 강조한 바 있다. 셋째, 1990년 제정된 가족법(1993, 2004, 2007, 2009 수정보충)을 통해 가족의 중요성을 강조하고 결혼과 이혼 등의 절차를 명문화함으로써 국가의 가족에 대한 통제 강화시키고 있다.

5. 나오며

북한에서도 정권 수립 초기부터 여타의 사회주의 국가들과 마찬가지로 남녀평등법을 중심으로 선거권, 탁아시설 운영과 공적 보육 시스템, 산전·산후 유급 휴가, 젖먹이 시간 보장 등 다양한 방식으로 여성 복지가 제공된 바 있다.[92] 그러나 이러한 제도적 개혁들에도 불구하고 남성중심성은 매우 뚜렷이 관찰되는 북한 사회의 주요 특성으로 남았고 특히 '국가'와 '민족'을 중심으로 한 담론과 기구들은 이러한 남성중심성을 재생산해온 핵심적 기제로 지적되어왔다.[93]

본 연구는 기본적으로 국가와 민족을 가해자이자 주체로, 그리고 여성을 피해자이자 대상으로 규정해온 이와 같은 이분법적 논의를 넘어여성이 수행해온 역할과 기능에 보다 초점을 맞추고자 했다. 여성은 단순히 민족주의의 피해자이기만 했던 것이 아니라 생물학적 차원과 문화적·상징적 차원 모두에서 민족의 '생산자'로서의 역할을 수행해 왔다는 것이다.

그렇다면 현 시점에서 해당 논의가 갖는 함의는 무엇인가? 그 가장중요한 지점 중 하나는 김정은 시대 들어 북한 여성의 위상과 역할에주요한 변화들이 관측되고 있다는 점이다. 실제 북한의 민족주의와 여성문제 역시 시기별로 끊임없는 변화를 겪어왔다. 1945년부터 1950년까지 여성의 국민화 시기, 한국전쟁 이후부터 1970년대 중반까지 사회주

---

92) 박영자, "북한의 남녀평등 정책의 형성과 굴절(1945~70): 북한여성의 정치사회적 지위 변화를 중심으로," 『아시아여성연구』, 제43권 2호 (2004); 김석향, "'남녀평등'과 '여성의 권리'에 대한 북한 당국의 공식담론 변화," 『북한연구학회보』, 제10권 1호 (2006); 이철수, "북한의 '녀성권리보장법'에 대한 탐색적 분석," 『통일과 평화』, 제11집 1호 (2019).

93) 박경숙, "북한 사회의 국가, 가부장제, 여성의 관계에 대한 시론," 『사회와 이론』, 제21-1집 (2012).

의적 애국주의 기치 하에 전체 여성의 노동계급화가 진행된 시기, 1970년대 중반부터 1990년대 중반까지 방어적 민족주의하에 전통문화가 복원되고 기혼여성의 비공식 노동자화가 진행된 시기, 1990년대 중반 이후부터 2000년대까지 선군정치의 전투적 민족주의 하에 혁명적 군인가정화가 진행된 시기 등이 그것이다.[94]

이후 2009년 화폐개혁과 후계체제의 개시 이후 진행된 급속하고 일관된 시장 메커니즘의 확산과 경공업을 중심으로 한 내수 경제의 활성화, 전반적인 경제수준의 향상 등은 새로운 변화의 계기가 되어 왔다. 경제활동이라기보다는 생존을 위한 임시방편의 성격을 지녔던 여성의 비공식 경제활동은 이제 수많은 가계의 주된 경제활동으로 자리매김하고 있으며 남성은 '낮전등'으로 희화화되기에 이르렀다. 그러나 이러한 현상은 단순히 여권의 신장으로 이어지기보다 국가 기구의 정상화 및 권력과 시장의 결합이라는 새로운 현상들과 맞물리며 보다 복잡한 변화의 양상을 보여왔다. 또한 경제권의 신장에 바탕을 둔 여성의 주체화와 여전히 가부장적인 사회 구조 속에서 여성이 스스로 '선택'한 몰(沒)주체화가 모순적으로 결합된 아래로부터의 변화는 '어머니당'을 키워드로 한 위로부터의 정치적 기획들과 다시 결합하며 변화의 복잡성을 한층 더하고 있다. '김일성 민족'과 '김정일 조선'의 기치 하에 '우리 국가제일주의'와 '인민대중제일주의'를 내세우며 새로운 '국민 만들기'(nation building)에 박차를 가하고 있는 김정은 시대 북한의 젠더 정치를 독해하기 위해 보다 풍부한 상상력이 필요한 이유라 하겠다.

---

94) 박영자, "북한의 민족주의와 여성," 『국제정치논총』, 제45권 1호 (2005).

▌참고문헌

1. 국문단행본

스즈키 마사유키.『김정일과 수령제사회주의: 북조선, 사회주의와 전통의 공명』.
　　서울: 중앙일보사, 1994.

와다 하루키.『북조선: 유격대국가에서 정규군국가로』. 서울: 돌베개, 1998.

장문석.『민족주의 길들이기: 로마 몰락에서 유럽통합까지 다시 쓰는 민족주의
　　역사』. 서울: 도서출판 지식의 풍경, 2007.

Cumings, Bruce.『브루스 커밍스의 한국현대사』. 서울: ㈜창작과 비평사,
　　2012.

Evans, Richard 저, 정현백 외 역.『페미니스트』. 서울: 창작과 비평사, 1997.

Pateman, Carole 저. 이충훈·유영근 역.『남과 여: 은폐된 성적 계약』. 고양:
　　도서출판 이후, 2001.

Smith, Anthony 저, 강철구 역.『민족주의란 무엇인가?』. 서울: 용의 숲. 2012.
　　p. 86.

Yuval-Davis, Nira 저. 박혜란 역.『젠더와 민족: 정체성의 정치에서 횡단의 정
　　치로』. 서울: ㈜그린비 출판사. 2012.

2. 영문단행본

Beissinger, Mark R. *Nationalist Mobilization and the Collapse of the
　　Soviet State*. Cambridge: Cambridge University, 2004.

Chatterjee, Parta. *The Nation and Its Fragments*. Princeton: Princeton
　　University Press, 1993.

Enloe, Cynthia. *Bananas, Beaches and Bases*. Berkeley: University of
　　California Press, 1990.

Gellner, Ernest. *Nations and Nationalism*. Ithaca: Cornell Univ. Press,
　　1983.

Greenfeld, Liah. *Nationalism: Five Roads to Modernity*. Cambridge:

Harvard University Press, 1992.

Hobsbawm, E. J. *Nations and Nationalism since 1780*. Cambridge: The Press of University of Cambridge, 1990.

Jayawardena, Kumari. *Feminism and Nationalism in the Third World*. London: Zed Books, 1986.

Kedourie, Elie. *Nationalism*, Cambridge: Blackwell, 1993.

Mosse, George L. *Nationalism and Sexuality: Middle-Class Morality and Sexual Norms in Modern Europe*. London: University of Wisconsin Press, 1985.

Suny, Ronald Grigor. & Terry Martin, eds., *A State of Nations: Empire and Nation-Making in the Age of Lenin and Stalin*. Oxford and New York, Oxford University, 2007.

Talpade Mohanty, Chandra. eds., *Third World Women*. Indiana: Indiana University Press. 1991.

West, Lois, *Feminist Nationalism*. London: Routledge, 1997.

Yuval-Davis, Nira. & Floya Anthias, *Women-Nation-State*. New York: St. Martin's Press, 1989.

3. 국문논문

강혜석. "김정은 시대 통치담론 변화와 '국가'의 부상: 〈김정일애국주의〉와 〈우리 국가제일주의〉를 중심으로." 『국제정치논총』, 제59집 3호 (2019).

김두섭 외. "북한 인구센서스 분석 연구." 『한국사회과학자료원』 (2010).

김미숙. "여성주의 시각에서 본 북한교과서의 민족국가 담론." 『교육사회학연구』, 제11권 2호 (2001).

김영선. "1960~1970년대 북한의 재생산 정책과 젠더의 문화정치." 『여성과 역사』, 제21집 (2014).

김석향. "'남녀평등'과 '여성의 권리'에 대한 북한 당국의 공식담론 변화." 『북한연구학회보』, 제10권 1호 (2006).

박경숙. "북한 사회의 국가, 가부장제, 여성의 관계에 대한 시론."『사회와 이론』, 제21-1집 (2012).

박미선. "민족경계 안팎의 여성과 남성: 민족주의의 감정정치와 신체훈육."『영미문학페미니즘』, 제17권 1호 (2009).

박민주. "김정은 시기 '조선옷 전통'의 재구성: 한복 정책을 중심으로."『현대북한연구』, 제23권 1호 (2020).

박영자. "북한의 남녀평등 정책의 형성과 굴절(1945~70): 북한여성의 정치사회적 지위 변화를 중심으로."『아시아여성연구』, 제43권 2호 (2004).

_____. "북한의 민족주의와 여성."『국제정치논총』, 제45권 1호 (2005).

박정미. "혈통에서 문화로? 가족, 국적, 그리고 성원권의 젠더 정치."『한국사회학』, 제54권 4호 (2020).

안지영. "김정일 시기 이후 북한의 '인구재생산'과 영화 속 모성담론."『여성연구』, 제88권 1호 (2005).

윤택림. "민족주의 담론과 여성."『한국여성학』, 제10권 (1994).

이선옥. "젠더 정치와 민족간 위계만들기."『여성문학연구』, 제15권 (2006).

이철수. "북한의 '녀성권리보장법'에 대한 탐색적 분석."『통일과 평화』, 제11집 1호 (2019).

이혜령. "인종과 젠더, 그리고 민족 동일성의 역학: 1920~1930년대 염상섭 소설에 나타난 혼혈하의 정체성."『현대소설연구』, 제18권 (2003).

임재해. "민속문화의 여성성과 민속학의 여성주의적 문제의식."『비교민속학회』, 제45권 (2011).

정진성. "민족 및 민족주의에 관한 한국여성학의 논의."『한국여성학』, 제15권 2호 (1999).

정현백. "민족주의와 페미니즘: 비교사적 고찰을 중심으로."『페미니즘 연구』, 제1권 (2001).

홍 민. "북한의 인구정치의 기원과 식량체제."『통일정책연구』, 제22권 1호 (2013).

4. 영문논문

Grant, Rebecca. "The Sources of Gender Bias in International Relations Theory." in Rebecca Grant and Kathleen Newland, eds., *Gender and International Relations*. Bloomington: Indiana University Press, 1991.

Ortner, Sherry. "Is Female to Male as Nature is to Culture?" in Michelle Rosaldo and Louise Lamphere, eds., *Women, Culture and Society*. Stanford: Stanford University Press, 1974.

Smith, Anthony. "State-Making and Nation-Building." in John A. Hall, ed., *State in History*. Oxford: Basil Blackwell, 1986.

5. 북한문헌

강명옥. "〈우리 인민의 미풍량속을 적극 살려나가자〉 조선민족의 피줄의 공통성을 부인하는 사대매국행위."『민족문화유산』, 제1호 (2009).

강민화.『민족문제에 관한 주체적 연구』. 출판사 미확인, 2002.

김일성. "대중지도방법을 개선하며 올해 인민경제계획 수행을 성과적으로 보장할 데 대하여(1947.3.15)."『김일성저작집 3』. 평양: 조선로동당출판사, 1979.

_____. "조선로동당 중앙위원회 1959년 2월 전원회의에서 한 결론(1959.2.15)."『김일성저작집 13』. 평양: 조선로동당출판사, 1981.

_____. "자녀교양에서 어머니들의 임무(1961.11.16)."『김일성저작선집 3』. 평양: 조선로동당출판사, 1981.

_____. "당일군들의 사업방법과 사업작풍을 바로잡을데 대하여(1963.9.5)."『김일성저작집 17』. 평양: 조선로동당출판사.

김정은. "김정은동지께서 청년들을 고상한 정신과 미풍을 지닌 시대의 선구자들로 키워낸 당조직들과 청년동맹조직들에게 보내신 감사문(2015.5.26)."「조선중앙통신」, 2015년 5월 27일.

_____. "온 사회의 김일성-김정일주의화의 기치따라 녀성동맹사업을 더욱 강화

하자(2016.11.17)." 『조선중앙통신』, 2016년 11월 19일.

김정일. "혁명적문학예술작품창작에서 새로운 앙양을 일으키자(1986.5.17)." 『김정일선집 11』. 평양: 조선로동당출판사, 2011.

_____. "온 사회에 문화정서생활기풍을 세울데 대하여(1989.1.5)." 『김정일선집 12』. 평양: 조선로동당출판사, 2011.

_____. "당사상교양사업에서 나서는 몇가지 과업에 대하여(1990.1.11)." 『김정일선집 13』. 평양: 조선로동당출판사, 2012.

_____. "청년들을 주체혁명위업의 믿음직한 계승자로 튼튼히 준비시키자(1990.1.17)." 『김정일선집 13』. 평양: 조선로동당출판사, 2012.

_____. "주체문학론(1992.1.20)." 『김정일선집 16』. 평양: 조선로동당출판사, 2012.

_____. "녀성들은 혁명과 건설을 떠밀고 나가는 힘있는 력량이다(1995.3.8)." 『김정일선집 18』. 평양: 조선로동당출판사, 2012.

_____. "신천박물관을 통한 계급교양사업을 강화할데 대하여(1998.11.22)." 『김정일선집 19』. 평양: 조선로동당출판사, 2013.

리성숙. "온 사회를 화목하고 단합된 하나의 대가정으로 만들어나가는데서 우리 녀성들의 역할." 『근로자』, 제5권 (2013).

안경호. "우리 민족제일주의기치를 높이 들고 나가는데 자주통일의 활로가 있다." 『근로자』, 제3호 (2004).

최필승. "신천박물관을 통한 반미교양을 강화하는 것은 계급교양의 중요방도." 『근로자』, 제11권 (1998).

편집부. "국제인종화되여가는 남조선." 『천리마』, 제1호 (2005).

허종호. "조선민족과 민족성의 형성, 발전에 대한 력사적 고찰 2." 『력사과학』, 제2호 (2005).

홍영삼. "수령결사옹위로 빛나는 한평생." 『근로자』, 제9권 (2016).

『로동신문』

『민주조선』

『조선중앙통신』

6. 기타

「조선일보」

「아시안투데이」

「연합뉴스」

「DailyNK」

「RFA」

「VOA」

제2장

김정은 시대 예술영화에 나타난 젠더정치

김 정 수

1. 여는 글

이 글은 김정은 시대에 제작된 예술영화 〈포성없는 전구〉(2014) 1~5부에 나타난 북한 당국의 젠더정치를 분석하고자 한다. 〈포성없는 전구〉는 1,2부로 구성된 소설을 영화화한 첩보물에 속한다. 북한 당국은 이 영화가 "당과 수령, 조국과 인민의 안녕을 위하여 적구에서 미제의 침략전쟁모략을 밝혀내며 용감히 싸우는 조선의 장한 아들딸들의 투쟁모습을 진실하게 형상"하고 있다고 소개한다.[1] 영화의 특징은 여성이 중심인물이라는 점, 실사와 다큐멘터리를 활용하여 신화를 역사적 사실로 확정짓는다는 점, 김일성의 육성을 연출하여 김일성의 영웅성을 부각시킨다는 점이다. 영화는 소설 1부를 5부작으로 제작했는데

---

* 이 글은 김정수, "김정은 시대 예술영화에 나타난 일상정치," 『문화정책논총』, 제32집 1호 (2018)와 김정수, "북한 예술영화의 '행동'과 '감정' 분석" (이화여자대학교 북한학 박사논문, 2018)의 일부를 발전·확대한 것이다.

1) 조선중앙통신사, 『조선중앙년감』 (평양: 조선중앙통신사, 2015), p. 336.

김정은 정권 3년차 군이 김정일 시기에 발표된 소설을 영화화 한 것은 당시 북한의 정치변동과 관련 있다. 장성택 숙청과 맞물린 정치적 경직 시기 새 작품을 쓰는 것 자체가 부담이었을 것이다.

그렇다면 북한 사회가 경직된 시기에 발표된 여성 중심인물의 영화를 살펴보는 것은 위기의 시기 북한 당국이 전개하는 젠더정치를 포착할 수 있는 기회이다. 실버만의 주장과 같이 '사회심리학적 측면에서 볼 때, 극중 인물은 물론 가상의 미시적 사회에 속하지만 그 인물은 현실이라는 거시사회와 의사소통을 하고, 그 인물은 사회에서 실재로 존재'하기 때문에,[2] 적어도 존재하도록 강요되기 때문에, 영화분석은 북한 당국의 전략을 읽어내는데 유용한 통로이다. 또한 '영화속에 반영되어 있거나 은폐되어 있는 정치적 이데올로기를 재검토하고 그에 대한 의미투쟁을 가능'하게 할 것이다.[3] 이에 이 글은 영화의 기호학적 분석을 토대로 경직된 시기 발표된 예술영화를 통해 북한 당국이 전개하는 젠더정치를 살펴보고자 한다. 〈포성없는 전구〉의 등장인물은 다음과 같다.[4]

---

2) Alphons Silbermann, "Soziologie der Kunst," 이남복 편저, 『연극 사회학』(서울: 현대미학사, 1996), p. 37.

3) 한국연극평론가협회 편, 『동시대 연극비평의 방법론과 실제』(서울: 연극과 인간, 2009), p. 261.

4) 이 글은 〈포성없는 전구〉를 모두 5개의 시퀀스로 나누었다. 각 시퀀스별 줄거리는 다음과 같다. 시퀀스 1에서 남희는 일본이 패망한 이후 한반도에 대한 미국 맥아더의 음모를 밝히라는 임무를 받는다. 미군에 잠입하기 위해 일차적으로 남희는 일본 흑룡강 회원으로 위장하여 러시아 일본 포로수용소에 들어가는데 이 작전을 아는 사람은 정치주임과 남희의 위장 남편 방호성 뿐이다. 남희는 각본대로 일본군 대열을 탈출하여 러시아 수용소에 들어가고 2~3년 후 미군에 이송된다. 남희가 일본 흑룡강 회원이라고 믿는 미군은 일본의 고급정보를 캐내기 위해 남희의 전향을 설득하고 남희는 이들에게 위장 협조한다. 시퀀스 2에서는 남희가 러시아 시베리 포로수용소에서 나온 이후 캐논 기관에서 벌이는 활동이 주 내용이다. 남희의 활동을 알고 있는 방호성은 국민당에 의해, 정치주임은 정체불명의 집단에 의해 습격을 받아 사망한다. 홀로 임무를 수행해야 하는 남희는 이 와중에서도 월

〈그림 1〉〈포성없는 전구〉의 등장인물도

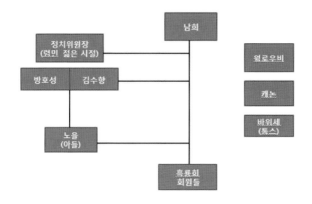

영화를 이끌고 가는 주요인물은 남희이며, 작품의 전사는 해방 이후

로우비의 신임을 받기 위해 마약소굴소통작전에서 큰 공을 세우고 우정회(흑룡회의 후신)의 두령이 된다. 이 시기 김일성이 북조선의 단독선거를 감행하자 남희는 더욱 혁명의 의지를 불태운다. 남희는 계속 공을 세우지만 월로우비는 여전히 경계를 풀지 않는다. 한편 남희는 어린 시절 같이 공산당 운동을 했지만 현재 변절하여 캐논의 부관으로 있는 바위쇠(톰스)를 만난다. 시퀀스 3에서는 남희는 점점 월로우비에게 다가간다. 남희는 월로우비에게 캐논의 비행을 고발하자 월로우비는 캐논을 문책하고 소좌로 강등시킨다. 이로써 캐논은 남희에게 앙심을 품는다. 또한 월로우비는 남희를 대위로 승진시키면서 방호성의(남희의 위장 남편) 죽음을 알려주자 남희는 조국과 연결이 끊어짐에 충격에 빠진다. 한편 새정치국장은 남희와의 연락을 취하기 위해 김수향(남희가 스끼오 형무소에서 만난 대원)의 동생 김송희를 일본에 보낸다. 송희는 남희의 집에 가정교사겸 가정부로 들어가지만 자신의 정체를 밝히지 않고 조심스럽게 접근한다. 시퀀스 4는 남희가 한국전쟁의 음모를 알고 이를 저지하려 애쓰는 내용이다. 남희는 이승만·최병덕과의 회담시 통역을 맡게 되어 이승만이 북벌을 감행하며 미군의 참여를 도모하고 있음을 알게 된다. 남희는 최병덕에게 공직자로서 조국을 위해 일해야 한다고 하지만 설득에 실패한다. 뿐만 아니라 톰스는 남희에게 떠나지 않으면 신분을 폭로하겠다고 협박한다. 남희는 여러 모로 어려움에 처한다. 시퀀스 5에서는 남희는 김소향이 김수향의 친동생이라는 것과 의심했던 후꾸다가 동료였음을 알게 된다. 남희는 조국이 나를 찾아왔다면서 감격해 한다. 남희는 정보를 전달하기 위해 청년을 북조선으로 보낸다. 청년은 가는 도중 미군의 비행기 습격으로 큰 부상을 당하고 난파의 위기에 처하지만 간신히 임무를 수행하고 죽는다. 정보를 받은 북한은 한국전쟁의 음모에 대한 비난성명을 내고 이에 미국은 반박성명을 낸다. 정보유출에 대노한 맥아더는 캐논을 1등병으로 강등시킨다.

부터 시작된다. ① 남희는 아버지가 일본경찰에 의해 사형을 당하자 천황을 무너뜨리기 위해 공산당운동에 바위쇠와 함께 참가한다. ② 남희와 바위쇠는 공산주의 운동을 하던 중 일본 경찰에 잡히는데 남희는 버티지만 바위쇠는 모진 고문에 못이겨 전향하고 만다. ③ 감옥에 남아있던 남희는 김수향을 만나고 김수향을 통해서 김일성에 대해 알게 된다. ④ 이후 남희는 김수향의 조언대로 거짓 전향을 하여 김일성을 위해 일한다. 영화의 서사는 이 지점부터 시작한다.[5]

2. 남성적 욕망 구조

영화의 초목표는 "남희가 위장 전향하여 맥아더의 음모를 알아내는 과정"이다. 소설의 영향이어서인지 등장인물과 사건이 복잡하게 얽히지만 서사구조는 의외로 단순하다. 주목할 것은 중심서사의 구조가 아리스토텔레스적 기승전결이라는 점이다. 〈포성없는 전구〉의 구조는 남희가 한반도 정보수집을 위해 미국에 위장전향하고(기), 월로우비에게 접근하기 위해 캐논의 부대에서 활약하다가(승), 이승만의 계획을 알아내지만 조국과 연결이 끊겨 어려움에 처하는데 조국이 자신을 찾는다는 것을 알게 되고(전), 메신저를 북한에 보내 정보를 알리는 것(결)으로 구성되어 있다. 다음 〈그림 2〉는 이 서사구조를 분석한 것이다.

이와 같이 〈포성없는 전구〉의 서사구조가 갖는 특징은 모든 것이 과하다는 점이다. 음악과 주제가는 오프닝부터 (결)까지 계속 흐르고, 설

---

5) 〈포성없는 전구〉의 영상과 대사는 "[조선영화] 포성없는 전구 제1-5부," 『KoreanWorld』 (유튜브), 2020년 12월 20일;〈https://www.youtube.com/watch?v= QOYf8rOQROk〉.

〈그림 2〉〈포성없는 전구〉의 서사구조

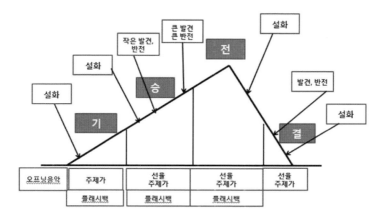

화는 기승전결 모두에 몇 차례씩 배치되며, 플래시백 역시 (기), (승), (전)에 모두 배치되어 있다. 소설을 영화화함에 따라 재현하기 어려운 장면을 설화와 플래시백으로 처리한 것이다. 따라서 서사의 전개가 느려지고 극적 리듬이 끊기는 양상도 발견된다. 관객의 입장에서는 다소 지루할 수 있어서 과연 영화가 의도하는 감정이입과 동화, 카타르시스까지의 도달이 가능할까 의심이 가기도 한다. 그럼에도 불구하고 영화가 나름 관객의 감정이입과 동화를 이끌어내는데, 바로 주제가가 기여하기 때문이다.[6]

이 주제가는 영화에서 선율로만 들리다가, (기)의 마지막 부분에서, 그리고 (승) (전) (결)에서 남희의 갈등이나 결심의 부분에서 반복된다. 여성 보컬의 주제가는 서정적 운율로 애잔함을 자아내며 남희가 위기에 처할때에는 남희를 동정하게, 남희가 새로운 결심을 할때는 남희의 결심을 비장하게 채색하는데 일조한다. 설화로 끊어질 수 있는 극적 리

6) 악보는 홍성규의 작업이며 작업일자는 2016년 9월~12월, 2017년 10월~11월이다.

〈그림 3〉〈포성없는 전구〉의 주제가

듬을 주제가가 보완해주는 것이다. 물론 주제가의 목적은 가사처럼 관객이 "태양의 그 빛을 받아 심장을 불태우고 싶은" 결심을 하도록 유도하는 것이다. 그런데 영화가 서정적 음악을 계속 사용하여 관객의 감정을 이끌어내려 애쓰는 것과 별도로 이 구조 자체가 남성의 성적(性的) 리듬에 맞는 아리스토텔레스적 구조라는 점을 주목해야 한다. 여성의 성적(性的) 쾌락이 복수적(plural), 다중적(multiple) 욕망을 가지고 있다면, 그에 적합한 리듬 중 하나라 할 수 있는 다초점 구조는 북한영화 중에서 거의 찾아볼 수 없다. 비선형적 플롯구조, 또는 다초점 구조에서 기인하는 미묘함과 그 미묘함을 통해 주체로 존립하는 것이 불가능한 것이다. 일면 영화는 서정적 음악을 곁들여 경직성을 해결하고는 있다. 그러나 기본적으로 감정 이입을 목적으로, 그 방식에서 클라이막스와 카타르시스가 핵심요소인 남성의 성적 리듬을 사용함으로써 결과적으로 주체로의 존립을 약화시키는 것이다.

3. 플래시백속의 중재자 남성

남성적 서사구조에서 활용된 장치를 구체적으로 보기로 한다. 영화는 플래시백을 시퀀스 1, 2, 3, 4 모두에서 활용한다. 시퀀스 4의 플래시백은 최병덕과 남희와의 관계를 설명하는 기능이므로 특별한 주목을 요하지는 않는다. 따라서 시퀀스 1, 2, 3의 플래시백을 살펴보기로 한다. 다음은 시퀀스 1에서의 플래시백이다.

〈표 1〉〈포성없는 전구〉

시퀀스 1에서의 플래시백은 남희가 특수임무를 맡게 된 설명인데 주

목할 것은 플래시백의 전후 재현되는 남희의 모습이다. 홀로 적진에 떨어져 임무를 수행해야 하는 남희는 외로움과 두려움을 완전히 떨치지 못한다. 잠을 이루지 못하고 일어난 남희는 정치위원으로부터 받은 비밀편지를 읽고 생각에 잠기는데 이 지점에서 플래시백이 시작된다.

> 정치국장: 남희. 저 노을을 보라구. 떠오르는 태양이 있어 붉게 타는 법이요. 장군님 품에 안기기전에 동무나 나나 얼마나 어둠속에서 헤맸나. 장군님의 태양의 빛을 받았기에 저 노을처럼 삶의 빛을 찾을 수 있었던게 아니요. 그래서 조직의 이름도 노을이라고 달았던 거요. 이제 동무가 가는 곳은 조국과 멀리 떨어진 적후요. 태양과 아득한 멀리에 있다고 해도 노을은 자기빛을 잃지 않소. 태양의 빛을 받아 불타는 저 노을처럼 이역만리에서도 장군님을 따르고 조국을 지키고 강건히 불태워가자구.

이같이 플래시백에서 정치국장은 김일성을 태양으로 비유하며 남희를 격려한다. 노을이 이역만리에 있어도 빛을 잃지 않는 것은 태양이 있기 때문이라는 것이다. 남희는 정치위원의 말과 같이 이역만리에서 김일성을 따라야 함을 다시 기억하며 마음을 다잡는다. 플래시백은 관객에게 남희의 정보전달과 '김일성에 대한 태도 교육'이라는 2중의 기능을 수행하는데, 주목할 것은 그 매개인이 남성이라는 점이다. 남성에게서, 또는 남성을 통한 남성에게서 힘을 얻은 남희의 결심은 주제가가 대신 말해준다.

묻지를 마라 묻지를 마라 / 내 어이 이 길을 가는지/
아스란 순간을 잊어가며 / 끝까지 이길 가는 거
태양이 그 빛을 받아 / 불타는 저 노을 지며

주제가는 남희의 결심을 서정적 운율과 더불어 관객에게 알려주며 플래시백이 끝난 이후 변하게 되는 원인을 제공한다. 남희와 정치위원은 김일성을 만나기 전에는 '어둠속의 나'였지만, 김일성을 만난 이후에는 '밝음 속의 나'로 변한다. 김일성을 알기 전에는 의미 없는 손짓에 불과했지만 김일성에 의해 호명될 때 비로소 삶의 이유를 찾고 인간답게 존재한다는 것이다. 그리고 남희에게 그것을 가능하게 해준 사람은 정치위원이다. 남희의 성장은 먼저 각성한 남성에 의해서인 것이다. 플래시백이 끝난 이후 남희는 플래시백 이전과 사뭇 달라진다. 외로움을 떨쳐내고 노래의 가사처럼 "심장을 불태우는" 각오를 하는데 일종의 '발견'이 생산되는 지점이다.

한편 시퀀스 2와 3에서의 플래시백도 남희를 '발견'에 이르게 한다. 다만 현재의 남희가 아닌 어린 남희에 관한 것이다. 어린 남희는 누구에 의해 '무지(無知)'에서 '지(知)'로 건너가게 되었을까? 하나씩 보기로 한다.

〈표 2〉〈포성없는 전구〉

플래시백과 발견	
어린 시절 지주(바위쇠 아버지)의 학대를 받는 어머니.	아버지를 찾으러 일본에 온 남희와 남희를 따라온 바위세.

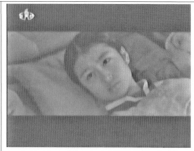

| 남희에게 조국을 위해 싸우라는 유언을 남기고 사형당하는 아버지. | 조국의 독립운동에 눈을 뜨게 되는 남희. |

어린 시절 남희는 아버지를 찾으러 일본에 가는데, 남희의 친구인 바위쇠도 남희를 따라간다. 남희는 감옥에 갇힌 아버지를 보고 울먹이는데 남희의 아버지는 우는 남희를 질책하며 "눈을 부릅뜨고 살아서 이 서러움과 끝장을 보라"고 유언한다. 이 지점에서 남희의 발견이 시작된다. 남희는 이후 조선의 독립운동에 눈을 뜨고 공산주의자로 활동한다. 물론 영화에 남희의 어머니도 등장한다. 그러나 남희의 어머니는 지주의 횡포에 수난을 당할 뿐 남희의 정신적 성장에는 기여하지 못한다. 오직 조국을 위해 목숨을 바치는 아버지가 남희를 '무지'에서 '지'로 건너가게 하는 것이다. 또 다른 플래시백을 보기로 한다. 시퀀스 2의 두 번째 플래시백은 다소 주목을 요한다. 설화로서 북한이 주조하는 역사를 사실화하기 때문이다.

〈표 3〉〈포성없는 전구〉

플래시백

플래시백

설화: 미국은 조선에서 전 조선적인 통일정부를 세우려는 움직임이 강해지자 남쪽 절반만이라도 차지할 목적으로 부랴부랴 유엔에서 거수기까지 동원하여 남조선에서 단독선거를 강행하였다. 갓 해방된 조선은 다시금 대국들의 리해관계에 따라 둘로 영구분열될 엄중한 위기가 조성되였다. 영명하신 김일성장군님께서는 나라의 분열을 막고 조국의 통일을 앞당기기 위해 해방후 3년간 제반 민주계획의 성과로 튼튼히 다져진 자주국가 건설을 토대로 1948년 9월 9일 전조선적인 총선거를 실시하여 진정한 인민의 국가인 조선민주주의 인민공화국 창건을 세상에 선포하시였다. 9월 12일에는 위대한 수령님을 모시고 공화국 창건을 경축하는 평양시 군중대회가 진행되였다.

해방이후 남측에서 단독선거가 실행된 것은 분명한 사실이다. 북한은 다큐멘터리를 통해 이승만의 연설장면을 보여줌으로써 영화의 설화가 사실임을 증명하는데, 실상 북한이 말하고자 하는 것은 그 이후이다. 김일성이 나라의 분열을 막기 위해 북측에 총선거를 실시하였다는 것, 그로 인해 그들의 표현을 따르면 "진정한 인민공화국이 창건"되었다는 것이다. 영화는 평양시군중대회의 다큐멘터리를 보여줌으로써 이설화가 사실임을 거듭 강조하는 동시에 김일성의 위대성도 함께 부각시키는 것이다. 남희는 서둘러 집에 들어와 라디오에서 들리는 김일성의 연설에 집중한다.

〈표 4〉 〈포성없는 전구〉

(김일성 육성)
"친애하는 평양시민 여러분. 노동자. 농민. 사무원. 문화인. 학생 여러분. 기업가. 상인. 종교가 여러분. 우리 민족이 일일천추로 고대하던 조선민주주의인민공화국 중앙정부는 전체 조선인민의 열렬한 지지와 환영속에서 창건되였습니다.

이 연설을 들으며 남희는 위와 같이 울컥 눈물을 쏟는다. 이때 영화는 김일성의 연설과 부드러운 서정적 음악을 조합함으로써 관객의 감동을 자극한다. 음악과 김일성의 연설은 계속 이어지는데 이때 영화는 태양을 보여준다.

〈표 5〉〈포성없는 전구〉

 친애하는 여러분, 조선민주주의 인민공화국 정부의 수립은 자주독립 국가건설을 위한 우리 민족의 투쟁역사에서 빛나는 새 페이지를 열어놓았습니다. 조선민주주의인민공화국의 창건과 중앙정부의 수립은 조국의 통일과 자유독립을 위한 남북조선 인민의 단결된 투쟁의 결실이며, 우리 인민의 위대한 력사적 승리입니다. 창건된 우리 공화국의 전도는 양양하며, 우리민족앞에는 승리의 광활한 대로가 열려져있습니다.

이후 남희는 벅찬 가슴을 억누르지 못해 밖으로 나와 한참을 달리다 태양과 노을을 보고 멈춰서며 경례를 한다. 서정적 음악은 멈추지 않고 계속 흐름으로 남희의 경례를 숭엄하게 연출하는데 일조한다. 결국 시퀀스 2의 플래시백은 실사와 다큐멘터리를 동원하고 관객에게 김일성의 육성을 들려줌으로써, 물론 성우가 더빙했을 것으로 예상되지만, 김일성이 북한을 건설하고 일제의 탄압으로부터 민족을 구원한 메시아임을 사실로 교육시킨다. 관객에게 김일성에 의한 구원을 시청각적으로 각인시키는 것이다. 이와 같이 〈포성없는 전구〉에서 여성주인공인 남희가 위기의 시기 마음을 다잡을 수 있는 것은 먼저 각성한 남성인물에 의해서이다. 남희는 남성 매개자에 의해서만 더 큰 남성이자 아버지인 김일성을 기억하고, 김일성에 대한 헌신이 가능해지는 것이다.

4. 구원의 남성과 정절의 여성

〈포성없는 전구〉를 이항대립으로 살펴보았을 때 여성 주인공에게 특히 강조되는 덕목은 '정절'이다. 이것은 '배신vs정절'과 '고립vs구원'으로 나타나는데, 이 대립은 지속적으로 나타나므로 주목을 요한다. 하나씩 살펴보기로 한다.

시퀀스 1에서 5까지 남희는 끊어진 조국과의 연락을 시도하지만 방법을 찾지 못한다. 그녀는 홀로 임무를 수행해야 하는 두려움과 어떤 연락도 할 수 없는 무기력함 속에 처한 것이다.

〈표 6〉 〈포성없는 전구〉의 이항대립

고립 vs 구원	
임무를 명령받고 적진에 들어가는 남희	남희의 임무를 아는 정치국장의 죽음
남희의 임무를 아는 방호성의 죽음	남희의 외로움과 고독
남희와 연락하려 애쓰는 조국	

남희: 자치루 무전기를 마련해야 하지 않을까?

(기억속의 정치위원의 말): 그게 동무에게 필요한거 같지만 필요없는 발원새가 될 수 있소. 소련정탐조립에도 깊이 믿었지만 무선전파가 일본고등계의 전파탐지기에 걸려 노출됐소.

　남희는 노출을 염려하여 무전기를 구입하는 등의 아무 조치도 할 수 없자 조국이 자신을 잊은 건 아닌지 걱정하기 시작한다. 그러나 그것은 남희의 입장에서일 뿐, 영화는 남희의 조국은 남희를 잊지 않는다는 것을 보여준다. 더 정확하게 말하면 김일성은 한 순간도 인민을 잊지 않는다는 것이다. 앞에서 살펴본바와 같이 이 구원을 매개하는 인물은 남성인 정치위원이다. 영화에서 새정치위원은 남희와 연락하기 위해 모든 방법을 동원하는데 다음의 대사를 보기로 한다.

정치국장: 어제 밤 장군님께서 방호성 동무에 대한 말씀이 계시였소. 장군님께서는 노을조직은 항일대전의 첫 시기에 벌써 사령부에 수많은 비밀 정보들을 보내왔다고 하시면서, 조국의 해방과 함께 그 동무들은 얼마든지 조국으로 돌아올 수 있었지만 스스로 어려운 임무를 안고 소련군 포로수용소를 거쳐 일본으로 넘어갔다고 하시면서, 어떠한 일이 있어도 적후에 홀로 있는 노을을 꼭 찾아내야 한다고 하시였소.

　이같이 김일성이 인민을 버리지 않는다는 사실은 정치국장에 의해서 나타난다. 책임 관료가 바뀌더라도 "어떠한 일이 있어도 적후에 홀로 있는 노을을 꼭 찾아내야 한다"고 명령했다는 것이다. 남희는 이러한 일이 진행되는 것을 모르지만 관객은 알고 있다. 관객은 영화를 통해 어떤 경우든 홀로 애쓰는 것 같아 외롭더라도 조국을 믿고 자신의 임무를 다 할 때 조국의 구원이 임한다는 것을 배우는 것이다. 이후 남희는 맥아더에게 접근하기 위해 마약소탕작전에서 공을 세우고, 이승만이 일본에 왔을 때 통역관으로 접근한다. 남희는 마침내 한국전쟁에 대한 음모를 알아내어 조국에 전할 방법만을 찾는다. 홀로 분투하던 남희는 시퀀스5에서 조국이 자신을 찾기 위해 송희를, 후꾸다를 배치했음을 알게 되어 감격에 젖는다. 자신의 노력이 보상되는 순간인 것이다. 마지막까지 조국을 배신하지 않았던 남희가 보상받는 지점이다.

다음 시퀀스 1에서 5까지 계속되는 이항대립은 '배신vs정절'이다.

〈표 7〉〈포성없는 전구〉의 이항대립

배신(실용) vs 정절	

어린 시절 공산당 운동을 같이 하는 남희와 바위세.	일본경찰에게 잡혀가서 고문받다가 자백하는 바위세.
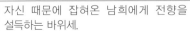	
자신 때문에 잡혀온 남희에게 전향을 설득하는 바위세.	변절자라고 소리치는 남희 때문에 괴로워하는 바위세.

〈표 8〉〈포성없는 전구〉의 이항대립

배신(실용) vs 정절	

감옥에서 고생하며 김수향을 만나는 남희	자기는 곧 죽을 몸이라면서 김일성을 찾아가라는 김수향.

김수향에게 닥칠 죽음을 안타까워하는 남희.	일본경찰에게 끌려가 죽음을 맞게 되는 김수향.

조금 앞부터 살펴보기로 하자. 남희가 어린 시절의 친구 톰스(바위세)를 처음 만난 것은 시퀀스 2에서이다. 톰스는 전향한 공산주의자로 일본을 위해 복무할 때는 마쯔이로, 미국을 위해 복무할 때는 톰스로 이름을 바꾼다. 기회주의자의 대표로 재현되는 것이다. 다음은 남희가 이런 톰스를 캐논의 부관으로 다시 만났을 때의 대화이다.

남희: 그래서 당신도 이런 청부업자 앞잡이로 다니는가요?
톰스: 우린 다 같이 진창 속에 구겨져 살게 된 가물치 같은 인생이요. 어항 속

에 금붕어 흉내를 내는 건 좋지 않아.

남희: 구역질나는 소리 그만해요. 당신은 10년 전에 벌써 그런 인생을 살면서, 사나이 맹세도, 고향도, 우정도 다 버렸어요.

톰스는 자신을 변호한다. 진창 속에 구겨져 사는 인생이 고귀한 목적을 가질 필요가 없다는 것이다. 일종의 패배의식으로 자신은 환경에 따라 일본인 마쯔이도, 미국인 톰스도 될 수 있다는 것이다. 그런데 바위세에게 있어서 배신은 부자연스러운 것이 아니다. 바위세의 배신행위는 10년 전에도 동일했다. 고문을 받을 때 바위세는 먼저 전향을 했고, 일본 공산당의 지시에도 불구하고 버티는 남희도 전향하도록 설득했다. 그때 바위세와 남희의 대사를 보기로 한다.

바위세: 남희.

남　희: 배신자. 물러가

바위세: 냉철해야 해. 남희. 살아야 고향에도 가고, 공산주의도 할거 아냐. 이 전향서에 도장을 찍으라는건 일본 공산당의 지시야.

남　희: 난 누구의 지시라도 전향만은 못해.

바위세: 좋아. 그럼 나와 함께 외국어 학원에 가자. 어 황군의 고등정보관 학교래.

남　희: 뭘?

바위세: 사실 어제 한 사법정관이 와서 권하더라. 거기로 가겠다면 석방도 시켜주고 팔자도 고쳐주겠는데.

남　희: 팔자? 난 싫어

바위세: 남희. 난 정말 견딜수 없었어. 빨리 빠져나오고 싶었단 말이야. 죽어서 천당이..(중략) 이까짓 종이장 한 장에 손가락 한번꾹 누르는게 뭐가 힘들어? 뭐가?

바위세는 전향서에 도장을 찍거나, 황군의 고등정보관 학교에 가거나, 먼저 살고 나서 후에 기회를 보자는 등 기회주의적 인물의 대표가 된다. 또한 전향을 대단하게 생각하지도 않는다. 전향은 '종이장에 손가락 한번 꾹 누르는' 정도에 불과한 것이다. 기회주의적 인물이며 긍정적으로 본다면 실용주의적 인물이기도 하다. 그러나 이에 비해 남희는 줄곧 올곧은 인물로 재현된다. 남희가 마음을 바꾼 것은 김일성을 찾아가라는 김수향의 권유 때문이지 자신의 부귀영화를 위해서가 아니다. 남희와 김수향이 쓰가코 형무소에서 나누는 대사이다.

> 수향: 남희, 이젠 헤어져야 할까봐.(중략) 바위쇠 말대로 외국어 학교에 꼭 가.
> 남희: 언니. 그 학곤 일본고등정보학교예요.
> 수향: 아니, 꼭 가야해. 내가 대 준대로 조직을 꼭 찾아가요. 그래서 나 때문에 비게된 조국광복전선의 한 자리를 남희가 꼭 메워주길 바래요.
> (남희가 수향의 비석앞에서 들리는 수향의 소리)
> 수향: 난 지금처럼 사령부와 멀리 떨어진 곳에서 홀로 싸울때가 많았어요. 하지만 난 외로움을 몰랐어요. 늘 태양의 빛을 느끼며, 그 불타는 태양의 빛을 받아 불타는 노을처럼 활활 자기를 불태우느라 외로움을 몰랐어요. 남희도 그렇게 살리라 믿어요.

남희는 바위세가 권했던 일본고등정보학교에 결국 가지만 그 이유는 바위세와 차원이 다르다. 김일성조직을 찾아가기 위해, 그리고 김수향 대신 조국광복전선의 한 자리에서 역할을 하기 위해 가는 것이다. 남희는 조국과 공산주의 운동에 대한 정절을 버리지 않으며 실용주의적 사고도 합리화의 기제도 갖지 않는다. 이같이 영화는 시퀀스 3에서 바위세와 김수향, 바위세와 남희를 대조시키면서 혁명가에게는 어떤 타협도 있을 수 없다는 것을 관객에게 강조하는데, 그것은 여성을 통해서이다. 그리고 영화는 바위세와 김수향의 종말을 보여줌으로써 어떤 삶이 더 가치있는가를 관객에게 묻는다. 그런데 흥미로운 점은 김수향은 일본 경찰에게 끌려나가 사형을 당한다는 점이다. 다시 말해서 여성인 김수향은 살아서는 영광을 받지 못한다. 김수향의 비석만이 후배 첩보원들이 찾아가는 영광을 누릴 뿐이다. 이러한 김수향의 모습은 1960년대 북한 영화에 자주 등장하는 헌신과 희생의 여성인물과 닮은 꼴이다. 그렇다면 모성적 헌신과 희생을 강조하는 것은 어떤 의미가 있을까? 권력의 안정화와 관련하여 해석을 내린 이상우의 글을 주목하고자 한다.

> 한 사회가 모성의 역할을 강조하는 것은 그만큼 그 사회가 사회의 개혁과 혁신보다 안정화, 지속화에 관심을 기울인다는 것을 의미한다. 1960년대 이후 북한은 김일성 체제의 권력 기반을 든든히 뒷받침해줄 수 있는 제 4의 권력부문으로서 '모성'을 발견했던 것이다.
> 린다 커버(Linda Kerber)에 따르면, 모성(motherhood)은 인간이 할 수 있는 가장 온화한 방법으로 사회를 통제하는 수단으로서 입법부, 행정부, 사법부에 이어 국가 권력의 제4부문으로 평가받는다. 모성을 활용함으로써 여성의 정치적 역할을 가정 안으로 제한하면서 동시에 국가가 사회를 통어할 수 있는 가정(모성)이라는 수단을 가질 수 있게 된 것이다.[7]

장성택 숙청 이후 경직된 북한사회는 개혁과 혁신보다는 안정과 지속에 더욱 관심을 기울여야 했다. 그렇다면 성장의 매개자가 여성일 경우 살아서 영광을 받지 못하는 설정은 이러한 보수로의 회귀가 가져온 결과라 할 수 있겠다. 반면에 바위세는 결국 누군가의 앞잡이를 하면서도 현실에서 부귀영화를 누린다.

---

7) 이상우, "북한 희곡에 나타난 이상적 여성·국민 창출의 양상," 『한국극예술연구』, 제21권 21호 (2005), p. 302.

남희: 아직도 마쯔이로 사는가요?

톰스: 아니지.. 마쯔이. 다 아니오. 이제 톰스요. 미국인 톰스.

(중략)

남희: 당신도 어제 캐논의 은행습격에 앞장섰지요?

톰스: 난 명령받은 대로 했을뿐이야.

남희: 살인마들! 짐승같은 것들! 이게 첩보기관이 할짓인가요?

(중략)

남희: 그래 당신의 심장은 죽음앞에서 얼어붙어있었어요? 월로우비 국장은 이 사건을 절대로 묵인하지 않을꺼예요.

톰스: 당신은 월로우비나 맥아더가 누구덕에 저렇게 떵떵거리구 백만장자가 됐는지 모르는구만. 그들은 다 캐논이 저렇게 벌어들인 황금 덕으로 갑부가 된 사람들이오. 괜히 그들의 눈밖에 나지 않는게 좋아. 그들의 돈줄은 팬터곤과 백악관까지 뻗쳐 있소.

남희: 그래서 당신도 이런 청부업자들 앞장에서 다니는가요? ....

이와 같이 여성인 김수향은 귀감이 되었어도 사망했지만, 남성인 바위세는 일본으로 미국으로 전전하며 나름 부귀영화를 누린다. 영화는 배신자의 종말은 결국 처참해질 것을 말하지만, 한편으로는 배신의 결과가 부귀임을 인정하기도 한다. 그런데 현실을 인정하는 것은 바위세의 경우이다. 영화는 시종일관 김수향을 통해 몸은 죽어도 후대에 성공의 씨앗을 뿌릴 수 있다는 것을 강조하는데, 이와 같이 북한 여성인물은 비장한 죽음을 맞을 때 비로소 영웅이 될 수 있다. 영화는 김수향을 통해 비장한 죽음과 북한의 표현을 빌리면 '정절'을 강조하는 것이다.

5. 성장의 심층인 아버지

〈포성없는 전구〉의 주요 인물의 자서전을 살펴보고 그것을 바탕으로 인물과의 관계도를 살펴보기로 한다. 이 작업은 작품의 등장인물이 전개하는 행동의 근원이 어디에서 시작되는가를 알려줄 것이다.

〈표 9〉〈포성없는 전구〉 인물의 자서전(bibliography)

인물	자서전(bibliography)	성별	극중나이	세대	극중직업
남희	어머니와 아버지는 3.1운동을 했으며, 어머니는 3.1운동때 팔을 잃었다. 아버지가 일본에 간 이후 어머니는 지주(바위세의 아버지)에게 핍박을 당한다. 남희는 일본에 아버지를 찾으러갔지만 아버지는 감옥에서 자신의 뜻을 이어달라는 말을 남기고 사형당한다. 남희는 아버지의 친구 집에서 크며 바위세와 공산주의 운동을 하다가 붙잡힌다. 고문을 이기지 못한 바위세는 전향을 하고 남희는 감옥에서 김수향을 만난다. 김수향은 남희에게 김일성을 찾아가라는 말을 남기고 사형당하는데, 이후 김일성을 찾아가 혁명활동을 한다.	여성	30대 초반	혁명 1세대	첩보원
김수향	김일성을 만났으며 조국의 독립을 위해 헌신 한다. 방호성과의 사이에 아들 노을이 있다.	여성	30대 후반	혁명 1세대	독립 운동가
바위세	남희의 어린시절 친구이다. 아버지가 남희의 어머니를 구박하는 것을 미안하게 생각하며 남희가 일본에 건너갈 때 따라간다. 바위세는 이후 남희와 같이 공산주의 운동을 하지만 일본 경찰에 고문을 받고 전향한다.	남성	30대 초반	혁명 1세대	미군 중위
캐논	미군의 중좌이다.	남성	40대		미군 중좌
방호성	김수향이 부인이며 김수향과의 사이에 아들 노을이 있다. 김일성과 민족의 독립을 위한 일을 한다.	남성	40대	혁명 1세대	
정치 위원	김일성을 직접 만났으며 첩보대장의 일을 한다.	남성	40대	혁명 1세대	정치 위원

영화에서 인물에 대한 구체적 정보가 있는 것은 남희와 바위세이다. 특히 남희는 어렸을 때부터 어떻게 살아왔는지에 대한 정보가 있기에 입체적인 인물로 구축될 가능성이 큰데, 영화를 통해서 볼 때 오히려 남희는 평면적인 인물로 나타난다. 올곧은 인물, 변하지 않는 지조 등 영화의 주제에 대한 강박으로 완벽한 인간에 가깝게 설정되기 때문이다. 입체적 인물이 가져야 할 기본인 '갈등'자체가 없는 것이다. 김수향의 경우도 마찬가지이다. 김수향은 일본경찰에 붙잡혀 모진 고문을 받아도 김일성을 배신하지 않으며 주인공 남희를 김일성에게 이끌어주는 기능을 하므로 살아있는 인간으로 느껴지지 않는 것이다. 굳이 비교하면 오히려 배신하고 갈등하고 괴로워하는 바위세가 입체적 인물로 느껴진다고 하겠다. 그러나 평면적 인물이 곧 주인공이므로 이들의 남다른 무언가를 포착해야 하는데, 목표가 일관된 인물의 공통점은 무엇일까? 김일성을 직접 만났다는 것이다. 김수향은 김일성을 먼저 만났고, 김수향을 통해 남희도 김일성을 직접 만났으며, 방호성과 정치위원도 김일성을 직접 만난 인물이다. 이에 비해 바위세는 개인의 안일함을

〈그림 4〉〈포성없는 전구〉의 인물관계도

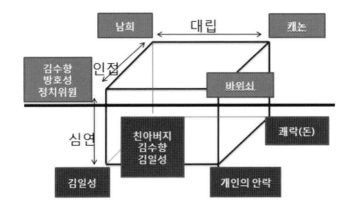

쫓느라 김일성을 만날 기회 자체가 없었다. 영화가 의도했든 의도하지 않았든 김일성을 만난 사람만이 일관된 목표를 가지는 것이다. 이제 이들의 관계를 보기로 한다.

인물의 목표와 자서전을 종합하면 표층에서 남희의 대립에 캐논과 바위세가 있고 인접 관계에 김수향, 방호성, 정치위원이 있다. 남희가 캐논과 대립되는 이유는 이들의 목표가 다르기 때문이다. 남희의 목표는 혁명가로서의 임무 완성이며, 캐논은 미국에 대한 충성인 듯 보이지만 실은 자신의 쾌락추구이다. 김수향이 바위세와 대립관계인 것 역시 그들의 목표 차이 때문이다. 이같이 표층에서 공산주의 혁명가인 남희와 미국의 중좌 캐논의 대립은 다른 체제와 가치관에서 오는 것이다. 그런데 심연을 보면 이들 대립의 원인은 체제의 차이에서 비롯되는 것이 아님이 발견된다. 먼저 남희의 심연을 살펴볼 때, 남희의 심연에는 세 사람, '친아버지-김수향-김일성'이 있음을 알 수 있다. 친아버지는 조국의 독립을 위해 천황을 암살하려다가 실패해서 감옥에 갇히고 사형판결을 받는다. 그는 일본까지 자신을 찾아와 마지막 면회를 하는 딸 남희에게 독립투사가 될 것을 유언으로 남긴다.

> 아버지: 울지마라. 이년아. 쪽발이들 앞에서 눈물을 다 흘리냐. 내 왜놈을 죽여 우리 2천만 동포들과 독립군 친구들의 원한을 풀라고 했건만. 내 이루지 못하고 이렇게 간다. 아 눈을 부릅뜨고 살라. 살아서 이 서러움과 끝장을 봐야 한다.

어린 시절 남희는 아버지에게 깊은 영향을 받는 것이다. 아버지는 독립투사였으며 사형직전까지 뜻을 굽히지 않았다. 이 장면에서 배우는 부자연스러울 정도로 강한 어조와 표정을 짓는다.

자신의 죽음을 앞두고 홀
로 남을 딸 남희의 앞길은
전혀 걱정하지 않아서 장면
자체가 어색해보이기도 한
다. 그래도 어쨌든 남희의
심연에는 1차적으로 조국
의 독립만을 목표로 하며
타협하지 않는 친아버지가

〈그림 5〉 남희 아버지

있는 것이다. 아버지는 김일성을 알지 못했다는 한계는 있지만 남희가
공산주의 운동에 참가하게 된 이유를 구성하는데 역할을 다 하고 있다.
친아버지가 일본경찰에 이끌려가서 사형을 당한 이후 남희는 천황을
반드시 무찌르겠다는 결심으로 공산주의 운동에 나선다. 그러나 남희
를 거듭나게 하는 것은 친아버지가 아닌 감옥에서 만난 김수향이다. 김
수향은 1908년생으로 김일성을 직접 만난 인물이며, 김일성의 항일운
동혁명의 단원으로 설정되는데, 그녀가 두 번째로 남희의 심연에 위치
하는 인물이 되는 것이다. 김수향은 조국과 김일성에 헌신하며 감옥에
서 죽음을 맞는데 죽음 직전에 앞에서 밝힌바와 같이 '민족을 구원한
김일성'이 누구인지를 남희에게 알려준다. 마치 메시아를 직접 만난 사
도가 메시아를 모르고 있는 일반 대중에게 전도를 하는 방식과 유사하
다. 김수향의 심연에는 그녀가 만난 김일성이 위치하고 있는 것이다.
그렇기에 김수향은 모든 유혹을 떨치고 사형장으로 당당히 갈 수 있는
것이다.

이후 영화에서 남희는 김일성을 만난 것으로 설정된다. 남희는 홀로
적진에 떨어져 당과 연락이 끊긴 상태에서도 라디오를 통해 김일성의
육성을 들으며 다음과 같이 말한다.

남희: 장군님, 이국의 산에 피를 뿌리며, 우리 얼마나 애타게 찾고 부르던 조국이었습니까. 다시 찾은 그 조국땅에 장군님께서 우리의 국가, 저 높은 인민공화국을 세워주셨습니다. 사령관동지. 이 전사는 조국과 멀리 떨어진 이역만리에 있지만, 태양의 전사, 공화국의 전사로 이 한 몸, 온 몸을 훨훨 불태워가겠습니다.

이제 남희는 '태양'의 전사가 되고, '노을'이 되어 자신을 태워가는 인물로 성장한다. 물론 이것은 북한 주민이 살아야 할 자세를 말해주는 것이다. 한편 남희를 거듭나게 하는 인물인 김수향과 대척점에 있는 인물은 바위세이다. 바위세는 남희와 공산주의 운동을 하지만 일본경찰의 고문을 받자 곧 전향하며, 또 일본이 패망하자 미국의 첩보원이 된다. 그가 때에 따라 옷을 갈아입는 것은 심연에 확실한 그 무엇이 없고, 단지 자신의 안일만이 위치하기 때문이라 하겠다. 다시 주목할 것은 남희가 자신의 쾌락과 돈에 현혹되지 않았던 이유는 그 심층에 아버지, 김수향, 김일성이 있기 때문이며, 그들로 인해 남희는 가정에서 공적 세계로 건너간다는 점이다. 북한 특유의 가부장적 위계관계의 억압구조를 볼 수 있다. 〈포성없는 전구〉는 김정은 정권 영화 중 가장 보수적 작품 중의 하나라 하겠다.

6. 맺는 글

이제 〈포성없는 전구〉에 나타난 북한 당국의 젠더정치를 정리해보기로 한다. 먼저 〈포성없는 전구〉는 서사와 서사구조에서 아리스토텔레스적 기승전결의 구조를 취한다. 이 구조는 남성의 성적 리듬인 클라이막스와 카타르시스가 핵심 요소이다. 북한 당국은 절정을 향하여 달려가다가 욕망을 해소하는 남성의 성적 리듬을 통하여 관객의 감정이입과 동화를 유도하는 것이다. 둘째, 남희가 위기에 처할 때 남희를 다시 일으켜세우고, 무지에서 지로 건너가게 하는 것은 플래시백에 등장하는 정치위원과 아버지이다. 남희의 결정적 성장을 돕는 매개자는 남성으로 구현되는 것이다. 셋째, 정절을 지키자는 교훈은 김수향에 의해서 이루어진다. 김수향은 매개자 남성과 같이 남희에게 김일성을 소개하며 남희의 일생을 바꾼다. 다만 여성이 매개자일 경우, 그 여성은 자기희생을 하며 살아서는 영광을 받지 못한다. 여성 매개자에게는 영광 없는 헌신이 강조되는 것이다. 넷째, 남희가 끝까지 조국에 대한 충성을 바칠 수 있었던 것은 그 심층에 남성이 위치하고 있기 때문이다. 어린 남희의 성장에는 아버지가, 성인 남희에게는 더 큰 아버지인 김일성이 있는 것이다. 생물학적인 아버지와 정치적 아버지가 여성 주인공의 성장에 결정적 역할을 한다고 하겠다. 이와 같은 양상은 북한 사회가 위기의 시기에 가부장적 질서에 가해지는 균열에 대한 공포에서 개혁보다 안정을 추구하려는 욕망에서 기인한다고 하겠다.

참고문헌

1. 국문단행본

김경용. 『기호학이란 무엇인가』. 서울: 민음사, 2014.

백선기. 『영화 그 기호학적 해석의 즐거움』. 서울: 커뮤니케이션북스, 2007.

서인숙. 『영화분석과 기호학: '너에게 나를 보낸다'를 중심으로』. 서울: 집문당, 1998.

피에르 부르디외 저, 김현경 역. 『언어와 상징권력』. 서울: 나남출판, 2014.

한국평론가협회 편. 『동시대 연극비평의 방법론과 실제』. 서울: 연극과 인간, 2009.

Alphons Silbermann. "Soziologie der Kunst", 이남복 편저. 『연극사회학』. 서울: 현대미학사, 1996.

2. 국문논문

김정수. "김정은 시대 예술영화에 나타난 일상정치." 『문화정책논총』, 제32집 1호 (2018), pp. 195~223.

_____. "북한 예술영화의 '행동'과 '감정' 분석." 이화여자대학교 북한학과 박사학위논문, 2019.

이상우. "북한 희곡에 나타난 이상적 여성·국민 창출의 양상." 『한국극예술협연구』, 제21권 21호 (2005), pp. 285~316.

3. 북한문헌

조선중앙통신사. 『조선중앙년감』. 평양: 조선중앙통신사, 2015.

4. 기타

악보는 홍성규의 작업이며 작업일자는 2016년 9월~12월, 2017년 10월~11월이다.

"[조선영화] 포성없는 전구 제1-5부." 『Korean World』(유튜브). 2020년 12월 20일; 〈https://www.youtube.com/watch?v=QOYf8rOQROk〉.

2부

김정은 시대 여성 담론

제1장

북한 모성영웅의 등장 배경과 의미*

송 현 진

1. 문제 제기

북한은 해방 직후부터 국가의 모범이 되는 인간형을 다양한 방식으로 배출하고 전체 인민에게 따라 배우도록 하였다. 북한사회에서 모범적 인민의 대표 유형은 '영웅'이다. 북한은 시대에 따라 정권이 필요로하는 영웅을 배출하고, 국가의 정책관철에 인민을 자발적으로 동원하기 위한 적극적 기제로 활용해 왔다. 북한은 영웅을 "당과 수령에게 충성을 다하기 위하여 무한한 헌신성과 희생성을 발휘하여 투쟁하는 혁명가와 애국자"로 정의하고, 그들의 영웅성을 당과 수령에 대한 충실성으로 규정하고 있다.[1] 북한은 스스로 '영웅 조선'이라 부를 만큼 영웅

---

* 이 글은 "선군시대 북한 모성영웅의 의미" 이화여자대학교 『Journal of Peace and Unification』 vol. 8, no. 1 (2018)의 원고를 '영웅정치'라는 관점과 김정은정권까지로 시기를 확장하여 대폭 수정 보완한 것임을 밝힙니다.

[1] 김정일, "우리 시대의 영웅은 당과 수령에게 끝없이 충실한 참된 인간의 전형이다 (1985.6.15)," 『김정일선집 11』 (평양: 조선로동당출판사, 2009), p. 129.

이 많은 나라이며, 전체 인민에게 '영웅'적인 삶을 살 것을 강력히 요구해왔다. 항일무장투쟁 시기 영웅을 북한식 영웅의 시원과 모델로 해서 한국전쟁의 영웅, 전후 복구건설과 사회주의 건설의 영웅, 그리고 저성장 시대의 숨은 영웅, 선군시대 군인영웅과 모성영웅, 김정은 시대 과학영웅 등에 이르기까지 계속해서 영웅을 배출했다. 북한에서는 한국전쟁 당시 절대적 위기상황에서 인민을 전쟁에 적극적으로 동원하기 위해 최초로 '영웅 칭호'를 제정하여 제도화하였다.[2] 인민을 동원하기 위한 동력으로서 시대마다 영웅을 발굴하고 모범으로 칭송하며 전 인민에게 확산시켜 왔다. 특히 국가 위기 때마다 전국적 규모의 영웅대회를 개최하여 인민의 영웅적 투쟁과 노동을 촉구하였다.[3] 북한에서 '영웅'은 주체형 공산주의 인간의 전형으로, 그 체제의 유지와 강화를 위한 효과적인 인민 동원수단으로 활용되었다.

북한은 인구의 절반인 여성에게도 이상적인 여성상을 제시하여 사회

---

2) 영웅 칭호는 북한에서 가장 우수한 투사, 일군에 대하여 국가가 표창하는 공화국 최고 영예칭호이다. 여기에는 조선민주주의인민공화국 영웅 칭호와 조선민주주의 인민공화국 노력영웅 칭호 두 가지가 있다. 공화국영웅 칭호는 1950년 6월 30일 정령으로 제정되었으며, 국가 앞에 영웅적 위훈을 세운 개인이나 집단에게 수여한다. 이 칭호를 받는 자들에게는 북한 최고 훈장인 국기훈장 제1급과 금별메달 및 최고인민회의 상임위원회 표창장을 수여한다. 노력영웅 칭호는 경제, 문화, 건설 부문에 종사하는 일군들에게 수여하는 최고 영예 칭호이다. 이 칭호는 산업, 농촌경리, 운수, 상업 등 인민경제 각 부문에서 과학적 발견 및 기술적 발명으로 탁월한 공적을 쌓았거나 국가와 인민을 위하여 특출한 노력적 위훈을 세워 나라의 영예와 위력의 장성에 기여한 일군을 표창하기 위하여 1951년 7월 17일 정령으로 제정했다. 이 칭호를 수여받는 자에게는 국기훈장 제1급, 금메달(마치와 낫) 및 최고인민위원회의 상임위원회 표창장을 수여한다. 송현진, "북한의 영웅정치 연구" (이화여자대학교 북한학과 박사학위논문, 2019), pp. 42~43.

3) 김일성 정권은 한국전쟁 직후 1953년 8월 '전투영웅대회'를 열어 인민경제 복구를 위해 더 높은 성과와 모범적 행동을 하라고 촉구했다. 북한은 경제적 침체기를 겪고 있던 1988년 9월 제2차 '전국영웅대회'를 개최하고 '200일 전투'에 모범적으로 참여할 것을 결의하도록 했다. 김정일 정권도 경제난을 타개하고 체제위기를 극복하기 위한 차원에서 2003년 9월 제3차 대회인 '선군시대 영웅대회'를 열었다.

주의 여성으로서의 삶을 요구해왔다. 이상적 여성상으로 '여성영웅'을 등장시켜 국가가 원하는 여성으로 살 것을 강제해 온 것이다. 북한은 해방 직후 남녀평등권 법령 등을 통해 제도적인 여성 평등과 해방을 이루었다고 자랑해 왔다. 그러나 북한여성 관련 연구에서는 남녀평등의 완성을 이루었다고 하는 여성제도와 여성의 실제 생활은 괴리가 크다고 주장한다.[4] 남녀평등 정책이 여성의 지위 향상으로 이어지지 않았을 뿐만 아니라 성 위계적인 성별분업 구조 속에서 여성이 이중의 부담을 지고 있다고 지적한다.[5] 해방 후 북한은 소련의 사회주의적 여성 모델인 '어머니-노동자' 모델을 도입하여 실행하였다. 이 모델은 한국전쟁과 사회주의 건설 시기를 지나며, 북한 사회에서 '혁신적 여성노동자-혁명적 어머니'라는 이중 역할로 자리 잡았다. 한국전쟁으로 인한 절대적인 노동력 부족 상황과 전후 경제복구과정, 사회주의 건설 시기 여성은 혁신적 노동자가 될 것을 요구받았다. 동시에 봉건시대 전통적인 어머니상에 사회주의적 혁명성이 결합하여 여성에게 혁명적 어머니가 될 것을 촉구하였다.[6]

북한사회는 경제난과 시장화를 겪으면서 여성들의 삶에도 많은 변화가 일어나고 있다. 1990년대 중반 극심한 경제난 이후 가족 단위로 생존을 모색하고 있어 '여성'과 '어머니'의 역할이 더욱 강화되고 있다. 분배

---

4) 박영자, "북한의 남녀평등 정책의 형성과 굴절(1945~70): 북한여성의 정치사회적 지위 변화를 중심으로," 『아시아여성연구』, 제43집 제2호 (2004); 김석향, "조선녀성에 나타나는 남녀평등과 성 차별 및 여성의 권리의식 연구," 『여성과 역사』, 제3권 3호 (2005); 김석향·권혜진, "고난의 행군기 이후 북한당국의 여성담론 분석," 『통일정책연구』, 제18권 2호 (2009).

5) 북한여성이 가부장제적인 유교전통에 의해 억압과 종속상태에 있다고 주장하는 북한여성연구의 주류이다. 윤미량, 『북한의 여성정책』 (한울, 1991); 한국여성연구원, 『통일과 여성: 북한여성의 삶』 (이화여대 출판부, 2001).

6) 박영자, "북한의 여성 정치: 혁신자 노동자-혁명적 어머니로의 재구성," 『사회과학연구』, 제13권 1호 (2005), p. 356.

단위였던 가족이 2002년 7·1 경제관리 개선조치 이후에는 가족분조제 등 농업 생산단위로까지 확대되었다. 북한은 배급제 붕괴 이후 가족 구성원의 부양의무를 가족에게 전가함으로써 가족의 책임을 강화해 왔다. 어머니 역할의 중요성을 강조하며 가장인 아버지가 아닌 어머니에게 가족 책임자의 역할을 부과하고 있는 것이다. 북한당국은 국가의 책임을 개인과 가족에게 전담하고 가족구조가 유지되도록 '모성' 역할을 강조해 오고 있다. 그 결과 극심한 경제난에도 불구하고 '모성'의 힘으로 가족의 생계가 꾸려지고 있어 위기에 처해 있던 북한체제 유지에도 기여하고 있다. 심각한 경제난은 시장화를 가져왔으며 시장화는 여성의 실제적 지위와 역할을 향상시켜 왔다. 한편 여성의 적극적인 경제활동 참여는 여성 의식에 변화를 가져오기 시작했다. 국가 배급제 쇠퇴로 가정 내 경제를 책임져야 하는 부담에서 벗어나기 위해 결혼을 기피하는 독신여성이 증가하고 있으며 이혼율도 상승하고 있다. 출산율 저하 등 가족해체 현상과 더불어 이러한 가족문제가 사회적 문제로 확산되고 있는 것이다.

이에 북한은 1961년 1차 어머니대회 이후 37년 만인 1998년 제2차 대회, 2005년 3차 대회에 이어 2012년 4차 대회와 '어머니 날'을 제정하기에 이른다. 이 과정에서 수십 명에 이르는 모성영웅을 탄생시켜 대대적으로 교양하며, 모든 여성에게 따라 배울 것을 종용하고 있다. 이 글은 북한당국이 왜 모성영웅을 등장시켰는지, 그 의미는 무엇인지를 고찰하기 위해 다음과 같은 질문을 던지고 그 답을 탐색하려고 한다. 북한에서 모성영웅을 탄생시킨 담론은 무엇인가? 모성영웅이 선군시대에 등장한 시대적 배경에는 어떤 것이 있을까? 모성영웅의 유형은 어떻게 구분되는가? 그렇다면 북한사회에서 모성영웅이 차지하는 의미는 무엇인가?

지금까지 북한 영웅에 관한 연구는 그리 많지 않으며, 본격적으로는

2000년 이후부터 연구되었다.[7] 기존 영웅에 관한 연구에서 북한의 영웅은 정권의 정당성과 체제 유지를 위한 정치적 희생물로, 북한의 권력 집단이 만들고 싶어 하는 공산주의 인간의 전형이나 이상적인 인민으로 묘사되고 있다. 그리고 생산력을 높이는 열정의 화신으로 등장한다. 일반 인민들과 공적 관계에서는 따라 해야 할 모범으로, 사적 관계에서는 트러블 메이커로 그려지고 있기도 하다. 하지만 여성영웅을 다룬 연구는 한국전쟁 시기 조옥희 영웅을 다룬 연구가 유일하다.[8] '영웅'을 이상적 인민으로 내세우는 북한에서 '영웅'은 사회와 인민을 이해하는 핵심 열쇠이다. 특히 여성영웅에 관한 연구는 남성 중심의 북한사회에서 여성을 제대로 이해하는 데 중요하다. 북한 영웅 연구는 전체적인 영웅으로 남성영웅을 다루고 있으며, 주로 산업화 시대 '노동영웅'을 다루고 있다. 북한은 정권 초기부터 여성을 "혁명의 한쪽 수레바퀴를 끄는 힘 있는 력량"으로 치켜세우며 여성의 사회적 역할을 지속적으로 강조

---

7) 노동영웅을 대상으로 하고 있는 연구로는 차문석(2004)과 오원기(2008), 이지순(2016)의 연구가 있다. 차문석은 사회주의 추격발전에 입각하여 노동영웅을 생산성 증대 차원에서 살펴보았고, 노동영웅이 급격한 생산증대를 위해 인민에게 생산적 모범으로 확산했음을 밝히고 있다. 오원기의 연구는 1956년~1970년까지의 산업화시기 노동영웅을 다루고 있다. 북한 권력이 영웅을 창조하고 소비하기 위해 현지지도와 사회주의 경쟁을 이용하고 있으며, 국가권력과 대중 간에 독특한 관계가 구성되어 영웅은 체제를 재생산하기 위한 엔진이었다고 말한다. 천리마시대 노동영웅의 이미지를 다룬 이지선의 연구에서는 증산과 절약, 속도를 내포하던 노동영웅은 전후복구건설의 주역, 선진일군, 혁신자, 돌격대에서 천리마기수로 노동영웅의 전형이 완성되었다고 지적한다. 다음으로 허성재(2005)는 북한의 영웅제도와 개념, 북한의 정치경제적 변동과 함께 나타난 영웅의 기능을 다루었다. 김차준(2009)도 김정일시대 대내외적 위기상황에서 북한 지도부가 영웅을 중요하게 활용하고 있음에 주목하여 그 시기 영웅의 내용과 특성을 살펴보았다. 김종수(2008)는 한국전쟁 시기 청년영웅의 탄생 배경과 활동, 선군시대 북한의 위기와 함께 부활한 청년영웅을 다루고 있다. 마지막으로 김은정(2016)은 북한 최초의 여성영웅인 조옥희를 형상화한 소설과 혁명열사릉에 안장된 여성영웅들의 기록을 중심으로 여성영웅 서사를 검토하였다.

8) 김은정, "북한의 영웅서사, 60년의 간극: 조옥희를 중심으로," 『민족문학사연구』, 제60권 (2016).

해 왔다. 한편으로는 자녀 교육이 여성과 어머니로서의 역할이라고 끊임없이 강조해왔다. 그러므로 북한여성 연구 및 이상적 여성상인 여성영웅에 관한 연구는 앞으로 더 활발하게 이루어져야 할 것이다. 북한에서 인민은 혁명과 건설의 주체이고 영웅은 인민의 모범이다. 여성도 역사의 주체이며 여성의 모범인 여성영웅에 관한 연구는 북한의 역사주체를 밝히는 과정에서 꼭 필요하다. 여성에게만 주어지는 '모성영웅'에 관한 고찰은 이런 이유로 중요하고, 북한의 여성영웅 정치와 여성의 역할을 이해하기 위해서도 중요하다.

이 글의 목적은 북한 여성영웅 정치의 일환으로 '모성영웅'을 등장시킨 배경과 '모성영웅'의 유형을 분석하여 '모성영웅'이 북한사회에서 차지하는 의미를 고찰하는 것이다. 이를 위해 북한의 공간문헌인 「로동신문」과 「조선녀성」에 대한 문헌분석 방법을 활용하였다. 노동신문은 북한 '조선노동당'의 기관지로 노동당의 노선과 정책을 해설하고 있어 북한정권이 지향하는 노선과 정책을 확인할 수 있다. 특히 '모성영웅'이 등장하는 2~4차 '전국어머니대회'를 개최한 시기를 중점적으로 살펴보고자 한다. 어머니대회 개최일 전후로 노동신문에 게재된 슬로건, 사설, 정론, 조선노동당 명의의 축하문, 여성동맹 위원장 명의의 결의문, 대회에 참가한 어머니들의 토론 발표문 등을 분석할 것이다. 이를 통해 대회 개최 배경 및 의의, 참가자, 어머니에게 요구한 역할을 고찰하여, '모성영웅'의 등장 배경과 유형을 해석할 것이다. 그리고 1998년부터 2020년까지 노동신문에 나타난 '모성영웅'을 다룬 기사를 분석하여 '모성영웅'의 유형과 의미를 분석하려고 한다. 북한여성 유일의 대중조직인 조선사회주의여성동맹[9]의 기관지 「조선녀성」도 함께 분석하고자 한

9) 1945년 11월 18일에 결성된 북조선민주여성동맹이 1951년 1월 개최된 남북조선여성동맹 합동중앙위원회에서 형식적으로 남조선 여성단체와 통합, 조선민주여성동

다. 「조선녀성」은 김일성, 김정일과 김정은의 교시, 당 정책 교양, 정치 사상 교육, 모범적인 여성들의 수기, 본받아야 할 여성 영웅 등을 소개하고 있다. 북한당국이 주장하는 여성의 역할을 제시하고 권고하고 있으므로 북한 여성영웅 정치와 '모성영웅'을 연구하는 데 적합하다.

2. 이론적 배경

1) 북한의 영웅정치[10)]

영웅정치란 북한당국이 영웅을 매개로 인민대중을 사회주의 건설에 자발적으로 동원하고 참여시키기 위한 정치전략의 하나라고 할 수 있다. 영웅정치는 북한 사회주의체제 수호와 정권유지, 위기극복을 목표로 북한사회의 일심단결을 실천하기 위한 과정에서 영웅을 앞세워 인민을 자발적으로 동원하기 위한 북한의 정치전략이다. 북한은 3대 세습 정권을 지속하기 위해 인민대중의 지지와 동의를 유지해야 했다. 따라서 많은 방법을 동원하여 정권이 창조해낸 사회주의체제의 긍정적 이미지를 인민대중이 믿고 따르도록 해야 했다. 이러한 목적에 국가와 수령을 위해 헌신하고 충성한 '영웅'만큼 적절한 상징이 또 있을까? 그렇다면 영웅의 성공은 단순히 권력의 필요에 따른 결과물에 지나지 않았을까? 호응하는 인민대중이 없었다면 영웅을 활용한 북한지도자의 전략은 3대에 걸쳐 지속하기 어려웠을 것이다. 인민대중을 사회주의체

맹(약칭 여맹)으로 되었다. 2016년 11월에 개최된 제6차 여맹대회에서 그 명칭을 조선사회주의여성동맹으로 개칭하였다. 이하 글에서는 여성동맹으로 서술한다.

10) 영웅정치에 대한 정의는 필자의 박사학위논문 중 Ⅱ장 D절 1을 요약, 정리하였다. 송현진, "북한의 영웅정치 연구," pp. 47~50.

제 수호와 정권유지를 위해 자발적으로 동원하는 중요한 수단으로 영웅의 역할은 매우 유용하다고 볼 수 있다. 이런 차원에서 북한당국이 수행하는 영웅정치는 북한 사회주의체제를 움직이는 중요한 메커니즘이라고 할 수 있다.

북한 수령제 사회에서 최고의 엘리트 영웅은 김일성뿐이다. 그만이 가장 위대한 영웅이고 민족의 영웅인 것이다. 하지만 전쟁이라는 총체적 위기에서 인민대중을 움직이기 위해 영웅은 인민대중과 함께 전쟁에서 싸우고 생사고락을 함께하는 전우, 농장원, 작업반원과 같은 평범한 사람들이어야 했다. 3년간의 한국전쟁 속에서 자신의 목숨을 바쳐 전우를 구하고 아군의 사기를 높이는 평범한 '전투영웅'이 필요했다. 그러한 평범한 영웅의 탄생은 더 많은 인민대중을 전쟁에 참여시키기 위해 절실했던 것이다. 이런 목적으로 북한당국은 전쟁시기 영웅 칭호를 제도화하면서 많은 전투 영웅을 배출했다. 영웅제도는 인민대중을 전쟁터로 불러내기 위한 적극적 대중동원 기제였던 것이다. 이와 같이 전쟁에서 다수의 대중영웅을 만들어 냄으로써, '대중영웅 만들기'는 북한 사회에서 인민대중을 동원하는 중요한 전략으로 자리했다.

북한은 전쟁이 끝나자마자 '전쟁영웅'을 한자리에 불러 모아 '전투영웅대회'를 열어 그들의 영웅성을 축하하고 전후복구에 더 큰 공로를 세우라고 요구했다. 이후 북한은 위기를 극복하기 위해 전체 인민을 총동원할 필요가 있을 때 영웅대회를 개최하고 영웅의 총궐기를 촉구했다. 북한은 사회주의를 본격적으로 건설하는 과정에서 생산증대에 모범을 보인 '노력영웅'을 많이 만들어냈다. 영웅은 만들어진 주체로서 수령체제의 자발적 동원체제를 구축하는데 부응하면서 동시에 자신의 욕망을 충족해 나갔다. 권력의 대상인 동시에 주체적 행위자였던 영웅은 다른 행위주체인 대중을 수령과 연결시키는 매개자 역할을 수행하며, 권력

으로부터 다양한 보상을 받을 수 있었다.[11]

북한당국이 계속해서 영웅을 배출하며 영웅정치를 펼치는 목적은 무엇일까? 첫째, 북한은 다른 사회주의 국가들처럼 사회주의 인간의 전형을 창조해야 했고, 영웅이 바로 새로운 북한 사회주의 체제 인간의 전형이었다. 북한당국은 수령체제를 확립하며 영웅을 주체형의 공산주의자 전형으로 상징화했다. 둘째, 북한당국은 권력투쟁과 체제수호 및 정권유지 과정에서 영웅을 북한체제와 수령에 충성하는 집단으로 탄생시켰다. 영웅은 당과 수령에 대한 충성을 상징하는 존재로 만들어졌다. 영웅의 '충성심'을 상징화하여 최고지도자와 인민과의 관계를 지도자에 대한 충성과 지지, 인민대중에 대한 사랑과 믿음이라는 후견-피후견 관계로 만들어 나갔다. 셋째, 북한당국이 추구하는 다양한 정책을 앞장서 실천한 영웅을 실천모델로 상징화했다. 북한이 이루고자 하는 시대적 요구를 먼저 실천한 영웅은 인민대중에게 권력의 의지를 전달하고 확산하는 역할을 했다.

그렇다면 3대에 걸쳐 북한 최고지도자들이 영웅정치를 지속하고 있는 이유는 무엇일까? 첫째, 북한이 사회주의체제를 고수하고 있다는 점이다. 사회주의는 자본주의보다 더 강력한 관료제 사회이고, 저발전 사회이기 때문에 대중영웅의 탄생은 대중을 동원하는 중요한 수단이다. 사회주의 건설에 적극적으로 동참하고, 지도자에게 충성하는 대중적 영웅이 많이 필요했기 때문이다. 북한은 근로대중에게 물질적 보상을 충분히 할 수 없는 저발전 사회였기에 영웅 칭호라는 정치적 보상으로 대신했다. 둘째, 북한이 수령제 사회라는 점이다. 수령제의 핵심은

---

11) 북한사회에서 영웅이 되면 정치적으로도 신분이 상승할 기회가 주어졌고, 경제적으로는 일반 인민에 비해 우대받았으며, 사회적으로도 존경을 받으며 모범적 인물로 추앙받았다.

수령의 유일적 영도 아래 모든 조직과 인민이 한 몸처럼 움직이는 체계로, 제도와 이데올로기를 통해 보장하고 있다.[12] 수령이 결정하고 지시하면 인민대중은 이를 무조건 따라야 하는 수령과 대중의 관계가 성립한 것이다. 나아가 수령을 중심으로 김일성 일가, 항일영웅 및 한국전쟁 영웅과 혁명 유가족, 당·정·군 간부, 인민대중이라는 동심원 모양의 계층질서를 형성하고 있다.[13] 수령체제는 지도자와 인민대중 간의 후견-피후견 관계라는 인격적 충성관계로 나타난다. 이러한 수령과 대중의 충성관계를 적극적으로 매개한 것이 바로 '영웅'이다. 북한은 수령의 교시와 명령을 충실하게 집행한 자를 '영웅'으로 만들어 이를 적극적으로 선전하여 나머지 인민대중도 따라 하도록 종용한 것이다. 이처럼 수령체제를 유지하기 위해 수령에 충실한 영웅을 내세워 전체 인민에게 충성심을 강제하고 있다. 셋째, 북한이 위기극복을 계속해 온 사회라는 점이다. 분단의 위기, 전쟁 위기, 경제 위기, 정치 위기, 사회해체의 위기 등 위기의 역사였다. 전쟁이 영웅탄생의 최적의 공간인 것처럼, 위기는 영웅을 절실히 필요로 한다. 위기극복 과정에서 대중의 헌신적 노력이 필요했고, 대중의 희생을 합리화하기 위한 제도로 '영웅칭호'를 부여한 것이다.

2) 북한의 여성영웅

(1) 김일성 시기 여성영웅

북한은 체제의 정당성을 혁명전통에 두고 있듯이 영웅의 기원도, 여성영웅의 시원도 항일 무장투쟁 시기로 규정하고 있다. 대표적인 여성

---

12) 스즈키 마사유키, 유영구 옮김, 『김정일과 수령제 사회주의』(서울: 중앙일보사, 1994), p. 20.
13) 위의 책, pp. 270~274.

항일혁명투사에는 김정숙을 중심으로 최희숙, 박록금, 김확실, 리계순이 있다.[14] 한국전쟁 시기 북한 여성영웅은 전쟁이라는 위기를 맞아 남성과 함께 전선을 지켰으며, 남성 부재의 상황에서 후방을 책임지며 전선원호와 모든 생산적 활동을 해나갔다. 여성은 전선에서 간호병, 통신병, 연락병 등으로 활동하거나 후방에서 노동의 주체가 되어 생산활동에 매진하였다. 전선에서 활동한 여성 공화국영웅으로는 안영애, 조순옥, 조옥희, 리순덕, 태선희, 리순임, 국신복 등이 있다. 전선원호와 후방을 책임진 여성들은 노동자로 공장과 기업소에 전면적으로 진출하거나, 농촌에서 식량생산을 책임져 나갔다. 후방에서 생산을 책임진 여성 노력영웅에는 신포향, 당운실, 고영숙 등이 있다. 이처럼 전쟁으로 인한 남성 부재의 상황에서 북한당국은 여성을 노동 계급화하고 혁명화한 것이다. 여성은 전시 생산현장의 영웅으로, 전선의 영웅으로 탄생하면서 북한사회의 인민으로 자리매김하여 나갔다.

사회주의 건설 시기에도 수많은 여성영웅이 생산현장과 대중운동 과정에서 탄생하였다. 전후 경제복구 시기를 지나면서 산업의 각 부문에서 고도의 생산성을 이루어낸 수많은 노력영웅이 탄생하였다. 천리마 시대 노력영웅들은 '한 점에서 모범을 보여 확산하는 방식'을 통해 만들어졌다.[15] 천리마 작업반장으로 유명한 길학실과 붉은 선동원으로 알려진 리신자가 대표적 여성영웅이다. 김정숙평양방직공장 직포공이며 최고인민회의 대의원으로 성장한 문강순과 리명옥, 만포방사공장 지배인 주복순도 대표적인 여성영웅이다. 농업부문에서는 문정숙, 리

---

14) 북한 여성동맹의 기관지인 「조선녀성」은 여성동맹 창립 69돐을 맞아 대표적인 여성 영웅을 소개하고 있다. 「조선녀성」, 2014년 제11호, pp. 26~27.

15) 차문석, "북한의 노동영웅에 대한 연구: 영웅 탄생의 정치 경제적 메커니즘," 『사회과학연구』, 제12권 1호 (2004), p. 189.

신자 작업반이 협동조합에서 큰 성과를 이룩한 대표적인 여성영웅이다.

1970년대부터 1980년대의 북한은 원자재와 연료 부족 등으로 인해 더 이상의 경제성장이 어려워졌다. 그래서 초인적인 능력으로 생산성을 향상시켰던 노력영웅이 아니라 일상적인 생산현장에서 자신의 노동을 성실히 수행하는 '숨은 영웅'이 필요해졌다.[16] 과학원 식물학연구소 연구사 백설희는 결혼도 하지 않고 40세까지 기름골을 연구한 대표적인 숨은 영웅이다. 비록 기름골은 경제성이 없어 일반화되지 못했지만, 그녀의 모범을 따라 배우는 '숨은 영웅 따라 배우기 운동'이 시작되었다. 숨은 영웅 백설희는 여성과 학생들 사이에서 롤모델로 인기가 많았다고 한다.[17] 이어서 북한은 1990년대 중반 이후 역사상 가장 혹독한 고난의 행군 시기를 맞이하고, '전 주민의 영웅화'를 구호로 내세워 '숨은 영웅' 탄생을 계속해서 강조해 나간다. 농장의 남새 작업반장 고창원 여맹위원장은 해마다 생산계획을 초과 달성하였으며, 이에 북한당국은 강성대국 건설에 기여한 '자랑스런 인간'으로 그녀를 내세워 선전했다.[18]

(2) 김정일 시기 여성영웅

1990년대 후반 북한은 체제위기를 극복하기 위해 선군정치를 통치이념으로 선포하기에 이른다. 동구 사회주의의 몰락과 경제난이라는 국가 위기 상황에서 북한은 한국전쟁 시기의 영웅을 불러내 새롭게 조

---

16) 차문석, "레이펑, 길확실 마오쩌둥·김정일 체제가 만들어낸 영웅들," 권형진·이종훈 엮음, 『대중독재의 영웅 만들기』(서울: 휴머니스트, 2005), p. 151.

17) 여학생들은 백설희 영웅을 보면서 저런 연구사가 되어서 국가에 이바지하겠다고 다짐하기도 하고, 백설희 영웅이 소개되고 생물 과목이 크게 인기를 끌었다고 증언했다. 박민주, "북한 과학기술 분야 지식구성 과정에 나타난 성불평등 현상 연구", (이화여자대학교 북한학과 박사학위논문, 2019), pp. 63~64.

18) 「조선중앙방송」, 2002년 3월 18일.

명하고 있다. "90년대의 안영애가 되자!"라는 슬로건을 내걸고 1950년
처럼 제국주의에 맞서 당을 따라 주체의 혁명위업을 완성해가자고 추
동하고 있다.[19] 첫 여성영웅인 조옥희를 선군시대에 다시 호명한 것도
그녀를 배려했던 김일성의 후광을 김정일에게 입히기 위해서이며, 선
군시대의 후방 모델에 적합한 인물이기 때문이다. 이처럼 북한의 여성
영웅은 국가정책에 따라 탄생하기도 하고 부활하기도 하였다. 북한당
국은 조옥희와 안영애를 한국전쟁과 선군시대를 관통하는 영웅으로 위
상을 재정립하였던 것이다.

선군정치는 어려워진 북한사회를 수습하기 위해 군을 동원한 위기관
리체제였다. 그래서 선군시대에는 한국전쟁 이후 공화국영웅의 수가
다시 증가하였다. 공화국영웅 칭호의 대부분은 군인에게 주어졌으며,
혁명적 군인정신을 강조하며 '수령에 대한 충실성', '혁명적 동지애'를
실현한 영웅이 주를 이루었다.[20] 이러한 선군시대 요구에 따라 여성동
맹도 자식들 군인 만들기, 부상 군인 돌보기, 영예군인 돌보기 등을 주
장하면서 여성의 적극 참여를 주문하였다.[21] 김정일 정권은 2004년도에
'선군시대 숨은 영웅, 숨은 공로자회의'를 개최하였다. 이 대회에서는
고난의 행군이라는 어려운 시기에도 자신이 맡은 업무를 충실히 수행
한 사람들, 수령에 대한 충실성과 당의 정책관철을 위해 앞장섰던 6명
을 "우리 시대 영웅"으로 선출했다. 그들 중 여성영웅은 3명으로 정성
옥, 현영라, 박옥희 영웅이다.[22] 김정일 정권이 가장 강조한 영웅은 마

19) 「조선녀성」, 1993년 4월호.
20) 김차준, "김정일 시대 영웅의 특성" (북한대학원대학교 석사학위논문, 2009),
    pp. 58~59.
21) 문장순, "북한 조선여성동맹의 역할 변화와 그 요인," 「평화학연구」, 제11권 1호
    (2010), p. 139.
22) 김정일 시대 '우리 시대 영웅'은 정성옥, 현영라, 박옥희, 김유봉, 허용구, 리웅찬

라톤 우승자인 정성옥 공화국영웅이다. 그녀는 경기 직후 인터뷰에서 우승의 원천을 김정일이라고 말한 것으로 유명하다. 이런 이유로 정성옥 여성영웅은 '충실성'을 상징하는 영웅으로, 어려움을 극복하고 승리한 '도약'을 상징하는 영웅으로 알려졌다. 국가과학원 연구사인 현영라 영웅은 김일성의 녹음문헌을 영구보존할 수 있도록 금속레코드판을 발명하여 시대의 영웅으로 자리했다. 자강도 장강군 읍현동농장 관리위원장인 박옥희 영웅은 3모작 농법을 실현한 90년대 애국 농민으로 알려졌다.

김정일 정권은 심각한 경제난으로 배급체계가 무너지자 2중 노력영웅인 전천군 상업관리소 소장 정춘실 영웅을 내세워 여성을 식생활 정책의 책임자로 독려하기 시작했다. 배급이 원활했던 김일성 시기는 식생활 책임이 국가에 있었다면, 배급제가 축소 운영된 김정일 시기에는 식생활에 대한 여성의 역할을 강제하면서 식생활과 관련한 가사노동도 여성에게 전가시켜 나갔다.[23] 정춘실 영웅은 경제난으로 물품공급이 원활하지 못한 상황에서 자체적으로 원료기지를 꾸려 물품을 주민에게 공급한 자력갱생의 모범으로도 선전되었다.

한편 김정일 정권은 김일성 시기에 이어 제2~3차 '전국 어머니대회'를 개최하며 여성들에게 '어머니' 역할을 강조하였다. 1990년대 중반의 심각한 경제난 이후 급격한 인구 감소를 극복하기 위해 북한당국은 출산장려정책을 펼치고 있다. 여성의 출산을 장려하여 선군시대 부족한

으로 식량문제와 전력 문제 해결에 모범이었던 인물들이다. 리혜숙, "위대한 령도자 김정일동지의 현명한 령도밑에 고난의 행군과 강행군 시기 발휘된 우리 시대 영웅들의 충성의 위훈," 『력사과학』, 2001년 제2호 (평양: 과학백과사전출판사, 2001), pp. 62~64.

23) 김양희, "김정일 시대 북한의 식량정치 연구" (동국대학교 북한학과 박사학위논문, 2013), pp. 112~113.

군인과 노동자 수요를 해결하기 위해 '모성영웅'이라는 새로운 호칭을 부여하고, 여성에게 모성영웅이 될 것을 촉구하고 있다. '선군시대 모성영웅'으로 널리 알려진 인물은 서혜숙으로 33명의 고아를 데려다 키웠고 그들 중 15명을 군대에 보낸 공로로 2004년 노력영웅 칭호를 받았다. 고아원 원장으로 170여 명의 고아를 키운 리희순도 대표적 모성영웅이며, 아들을 군인으로 키우고 딸은 영예군인의 아내로 키웠다고 한다. 여성동맹은 서혜숙, 리희순을 비롯하여 함정주, 김연화, 김봉녀, 김영심, 서경실, 김금녀 등을 '선군시대 모성영웅'의 모범으로 내세우고 '모범 따라 배우기 운동'을 대대적으로 펼쳐나갔다.

(3) 김정은 시기 여성영웅

강성국가 건설을 국가목표로 내세운 김정은 정권도 김일성, 김정일 시기보다 더 많은 영웅을 배출하며 영웅정치를 계승하고 있다.[24] 김정은 시기 영웅 중의 영웅은 우주강국 건설에 이바지한 국방과학 부문의 영웅들이다. 경제·핵 병진노선이라는 김정은 정권의 국가전략을 관철한 영웅인 것이다. 김정은 정권은 207명이라는 많은 수의 공화국영웅을 배출했지만, 201명이 핵·미사일과 관련한 영웅이다. 여기에는 광명성 3호 2호기 발사에 참여하여 영웅 칭호를 받은 여성과학자 영웅들이 있다. 북한당국은 과학자와 기술자들이 '최첨단 돌파전의 기수이며 전초병'이라고 말하며, 선봉적 역할을 할 것을 독려하고 있다.[25] 대표적인 최첨단 돌파전의 기수는 국가과학원 생물공학분원 줄기세포 연구소

---

24) 2012년 집권한 김정은은 2020년 1월까지 공화국 영웅 207명과 노력 영웅 327명 등 총 534명을 배출하였다. 공화국 영웅 207명 중 201명이 핵 실험 및 미사일 발사 성공에 기여한 과학자, 기술자 등에게 수여하고 있다. 노력 영웅 327명 중 대규모 건설현장에 동원한 돌격대원, 건설자, 노동자에게 대부분 수여하고 있다.

25) 「로동신문」, 2013년 2월 25일.

당세포 비서인 림영희 영웅이다. 그는 과학자가 되기 전에 애국자가 되어야만 과학기술로 경제강국 건설의 돌파구를 열어나가는 당 정책 관철에 기여할 수 있다고 강조한다.[26] 노력영웅인 최승복도 새로운 농약 개발로 식량생산 정책을 관철한 영웅이다. 최승복 영웅은 24살부터 일흔 나이가 다 되도록 과학탐구에 인생 전부를 바친 여성 과학자로 소개되고 있다.[27]

김정은 체제가 배출한 가장 대표적인 여성영웅은 평양시 교통보안원 리경심 공화국영웅이다. 불의의 정황 속에서 김정은 위원장을 안전하게 지킨 공로로 영웅이 되었다.[28] 「로동신문」은 자기 직업에 대한 애착심과 애국심으로 초소를 지켰던 그의 모범이 수령을 보위한 영웅이 되게 한 요인이라고 소개하고 있다.[29] 그의 모범을 청년과 인민에게 따라 배울 것을 북한당국은 대대적으로 선전하고 있다.

김정은 정권은 체육강국 건설을 주창하며 체육인의 역할을 강조하고 있다. 북한은 체육이 국력을 과시하고 대외적 권위를 높이는 중요한 역할을 하며, '체육영웅'이 국제경기에서 세운 우수한 성적은 국가의 존엄과 영예를 떨친다고 주장한다.[30] 대표적인 여성 '체육영웅'은 2012년

---

26) 「로동신문」, 2013년 1월 20일.
27) 「로동신문」, 2015년 7월 31일.
28) 「로동신문」, 2013년 5월 8일.
29) 「로동신문」, 2013년 5월 8일.
30) 국제사회에서 고립된 북한이 국제무대에서 공화국기가 오르고 애국가가 울려 퍼질 때 나라의 권위가 높아지며, 국력이 과시된다는 주장이다. '체육영웅'이 국제경기에서 세운 좋은 성적은 북한 주민에게 힘과 용기를 주어 강성국가 건설의 모든 분야에서 기적과 위훈 창조로 이어져야 한다고 강조한다. 김정은 위원장은 메달을 따서 나라의 존엄과 영예를 만방에 떨친 체육인들이 진짜 영웅, 참된 애국자라고 소개한다. 「로동신문」, 2014년 10월 5일; 김정은, 『백두의 혁명정신으로 체육강국건설에서 새로운 전성기를 열어나가자 (2015.3.25)』(평양: 조선로동당출판사, 2015), p. 19.

제30차 올림픽에서 우수한 성적을 거둔 안금애, 림정심 선수다. [31] 2013년 2월 제14차 아시아 마라톤선수권대회에서 김금옥 선수도 금메달을 따는 쾌거를 이루고 영웅이 되었으며, 새 시대 체육인의 전형으로 내세워졌다. [32] 2013년 동아시아컵 여자축구경기대회에 참석한 북한 선수들이 우승하자, 김정은 위원장은 그들을 직접 만나 그들이 이룬 성적이 인민을 투쟁과 위훈으로 추동하는 데 큰 호소력을 지닌다고 높게 평가했다. [33] 2014년 제17차 아시아경기대회에서 북한 선수들은 우수한 성적을 이루었으며, 여자축구에서 금메달이라는 큰 성과를 거두었다. 특히 여자축구의 연이은 우승 소식은 온 나라를 격동과 환희로 들끓게 하였다고 한다. 여자축구 주장인 라은심 영웅은 당원으로서 경기에서 승리하면 전체 인민에게 모범이 될 수 있다고 강조한다. [34] 팀 경기인 축구에서 우수한 성적을 이룬 것은 선수들이 지닌 대중적 영웅주의와 집단주의 정신의 결과라고 주장하고 있다.

김정은 정권은 외부문화 유입으로 변화하고 있는 청년층의 문화적 이탈을 흡수하고, 변화된 인민을 선동하는 수단으로 활용하기 위해 모란봉악단 등 문화부문에도 변화를 시도하고 있다. 김정은 위원장이 직접 발기한 것으로 알려진 모란봉악단은 2012년 7월 새로 조직되었다. 모란봉악단은 전국 순회공연 및 대기념비적 건설장, 영웅들의 축하연 등에서 활발하게 공연하고 있다. 이를 통해 강성국가 건설에 대한 인민의 열정을 불러일으키고 있으며, 김정은 정권의 정책을 노래로 선전하

---

31) 『조선중앙년감 2013』 (평양: 조선중앙통신사, 2013), p. 803.
32) 『조선중앙년감 2014』 (평양: 조선중앙통신사, 2014), p. 739.
33) 「로동신문」, 2013년 8월 1일.
34) 「로동신문」, 2014년 12월 6일.

고 있다.[35] 이러한 음악공연단의 공로에 북한당국은 모란봉악단 창작실 실장 우정희 작곡가 등에게 노력영웅 칭호를 수여하였다.[36] 김정은 정권 음악정치의 선봉대 역할을 수행하고 있는 모란봉악단에 대해「로동신문」은 연일 혁명과 건설을 추동하는 모란봉악단 성원들은 모두 영웅으로, 모든 부문과 단위에서 따라 배울 시대의 본보기라고 치켜세우고 있다.

1996년 제도화된 '모성영웅'을 김정은 정권도 계속 배출하며 출산을 장려하고 여성의 사회적 역할을 강조하고 있다. 김정은 위원장은 제6차 여성동맹 대회에서 "녀성들이 없으면 가정도 사회도 나아가서 조국의 미래"도 있을 수 없다고 주장하는 한편 "후대들을 키우는 어머니로서의 녀성들의 역할"은 누구도 대신할 수 없다고 강조하였다.[37] 자녀를 많이 낳아 키운 박옥단, 리병희, 리금순, 문정순, 송금숙 등 7명에게 노력영웅 칭호를 수여하고 '모성영웅'으로 호명했다. 고아와 난치병에 걸린 아이를 데려다 훌륭히 키운 주복순, 함옥숙, 리강죽에게 노력영웅 칭호를 수여했다. 더 나아가 20살 처녀의 몸으로 7명의 고아들을 맡아 키우고 있는 장정화에게 김정은 위원장은 직접 '처녀 어머니'라고 호명하고, 여성 청년의 모범으로 따라 배울 것을 촉구하고 있다.[38] 이와 함께 영예군인과 결혼하여 가정을 꾸린 여성 청년들에게 김일성 청년영

---

35)「로동신문」, 2013년 2월 23일.

36) 이들은 '내 마음'이란 노래를 작곡했는데 '날 키워준 정든 어머니 조국 없인 삶도 없어라'라는 가사내용으로 북한주민에게 애국심을 고취시켰다. 북한당국은 이들이 창작한 노래가 김정은시대 정신을 담고 있어 인민을 사회주의 수호전과 강성국가건설로 고무추동하고 있다는 것이 영웅칭호를 수여한 이유라고 설명했다. 조선중앙통신사, 『조선중앙년감 2015』(평양: 조선중앙통신사, 2015), pp. 708~709.

37) 김정은, 『온 사회의 김일성-김정일주의화의 기치따라 녀성동맹사업을 더욱 강화하자(2016.11.17)』(평양: 조선로동당출판사, 2017), p. 13.

38)「로동신문」, 2015년 5월 30일.

예상이나 김정일 청년영예상을 수여하고 있다.[39] 이들이 본받아 사회주의 미풍 실현에 앞장서라고 모든 여성 청년들에게 촉구하는 것이다.

김정은 정권은 자신의 시대를 '만리마 시대'로 명명하고 '만리마 시대 10명 전형'을 앞세우고, '만리마 시대 전형들을 따라 배우기 운동'을 추진하고 있다. 10명의 전형 중 여성은 평양기계종합대학의 조수경 연구사, 김정숙평양방직공장의 리명순 직포공, 황해북도인민병원의 김명월 책임의사이다. 3명의 만리마 시대 여성영웅들을 내세워 북한당국이 북한 인민에게 요구하는 것은 높은 실력과 자력갱생이라는 가치이다. 결국 김정은 정권이 '만리마 시대 전형'을 내세우고 그 모범을 확산하고 있는 이유는 과학기술과 인민들의 자력갱생을 통해 '국가경제발전 5개년 전략' 목표를 실현하기 위함으로 추론할 수 있다.[40] 김정은 위원장은 북한여성이 '사회주의 강국 건설의 힘 있는 역량'이라며, 북한 역사 속에서 선배 여성들이 해낸 천리마 기수와 붉은 선동원 역할을 소환하고 있다. '국가경제발전 5개년 전략' 목표를 완수하기 위해 여성들이 선배들처럼 나서서 혁신자, 건설자, 과학자, 예술인, 사회주의 대가정의 어머니, 영예군인과 한가정을 이뤄 사회주의 미풍을 지켜나갈 것을 요구하고 있다.[41]

---

39) 김진옥, 현수경 영예군인과 결혼, 김은혜 영예군인과 결혼, 유은심 영예군인과 결혼하고 김일성청년영예상 수상, 홍성애 영예군인과 결혼, 김수향과 곽은정 영예군인과 한가정을 이루었다고 보도하고 있다. 「로동신문」, 2019년 5월 10일.
40) 「로동신문」, 2019년 8월 20일; 「로동신문」, 2019년 7월 25일.
41) 「로동신문」, 2019년 7월 30일.

3. 모성영웅의 등장 배경

1) 북한의 여성담론: 지속적인 '모성' 역할의 강조

북한당국은 여성담론을 만들어내고 교육을 통해 여성에게 체제가 요구하는 역할수행을 강제해왔다. 해방 직후부터 사회주의 국가건설을 추진하면서 토지개혁과 남녀평등권법령 등 각종 민주개혁을 이룩해나갔다. 양성평등의 원칙에 따라 법제도 및 정책으로 여성의 지위 향상을 추진하면서 일제 식민지 시대와 구별되는 '사회주의 여성상'을 구축하여 여성에게 '어머니-노동자' 역할을 요구하기 시작했다. 이 모델은 사회주의 종주국인 소련에서 형성되어 북한에 이식된 사회주의 여성상이다. 이에 따라 북한정권은 '사회주의적 여성주체' 형성을 추진한다. 여성주체의 성격은 생산영역에서는 남성과 동등한 '노동자' 역할을 하는 것이었으며, 동시에 재생산영역에서 '어머니'로서 자녀를 혁명적 공산주의자로 양육하는 것이었다. 사회주의 건설과정에서 여성을 혁명과 역사의 주체로 명명하고 '노동자와 어머니'라는 이중역할을 요구한 것이다. 이러한 '어머니-노동자'라는 이중역할은 북한여성의 삶에 깊숙이 내면화되었으며, 북한사회에서 여성의 삶과 북한체제의 유지를 설명하는 중요한 변수이기도 하다.[42]

김정일 시기 노동신문 분석을 통해 북한당국의 여성담론을 연구한 글에서는 이상적인 여성상으로 김정일의 어머니인 '김정숙'과 일반여성인 '영웅'을 제시하고 있다. 김정숙을 통해 북한당국이 설정한 이상적 여성상은 '투사-아내-어머니'유형이다. 김정숙은 김일성에게 충실한 아내였으며, "항일의 녀성영웅"과 "공산주의 혁명투사"로 투사의 역할

---

42) 박영자, "북한의 여성 정치: '혁신적 노동자-혁명적 어머니'로의 재구성," pp. 1~21.

도 수행한다. 동시에 '어머니'로서 김정일을 낳아 대를 이어 수령복을 누리게 해준 민족의 어머니로 담론화시킨다. 한편 일반여성 '영웅'은 '투사-장군님 모시는 여성-어머니'유형으로 범주화되어 여성의 모델이 되고 있다. 결론적으로 여성은 먼저 김정숙이 모범을 보인 수령결사 옹위정신을 따라 배워 '영웅'이 될 수 있는 기본을 갖추어야 한다. 기본이 갖추어지면 자신에게 주어진 노동에서 위훈을 창조해내는 '투사영웅'이 되거나, 어머니로서 수령에 충성을 다할 자녀를 양육하는 '모성영웅'이 되는 길이 있다.[43] 김정일 시기 북한당국이 김정숙과 일반여성 영웅을 통해 여성에게 요구한 것은 수령에 대한 충실성을 기본으로 한 '투사-어머니 역할'이다.

이처럼 북한당국은 '어머니-노동자', '어머니-투사'라는 이상적 여성상을 구성하여 여성에게 이중역할로 강제하고 있다. 사회주의를 건설하고 그 체제를 유지하는 과정에서 여성이 '어머니-노동자(투사)' 역할을 하며 살도록 요구하고 있다. 물론 노동자(투사) 유형은 여성뿐만 아니라 남성에게도 요구되는 역할이다. 한편 자녀를 출산하고 양육하는 '어머니'역할은 전통적 사회에서부터 사회주의체제인 북한사회에 이르기까지 오직 여성에게만 요구되는 역할이다. 이러한 어머니 역할의 강조가 어떻게 모성영웅 탄생의 배경이 될 수 있었는지를 살펴보면 다음과 같다.

북한은 여성을 사회주의 경제 건설에 노동자로 참여시키기 위한 다양한 법령을 제정하였으며, 한편으로는 어머니 역할을 위한 출산, 육아와 관련한 모성보호 정책을 추진하였다. 산전산후 유급휴가, 수유시간 부여, 임산부와 유모의 시간 외 노동과 야간 노동 금지를 비롯하여 작

---

43) 김석향·권혜진, "고난의 행군기 이후 북한당국의 여성담론 분석," 『통일정책연구』, 제18권 2호 (2009), pp. 153~183.

업장 내 탁아소와 유치원 설치, 밥 공장, 장 공장, 세탁장 등을 마련하여 육아와 가사를 사회적으로 해결하고자 노력해왔다.[44] 여성을 혁명화, 계급화하기 위한 계몽 단계에서도 여성의 우선적인 역할로 '모성'을 강조해왔다. '모성'을 여성의 가장 중요한 임무로 강조하며 '어머니학교'를 열고 모성이 여성의 사회경제활동 참여와 연관되어 있음을 교양하였다.

1961년 제1차 어머니대회에서 김일성은 "자녀 교양에서 나타나는 어머니들의 임무"라는 연설을 통해 사회주의 건설에서 교육이 중요하며, 가정교육의 책임은 어머니에게 있고 "어린이의 첫째가는 교양자는 어머니"라고 주장한다. 그리고 "공산주의 어머니가 되는 것과 사회주의 건설자로 되는 것은 서로 떼여놓을 수 없는 일"이라고 강조한다. 이처럼 김일성은 여성에게 어머니 역할과 사회경제적 역할을 동시에 강조하며 이중의 부담을 부가하였다. 더 나아가 북한은 과중한 역할 부담을 합리화하기 위해 이중의 역할을 성공적으로 수행하고 있는 여성의 모범적 사례를 소개하고 따라 배울 것을 요구한다. 김일성은 항일 무장투쟁 시기의 마동희 영웅의 어머니 장길부를 '제1차 전국어머니대회'에서 소개하며, 모든 어머니에게 그녀를 본받아 '공산주의 어머니'가 될 것을 촉구하였다. 장길부는 일제 강점기 아들을 잘 교육하여 일제에 맞서 싸우는 혁명가로 키웠으며, 아들 마동희는 일본경찰에 붙잡혀 사형당했다. 아들의 죽음에도 낙심하지 않고 조국을 위해 계속 지조를 지킨 어머니의 행위는 아들의 생명보다 조국과 인민, 혁명을 더 귀중히 여긴 투사였다고 주장한다. 그런 어머니가 있었기에 영웅적인 아들이 나왔음을 강조한 것이다. 따라서 모든 어머니가 마동희의 어머니처럼 자녀

---

44) 윤미량, 『북한의 여성정책』 (서울: 한울, 1991), pp. 79~89.

를 교양하면 다 훌륭한 공산주의자로 성장할 수 있으며, 그런 어머니가 되려면 먼저 어머니가 참된 공산주의자가 되어야 함을 주장한 것이다.[45] 이 연설을 계기로 '공산주의 어머니-공산주의자'라는 여성상이 새롭게 구축되었으며, 현재의 김정은 시대까지 이어져 오고 있다. 무엇보다 이 연설을 통해 사회주의 여성상을 강조하던 혁명적인 여성정책 기조는 자녀를 낳아서 양육하는 전통적인 여성의 역할로 후퇴하였음을 의미한다.

1960년대 후반 북한사회는 김일성 중심의 유일 지도체계가 형성되어 나갔다. 지도자에 대한 우상화 작업을 그의 가계로까지 확산하면서 김일성의 어머니 강반석을 이상적인 여성 혹은 어머니로 칭송하고 본받기를 강요하기 시작했다.[46] 그리고 1974년 김정일이 후계자로 추대된 후 「조선녀성」 1975년 12월호에 '김정숙 어머님은 언제나 우리 곁에 계십니다'를 시작으로 현재까지 김정숙 관련 글을 가장 많이 게재하고 있다. 이것은 북한에서 이상적인 여성상과 모성상이 김정일의 생모이며, 김일성의 아내였던 김정숙이라는 것을 의미한다. 북한여성의 이상적 모델로 김정숙을 내세운 것은 김정일이라는 지도자를 양육한 어머니로서, 항일 무장투쟁의 혁명투사로, 김일성이라는 수령을 결사옹위했던 충실성을 여성들에게 요구하기 위해서이다. 김정일 집권 후 선군시대에 들어와서 김정숙을 이상적인 어머니로 더욱 강조하고 있다.

북한은 강반석과 김정숙 외에도 당과 수령을 위해 헌신하여 모범이 되는 일반여성을 「로동신문」과 「조선녀성」에 모범사례로 소개하여 여성

---

45) 김일성, "자녀교양에서 어머니들의 임무(1961.11.16)," 『김일성저작선집 3』 (평양: 조선로동당출판사, 1975), pp. 216~217.

46) 「조선녀성」 1967년 7월호에 '조선의 어머니-강반석녀사', '강반석 녀사의 모범을 배워' 등을 게재하였다. 여성동맹은 「조선녀성」에 강반석의 행적을 기리는 고정란을 만들어 여성들에게 따라 배우도록 요구하였다.

들에게 본받기를 강요하고 있다. 여기에 소개하고 있는 모성영웅의 사례는 개인감정에 연연하지 않으면서 수령과 국가를 위해 자식의 영웅적인 행위를 격려하고, 자식의 희생도 용인할 수 있는 '영웅의 어머니'로 묘사된다. '영웅의 어머니'란 "공산주의 어머니로 귀한 자식을 나라에 바치고도 그것을 자랑으로, 영광으로 생각하는 어머니"이다.[47] 이처럼 북한당국은 이상적인 어머니 모델을 내세우고 자녀 양육의 책임자, 영웅을 키워내는 어머니, 수령이라는 최고 영웅을 보필하는 충실성 등을 '모성 이데올로기'로 이념화하였다. 이상과 같이 북한 역사 속에서 지속적인 모성 역할의 강조가 선군시대를 맞아 북한이 최고의 위기에 처했을 때 '모성영웅'을 전면에 등장시킨 배경이 될 수 있었다.

김일성은 1961년 '전국어머니대회'를 개최하고 여성들에게 공산주의 어머니와 사회주의 건설자가 되라고 요구하였다. 김정일은 선군시대를 선포하고 1998년 '제2차 전국어머니대회'를 열었다. 제2차 대회에서는 고난의 행군 기간 수고와 헌신을 한 여성들의 모범을 확산시키고자 하였으며, 여성에게 '혁명적 건설자 어머니'로서 강성대국 건설에 더욱 헌신할 것을 요구하였다. '고난의 행군' 동안 많은 사망자가 발생하고 출산율이 감소하면서 극복방안으로 아이를 많이 낳을 것을 촉구하고, 1996년 다산모에게 '모성영웅'칭호를 수여하기 시작했다. 제3차 전국어머니대회는 2005년에 열렸는데, 제국주의와 대결에서 승리하기 위한 선군혁명 총진군을 선포하고 대내외적인 국면을 공세적으로 전환하기 위해 열린 대회였다. 3차 대회에서 요구된 어머니 역할도 이러한 시대적 상황을 반영하여 수령을 결사옹위하는 여성, 자식을 총폭탄용사

---

47) 「조선녀성」, 1993년 제5호, p. 20. 구체적인 사례로 오욱환은 수류탄이 터지는 순간 몸을 던져 지도자의 초상화를 지키고 동료를 구한 군인의 어머니로 죽은 아들을 슬퍼하기보다는 다른 아들마저 군대에 보냈다고 소개하고 있다.

로 육성하는 어머니, 선군시대 여성혁명가였다.

김정은 정권은 출범 첫해인 2012년 11월 제4차 전국어머니대회를 개최하고, 1961년 김일성이 연설한 날인 11월 16일을 '어머니날'로 제정하였다. 어머니날 제정은 여성을 어머니로 호명하는 기제가 무엇보다 중요함을 시사한다. 이것은 전 시대와 마찬가지로 북한의 여성상이 희생과 헌신을 기본으로 하는 어머니의 모성에 초점에 맞추어져 있음을 의미한다.[48] 4차 대회에서는 여성에게 모성영웅, 노력영웅이 될 것을 촉구하고, 2~3차 대회에 이어 어머니에게 다자녀 출산을 요구하고 있다. 김정은 위원장은 이 대회에 보낸 서한에서 "여성들이 없으면 가정도, 사회도, 나아가 조국의 미래도 있을 수 없다"라고 강조하고 있다. 이는 여성의 지위를 국가 그 이상의 차원으로 격상시킨 것이며 여성들의 집단성과 투쟁성, 혁명성을 특별히 강조한 것이다. 이것은 김정은 시기 모성이데올로기를 통해 보다 강화된 전 가정적, 전 사회적, 전 국가적인 어머니 역할을 강조한 것으로 해석할 수 있다.[49] 이처럼 김일성 시기부터 김정일, 김정은 정권에 이르기까지 지속적으로 강조, 강화해온 여성의 어머니 역할이 '모성영웅'을 등장시키고 계승해온 배경이라고 할 수 있다.

---

48) 조정아·이지순·이희영, 『북한 여성의 일상생활과 젠더정치』(서울: 통일연구원, 2019), p. 64.

49) 강채연, "북한 여성노동력의 경제적 의미와 인권: 사회적 참여정책과 영향을 중심으로," 『아시아여성연구』, 제59권 2호 (2020), pp. 18~19.

〈표 1〉 제2-4차 전국어머니대회 분석

대회기간	제1차(2일) 1961년 11월 16~18일	제2차(2일) 1998년 9월 28~29일	제3차(1일) 2005년 11월 22일	제4차(4일) 2012년 11월 15~18일
개최 배경	• 조선노동당 4차 대회 • 7개년 인민경제 계획	• 김정일 정권 출범 • 강성대국건설 선포	• 선군정치 10주년 • 당창건 60주년	• 김정은 정권 출범 • 사회주의 강성 국가
참가자	• 자녀교양에서 모범을 보이고 있는 어머니 • 사회주의 건설에서 빛나는 위훈을 세운 여성 노력영웅과 혁신자 • 아동교양 관계 일군	• 부모 없는 아이들을 친자식처럼 키우는 어머니 • 사회주의 건설에서 위훈을 세운 어머니 • 지식으로 당을 이어가는 박사 어머니	• 당의 선군영도를 받들어 나가는 데서 특출한 공로를 세운 여성과 노력혁신자 • 자녀에 대한 교육교양에서 모범을 보이고 있는 어머니 • 사회와 집단을 위하여 좋은 일을 많이 하고 있는 여성	• 자식을 많이 낳고 부모 없는 아이들을 맡아 훌륭히 키우고 있는 어머니 • 군인가족, 노력혁신자, 일꾼을 비롯한 모범적인 여성
어머니 상	• 공산주의 어머니	• 모성영웅 • 노력혁신자 • 숨은 공로자	• 여성혁명가 • 모성영웅 • 숨은 공로자	• 모성영웅 • 노력영웅
어머니 역할	• 공산주의 어머니 • 사회주의 건설자	• 영웅을 키운 어머니 • 사회주의 건설에서 위훈을 세훈 어머니 • 사회와 집단을 위하여 좋은 일을 하는 어머니	• 선군시대 여성혁명가 • 자녀들에 대한 교육교양에서 모범을 보이고 있는 어머니 • 사회와 집단을 위하여 좋은 일을 많이 하는 여성	• 자식을 많이 낳고 부모 없는 아이도 맡아 훌륭히 키우고 있는 어머니 • 당의 선군혁명 영도를 충직하게 받들어나가고 있는 군인가족, 노력혁신자, 일군을 비롯한 모범적 여성

출처: 제1~4차 전국어머니대회가 열린 시기의 「로동신문」을 분석.

2) 북한의 출산정책: 급격한 인구 감소와 저출산

북한의 출산정책과 인구는 시대별로 변천해왔다. 한국전쟁이 끝난 1953년 이후 1970년까지는 출산장려정책을 실시하여 인구가 증가했다. 1970년에서 1980년대까지는 출산을 억제하는 정책을 실시하여 출산율이 빠르게 감소하였다. 인구는 1990년대 중반 경제난 이후까지 안정되었다가 경제난 이후 감소하는 변화를 겪어왔다.

1950년대 전쟁으로 사망자가 증가하고 피난민 남하 및 출산 억제 등으로 나타난 인구 감소는 북한 사회발전의 심각한 문제였다. 전후 복구 건설의 성공을 위해 인구를 늘려 노동력을 확보하는 것은 사활적인 과제였다. 이에 북한은 1961년 전국어머니대회를 개최하고 다자녀 어머니들과 전쟁고아 3명 이상을 기르는 양육자에게 표창을 수여하였다. 쌍둥이 출산가정에도 특별배급을 실시하여 생활을 보장해주는 조치들을 실행하였다. 한국전쟁 후 노동력을 확보하기 위한 출산장려정책은 상당히 효과적이었으며, 사회주의 건설 시기였던 1970년까지 높은 출생률이 보장되고 인구가 급속히 증가하였다. 사회주의 건설이 추진되고 공업화가 급속히 이루어지고 생산력이 향상되었던 시기였기에 미래노동력 확보를 위해 출산을 장려하여 출산율을 높게 유지한 것으로 볼 수 있다.

북한에서 출산통제가 일반화되기 시작한 것은 국가의 공식적 생산과 복지체계가 흔들리면서부터이다. 전후 출산율 상승은 주민의 복지를 책임지는 국가에 커다란 부담으로 여겨졌을 수 있다. 국가 복지에 대한 부담인식이 가중화된 상황에서 북한당국은 출산을 통제하는 정책을 세우고 의료시술을 통한 피임 방법을 보급하였다. 이러한 기조 아래 1970년대 말부터 1990년대 초까지 저성장 경제가 지속되면서 출산장려정책을 억제정책으로 선회하게 된다. 어려워진 경제사정과 농촌 노동력 부족으로 증가하는 인구를 부양할 능력에 한계가 오자 출산에 대한 억제정책으로 전환한 것이다. 김일성은 여성동맹 제4차 대회에서 "녀성들은 학교를 졸업하자마자 가정생활에 파묻히지 말고 시집을 좀 늦게 가더라고 당과 혁명을 위하여 더 많이 일을 배우고 더 많이 일을 하도록 하여야 한다"라고 하면서 여성들에게 만혼을 권장한다. 결혼 나이가 늦어지면 첫 출산이 늦어지고 출산율이 낮아질 수 있기 때문이다. 보건소의 의료인들과 여성동맹은 앞장서서 '3자녀 낳기'를 권장하다가 1983년부터 여성의 낙태수술을 공식적으로 허용한다. 피임을 권장하고 2자녀 이하의 출산을 권장한 것이다. 이 시기에는 결혼연령의 상향조정, 낙태 허용과 피임 권장, 4자녀 이상 가구에 대한 양곡배급 차등 지급 등의 방법으로 인구증가를 억제한 것이다.[50]

북한은 1990년대 들어 심각한 식량난을 겪으면서 기아, 영양결핍으로 인한 영유아 사망률이 증가하면서 인구 손실이 급증하였다. 식량난에 따른 기근은 영양실조와 임신, 출산과 관련한 여성 건강악화로 이어졌다. 영양부족 상태에서의 임신은 유산, 미숙아와 저체중아 출산으로 유아 사망률 증대와 여성 불임 증가를 가져왔다.[51] 어려운 경제로 국가 배급제가 붕괴하고 여성 스스로 가족의 생계를 책임져 나가면서 여성들 사이에 결혼과 출산을 기피하는 현상이 나타났다. 먹고살기 위해 많은 여성이 중국 국경을 넘고 지역을 이동하면서 가족해체 현상도 확산하였다. 이로 인해 인구는 감소하고 여성들의 출산기피로 인구 저하 현상이 나타나자, 한국전쟁 이후 다산정책을 폈던 것처럼 다시 출산을 장려하기 시작했다. 김정일은 1998년 '제2차 전국어머니대회'를 열고 "어머니들과 모든 녀성들은 어린이들의 직접 보육자, 첫째가는 교양자라

---

50) 곽수진, "북한 여성의 출산 경험 연구" (북한대학원대학교 석사학위논문, 2013), pp. 18~19.
51) 위의 논문, pp. 19~20.

는 것을 명심하고 자식들을 많이 낳아 건강하게 키워야 한다. 한 가정에 3명 이상은 낳아야 한다"라며 다산을 촉구한다.[52] 북한은 다산모에게 모성영웅 칭호를 수여하며 적극적으로 출산을 장려하는 정책을 2020년 현재까지 전개하고 있다. 이런 정책실시는 재생산 담당자로서 여성의 '모성' 역할을 강조하고 있음을 의미한다.

〈표 2〉 북한 출산정책의 변화과정

시기	출산정책
1953~1970	• 출산장려정책 • 다산모에게 표창 • 쌍둥이 출산 시 양곡배급 확대와 생활보조
1971~1975	• 소극적 출산억제정책 • 가족계획의 소극적 계몽
1976~1980	• 적극적 출산억제정책 • 보건요원, 의료인, 여성동맹을 활용하여 3자녀 낳기 권장 • 4번째 자녀부터 양곡을 차등 배급 • 재래식 피임법 및 자궁 내 피임장치 보급 • 여자 혼인연령을 22세 이상으로 상향 조정(대학졸업자 26세 이상)
1981~1992	• 출산억제정책 강화 • 보건요원, 의료인, 여성동맹을 활용하여 1~2자녀 낳기 권장 • 4번째 자녀부터 양곡을 차등 배급 • 자궁 내 피임장치 적극적 배급, 인공임시중절 성행
1993~1999	• 대규모 아사자 발생(60~200만 추정), 가족해체 • 피임장치 보급 중단 • 1993년 11월, 1996년 미혼모를 비롯한 인공임신중절 금지령 • 1996년 다산모에게 '모성영웅' 칭호 수여 • 1998년 제2차 전국어머니대회 개최를 통해 출산장려
2000~2020	• 출산장려정책 • 국가 및 지방 군인민위원회 인구조사 사업 • 2005년 제3차 전국어머니대회를 열어 출산장려 • 2012년 제4차 전국어머니대회 개최, '어머니날' 제정으로 출산장려 • '모성영웅' 칭호 수여

출처: 안지영(2015, p. 52)의 표에 2010년 이후 내용을 보완하여 재구성.

---

52) 「로동신문」, 1998년 11월 28일.

3) 국가 사회보장제도 쇠퇴: 사회주의 대가정 실현

북한은 식량 배급제도를 기반으로 무료치료와 예방의학이라는 보건제도, 무상의무교육제도 등의 복지제도를 실시하고 있다. 북한의 사회보장법은 나이가 많거나 병 또는 신체장애로 노동능력을 잃은 사람, 돌볼 사람이 없는 노인과 어린이 등을 사회보장 대상으로 정하고 사회보장연금과 보조금을 주도록 하고 있다. 하지만 1990년대 초 소련을 포함한 동유럽 사회주의체제가 붕괴한 후 자연재해와 김일성 사망에 직면하면서 북한은 심각한 경제난을 겪었다. 김정일 정권은 이 시기를 '고난의 행군'으로 부르고, 선군사상으로 함께 극복해 나가자고 요구한다. 공식적 생산과 배급제를 비롯한 복지체제가 급격히 쇠퇴하면서 주민들의 비공식적 경제활동과 가족의 부양 역할을 더욱 강화하였다. 이것은 세대주인 남편을 대신하여 시장을 통해 가족 부양 역할을 담당하고 있었던 여성들의 생계 책임 역할의 가중을 의미한다.[53]

북한은 여성에게 사회주의 경제를 발전시키기 위한 노동자 역할, 자녀를 양육하여 국가가 필요로 하는 구성원을 훌륭히 키우는 어머니 역할을 동시에 부여해 왔다. 이를 위해 육아와 가사노동을 사회화하는 법과 제도를 만들어 여성이 가정과 사회생활을 양립할 수 있도록 국가가 지원해왔다. 사회주의 공업화 과정에서 여성이 노동자로서 사회적 참여를 보장하기 위해 아동에 대한 사회적 양육을 국가와 사회가 부담한다는 원칙을 세우고 다양한 정책을 추진해왔다. 하지만 배급체계가 쇠퇴하고 국가적 지원이 어려워지면서 국가의 실패를 보완하고자 전통적인 여성의 성역할을 강조하여 여성에게 사회적 돌봄을 주창하기 시작하였다. 이에 더하여 최근에는 여성에게 부과된 양육과 돌봄노동의 영

---

53) 박경숙, 『북한사회와 굴절된 근대: 인구, 국가, 주민의 삶』 (서울: 서울대학교출판문화원, 2013), p. 132.

역을 전체 사회로 확대하면서, 경제난 이전 시기에 국가가 담당해왔던 복지와 사회적 보육과 교육을 여성에게 전가하고 있다. 여성의 '모성' 수행을 가족 차원에만 머무르는 것이 아니라, '사회적 모성'의 역할로 확장해 나가고 있다.[54] 국가 차원에서 사회적 안정망을 책임지지 못하는 상황에서 북한당국은 여성에게 자발적으로 부모를 잃은 고아나 자녀를 잃은 고령의 노인 등 취약계층을 책임지도록 독려하고 있다. 식량난으로 많은 아사자가 생겼지만, 애육원 등 공적 시설에서 고아들을 모두 수용하기 힘든 상황이 발생하자 국가를 대신하여 고아를 책임지고 양육할 수 있는 대안이 절실했던 것이다. 열악한 군대 및 노동현장에서 희생된 자녀의 부모를 자녀의 동료나 이웃이 책임져 주길 촉구했다. 이에 대한 담론으로 북한당국은 '사회주의 대가정론'을 내세웠으며, 이를 '고상한 사회주의 미풍'으로 선전하고 체제의 도덕적 우월성을 높이는 데도 활용하고 있다.[55]

이처럼 고아에 대한 이웃 가정에서의 보살핌이 중요한 문제로 다뤄지는 것은 그에 따른 여성의 의무가 더욱 커지는 것을 뜻하며, 국가적으로 복지체제가 원활히 작동되지 못하고 있는 것을 드러낸다.[56] 북한 사회주의체제가 자랑하던 사회보장제도의 운영이 원활하지 못하자 고아, 노인 등 부양가족이 없는 사람을 가족의 구성원으로 받아들여 여성들이 자발적으로 돌보기를 강요하는 것이다. 더 나아가 군사 우선 정책에 따라 원호사업에도 여성이 적극 나서라고 요구한다. 선군시대 바람직한 어머니는 경제난 이후 국가가 운영하던 각종 사회보장 업무인 영

---

54) 김경희·강은애·손명아, "김정은 집권 이후 북한의 국가가부장제의 재생산에 관한 연구,"『아시아여성연구』, 제55권 1호 (2016), p. 144.
55) 안지영, "김정일 시기 이후 북한의 인구재생산과 영화 속 모성담론,"『여성연구』, 제88권 1호 (2015), p. 65.
56) 위의 글, p. 71.

예군인, 고아, 부양가족 없는 노인 등을 보살피는 '사회적 모성'이다. 여성에게 '참다운 모성애'를 품고 무조건적 희생과 봉사를 요구한 것이다.[57] 이로써 여성의 역할은 전통적인 모성의 역할에서 사회적 모성, 국가적 모성으로 확대되었다. 여성의 희생으로 '사회주의 대가정'을 유지하기 위해 어머니의 역할은 가족 내에서의 다산과 양육을 넘어 국가 복지영역으로까지 확대해 나간 것이다.

4. 모성영웅의 유형과 의미

1) 북한 '모성영웅'의 유형

(1) 영웅의 어머니

북한에서는 모성애를 '자식에 대한 어머니의 사랑'으로 정의하며, "지금까지 내려온 모성애가 주로 자식들의 육체적 생명과 관련된 사랑이었다면 우리 시대의 모성애는 육체적 사랑과 함께 사회 정치적 생명에 대한 사랑"이라고 규정한다.[58] 제2차 전국어머니대회에 '참다운 모성애'를 보여준 여성을 참가시키고 '영웅의 어머니'로 추켜세웠다. 터지는 수류탄을 자신의 몸으로 막아 동지를 구한 1990년대 첫 영웅 김광철 영웅의 어머니 신송옥, 수령의 초상화를 보위하고 동지를 구원한 한영철 영웅의 어머니 오옥환이 대회에서 사례를 발표하였다. 그리고 모든 어머니에게 한 가정의 효자가 아닌 수령에게 충성하는 '충성동이', '총폭탄 영웅'으로 키우라고 강조한다. 이들 중 1990년대 대표적인 영

---

57) 이미경, "북한의 모성이데올로기—「조선녀성」의 내용분석을 중심으로," 『한국정치외교사논총』, 제26집 1호 (2004), pp. 411~412.

58) 『조선녀성』, 1999년 제1호, p. 36.

웅의 어머니인 김광철 어머니는 아들이 죽은 후 아들이 서 있던 초소를 온 가족이 지키고 있다고 발표한다.[59] 막내아들을 형이 섰던 초소에 세우고 딸 둘은 군인의 아내로 만들어 '온 나라가 다 아는 가정'으로 유명해졌다고 발표하였다. 결국 '영웅의 어머니'유형은 영웅의 자녀를 가진 어머니에 그치는 것이 아닌 어머니 스스로도 영웅이 되는 것을 의미한다. 공산주의 인간형을 양육하기 위해 먼저 공산주의자가 되어야 한다는 북한의 모성담론을 반증한다.

자강도 탄광마을 노동자였던 김재복은 죽은 지 22년 만에 노력영웅 칭호를 받은 모성영웅이다. 11명의 자식을 당과 수령, 조국과 인민을 위해 한몫하는 충실한 사람으로 키웠다는 높은 평가를 받고 이미 죽었지만, 국가로부터 호명되어 모성영웅으로 추대한 것이다. 북한은 자식을 영웅으로 키워 어머니의 본분을 다했기에 모성영웅이 될 수 있었던 것이라며, 이는 국가가 은공을 베풀어 준 것이라고 강조한다. 영웅의 뒤에는 훌륭한 어머니가 있고 훌륭한 어머니 뒤에는 위대한 스승, 위대한 영도자가 있다는 것이 북한이 주장하는 모성영웅의 담론인 것이다. 여기에 항일 시기 마동희 영웅의 어머니 장길부를 다시 호명하며 따라배울 것을 촉구한다. 국가적 복지제도가 무너진 상황에서 선군시대 어머니에게 아이를 많이 낳아 영웅으로 키워 영웅의 어머니가 될 것을 촉구한 것을 보면 북한정권의 절박함을 느낄 수 있다. 북한은 가장 위대한 영웅으로 김일성을 내세우고, 영웅의 기원을 김일성이 이끌었던 항일무장투쟁 시기의 전사로 규정하고 있다. 이를 통해 모성영웅의 기원 또한 항일전사 마동희 영웅의 어머니 장길부라고 할 수 있다.

---

59) 「조선녀성」, 1998년 제5호, p. 28.

(2) 다산모

북한은 모성영웅을 "아이를 많이 낳아 훌륭히 키운 어머니들에게 안겨지는 우리 당과 국가의 크나큰 혜택"이라고 규정한다. 김정일은 "아이를 많이 낳아 키우는 것을 장려하기 위하여 모성영웅 제도 같은 것을 내오는 것이 좋을 것"같다며 2차 어머니대회를 개최하고 모성영웅을 불러 사례를 공유하였다.[60] 제2차 어머니대회의 대표적 모성영웅은 8남매를 군인 가정으로 양육한 김광주 모성영웅, 14명의 자식을 낳아 키운 자강도의 김시녀, 8남매를 훌륭하게 키운 은율군의 박온전이다. 그런데 이들은 자식을 많이 낳아 키웠을 뿐 아니라 자식 대부분을 군대에 보냈다는 공통점을 갖는다. 대회에 참가한 한 여성은 "옛날에는 무자식이 상팔자라고 하였는데 오늘은 아이를 많이 낳았다고 모성영웅으로 내세워 주고 있으니 세상이 참 좋은 세상"이라고 칭송한다.[61] 식민지 시절 착취와 억압 속에 있을 때는 자식의 출생이 기쁨이 아닌 불행이었지만 지금은 국가가 아이들을 도맡아 키워주고 있어 어머니의 처지가 달라졌다며, 북한당국의 정당성을 옹호하고 있다. 제3차 어머니대회에서는 "선군시대 어머니들의 애국심은 아이를 많이 낳아 잘 키우는 데서 발휘"한다고 강조한다.[62] 대회에서 사례를 발표한 대표적인 모성영웅으로는 자녀를 많이 낳아 키운 주춘옥, 정남숙, 리옥렬, 강숙기가 있다. 제4차 어머니대회에서도 "어머니들이 아들딸들을 많이 낳고 훌륭히 키우는 것은 애국사업"이라고 강조한다. 김정은은 자식을 많이 낳아 키운 어머니를 모성영웅으로 내세우고 어머니들이 자식을 많이 낳

---

60) 「조선녀성」, 1999년 제1호, p. 31.

61) 「조선녀성」, 1999년 제1호, p. 31.

62) 어린이들의 첫째가는 교양자로서 어머니는 자녀교양에 힘써 충성동이, 효자동이로 키워 자녀를 영웅, 인재가 되게 하여야 한다. 「로동신문」, 2005년 11월 22일.

아 주체혁명 위업의 계승자로 키우라고 요구한다.[63] 4차 대회에서 사례를 발표한 대표적 모성영웅에는 도지복, 박옥단, 이종순이 있다.

북한은 세 쌍둥이를 낳으면 나라가 흥할 징조라고 상을 주고 있으며, 평양산원을 건설해 여성과 아이들의 건강을 보살펴준다고 자랑한다. 국가의 복지제도를 칭송하고 북한식 사회주의체제의 우수성을 역설한 것이다. 이것은 국가가 자녀를 많이 낳을 것을 장려했고 그런 어머니를 영웅으로 세워준 국가의 배려에 대한 자랑이다. 어머니는 자식을 낳았을 뿐인데 키우는 것은 국가라고 선전한 것이다. 이는 인구 감소와 출산 회피에 따른 노동력과 군인 충원을 위해 모성영웅을 제도화한 국가의 정책을 선전해서 모성영웅 제도에 대한 국가의 필요를 숨기는 것으로 해석할 수 있다. 김정일, 김정은 시기에 세 차례의 어머니대회를 열어 적극적으로 출산을 장려하고 모성영웅 칭호를 주었지만, 1950년대와 같은 인구 증가로 나타나지 않고 있다. 이에 북한당국은 "자식을 많이 낳아 훌륭히 키우는 것은 여성들이 조국과 민족 앞에 지닌 본분이며 애국사업"이라고 지속적으로 강조한다. 또한 "힘이 든다고 자식을 적게 낳거나 낳지 않는 것은 애국심이 없는 것"으로 지적한다.[64] 한국전쟁과 천리마 시대에도 어머니가 아이를 많이 낳고 훌륭히 키워 조국 앞에 내세웠듯이 선군시대에도 전 시대의 어머니처럼 애국심을 갖고 아이를 많이 낳을 것을 재차 촉구한 것이다.

(3) 자녀를 군인과 군인의 아내로 양육한 어머니

총체적 위기를 극복하기 위해 선군정치를 펼치기 시작한 북한은 '온 인민이 영웅적으로 살며 투쟁할 것'을 강력하게 촉구한다. 김정일은

---

63) 「로동신문」, 2012년 11월 16일.
64) 「조선녀성」, 2000년 제9호, p. 40.

"우리 인민은 조국을 위하여, 주체혁명위업을 위하여 영웅적으로 투쟁하여온 자랑스러운 전통"을 가지고 있다며 영웅 조선에 맞는 영웅 인민이 되라고 요구한다.[65] 그리고 한국전쟁 시기 영웅으로 극적인 저항 담속에 죽어간 안영애와 조옥희 영웅을 다시 호명한다. 전쟁영웅처럼 자식을 군대에 보내 "전사 영웅, 육탄 영웅, 총대 영웅"으로 키워 '선군시대 모성영웅'이 될 것을 강조한 것이다. 모성영웅에게 국가가 요구한 것은 단지 다자녀 출산만이 아니다. 오히려 국가에 충성하는 군인이나 군인의 아내로 자녀를 양육하는 것이 더 중요했다.[66] 그래서 선군시대 모성영웅은 다자녀를 출산하고 자식의 대부분을 군대에 보낸 어머니였다. 김광주는 이장웅 등 8남매를, 박옥성은 박용철 등 8형제 모두를 군대에 보내 총대 가정의 본보기가 되고 그 어머니들은 모성영웅이 되었다. 위인군의 김시녀는 14명의 자식을, 은률군 박온전도 8명의 자식을 키워 군대에 보내 모성의 참다운 의무를 다하였다고 선전한다.[67]

북한당국은 어머니는 자녀 교양의 첫째가는 교양자이며, 자식을 총성동이 효자동이로 키워야 한다고 끊임없이 교양해 왔다. 선군시대 북한이 요구하는 어머니 역할은 자녀를 많이 낳아 군인으로 키우는 것이다. 한편 영예군인과 결혼하는 일도 선군시대 여성이 해야 할 일이다. 북한 역사 속에서 혁명의 연대기마다 어머니의 헌신과 애국심, 모성애로 선군혁명의 계승자를 키워낸 전통은 선군시대 어머니의 자랑이라고 선전한다. 특히 "고난의 행군 그 어렵던 나날에 손톱이 닳도록 풀뿌리를 캐면서라도 많은 아들딸을 키워 초소에 세운 어머니들"의 헌신을 잊

---

65) 「조선녀성」, 1998년 제5호, pp. 21~22.
66) 안지영, "김정일 시기 이후 북한의 인구재생산과 영화 속 모성담론," p. 43.
67) 「로동신문」, 2017년 11월 16일.

지 말자고 강조한다.[68] 선군시대 모성영웅은 자녀를 많이 낳아 군대에 보내거나 군인이나 영예군인의 아내로 키운 어머니임을 알 수 있다. 제4차 어머니대회를 앞두고 김정은 정권은 지극한 모성애로 아들딸을 많이 낳아 훌륭히 키운 7명의 여성에게 노력영웅 칭호를 수여하여 모성영웅의 대열에 합류시켰다.

(4) 입양을 실천한 사회주의 대가정의 어머니

모성영웅의 절정은 고아를 입양해서 친자식처럼 키워 군대에 보낸 어머니이다. 심각한 경제난으로 아사자가 대량 발생하며 많은 고아가 생겼지만, 배급제를 비롯한 국가 복지제도는 무너졌다. 이런 상황에서 북한은 '사회주의 대가정' 담론으로 여성에게 국가의 역할까지 책임 지웠다. 김정일은 "우리 사회에서 사람의 가치는 권세나 돈에 의해서가 아니라 누가 인민을 위하여 유익한 일을 더 많이 하는가 하는 데 따라 평가됩니다. 인민을 위하여 더 많은 일을 하고 더 공로를 세운 사람이 영웅도 되고 사회적으로 더 존경"을 받는다며 선군시대 영웅의 조건으로 내세운다.[69] 그러면서 "사회의 모든 성원들이 서로 믿고 사랑하고 도우면서 화목한 대가정을 이루고 다 같이 삶의 보람과 행복을 누리는 것이 우리 사회의 참모습"이라며 '사회주의 대가정'을 만드는데 여성과 어머니들이 앞장설 것을 요구하였다.[70] 많은 수의 고아를 데려다 키우는 집을 "대 가정집"으로 부르며 그들의 모범을 따라 배우도록 하고 있다.

김정일 시기 대표적인 모성영웅 서혜숙은 고난의 행군 시기 나라의 부담을 덜어주려는 생각으로 고아 33명을 스스로 맡아서 키웠다고 한

---

68) 「로동신문」, 2012년 11월 16일.
69) 「로동신문」, 2004년 12월 8일.
70) 「로동신문」, 2004년 12월 5일.

다. 그들 중 15명을 군대에 보낸 공로로 2004년 노력영웅, 선군시대의 모성영웅, 공산주의 미풍을 실현한 전형으로 주목을 받았다. 그녀는 후대를 조국과 인민 앞에 훌륭히 키우려는 마음으로 한 자식의 어머니가 아닌 33명 고아의 어머니가 되는 길을 선택했다고 고백한다.[71] 고아원 원장 리희순은 고아 170명을 데려다 키워 선군시대가 낳은 또 한 명의 모성영웅이 되었다. 큰 아들은 군인으로, 큰 딸은 영예군인의 아내로 키웠다. 나머지 아이들도 군인영웅으로 키우는 것을 소원하고 있다고 노동신문은 선전한다.[72]

북한은 조국과 인민, 사회와 집단을 위하여 헌신하는 훌륭한 애국자로 서혜숙 영웅을 따라 배우자며, '선군시대가 자랑하는 모성영웅 서혜숙 동무'라고 대대적으로 선전하고 있다. 김정일은 "사회가 제대로 움직여나가자면 인구의 절반을 차지하는 여성들이 자기의 역할을 원만히 하여야" 한다고 지적한다.[73] 이에 여성동맹은 서혜숙, 이희순, 함정주, 김연화, 김봉녀, 김영심, 서경실, 김금녀 등을 '선군시대 모성영웅'의 모범사례로 내세우고 모범 따라 배우기 운동을 벌여나갔다.[74] 모성영웅처럼 살자는 여성동맹의 교양사업 결과 많은 여성이 선군시대 모성영웅에 자신을 비추어보며 선군시대 인간은 바로 저렇게 살아야 한다

---

71) 서혜숙은 아이들을 선군시대 충신으로 키우기 위해 대성산혁명열사릉과 백두산 지구 등에 데리고 다니며 교육한다. 그리고 아이들의 이름 가운데 글자를 합치면 '일편단심 충성다하리라, 조국통일, 영웅동, 총폭단'이 되게 개명하고 아이들과 함께 인민군대 원호사업을 벌여 나갔다. 이러한 어머니의 교양을 통해 아이들은 총대의 소중함을 간직하고 군인이 되기를 희망했다고 한다. 「로동신문」, 2004년 11월 13일.

72) 「로동신문」, 2005년 1월 11일.

73) 「로동신문」, 2004년 12월 26일.

74) 「로동신문」에 실린 '선군시대가 자랑하는 모성영웅'에 대한 독보와 실효모임, 실효연단을 조직하고 교양사업을 진행하였다. '서혜숙과 나'라는 제목으로 모임을 조직하고 모든 여성들이 조국이 준 의무를 다하여 선군시대 참된 어머니가 될 것을 결의하도록 조직사업을 전개하였다.

는 것을 깨닫고 있음을 노동신문을 통해 선전하고 있다. 더 나아가 고난의 행군 시기 수령이 진 짐을 덜어보려는 마음으로 고아의 어머니가 될 것을 결심하였다고 선전하고 있다.

김정은 정권은 2012년 '제4차 전국어머니대회'를 열고 새롭게 '어머니날'을 제정하였다. 어려웠던 고난의 행군 시기 사회와 집단을 위해 모든 것을 바친 어머니들의 헌신을 잊지 않고 있다며, 병사의 친누이, 친어머니가 되어준 여성과 돌 볼 사람이 없는 노인을 맡아준 여성이 선군시대 어머니의 참모습이라고 치켜세우고 있다. 김정은 시기 대표적 모성영웅은 '처녀 어머니' 장정화이다. 김정은은 "20살 꽃나이에 7명의 부모 없는 아이들을 친 혈육의 정으로 애지중지 키우고 있는 처녀 어머니의 소행은 만 사람을 감동시키는 훌륭한 미덕"이라고 칭송한다.[75] 북한에서 미혼여성이 고아를 입양하여 키우는 것은 전쟁으로 인해 고아가 많이 생겼던 1950년대부터 꾸준히 나타났다. 이 현상은 고난의 행군을 지나면서 1990년대 중반부터 본격적으로 나타났다. 전쟁고아가 아닌 노동자 부부가 병이나 과로사로 인해 그 자녀들이 고아가 되고 주변 동료들이 그들을 입양하는 것은 당시 식량사정이나 노동환경이 매우 열악했음을 짐작하게 한다.[76]

2) 북한 '모성 영웅'의 의미

북한은 인구 감소로 인한 사회경제적 문제를 여성들의 출산력 강화로 극복하기 위해 모성영웅 칭호를 제도화하였다. 더 나아가 여성들에게 가족과 자녀의 돌봄뿐만 아니라 사회복지제도의 쇠퇴로 중단된 사

---

75) 류선학, 『처녀 어머니』(평양: 금성청년출판사, 2016), p. 1.
76) 안지영, "김정일 시기 이후 북한의 인구재생산과 영화 속 모성담론," p. 70.

회적 취약계층에 대한 돌봄까지 수행하도록 하고 있다. 이는 확대된 여성의 모성에 기대어, 노동력의 생산뿐 아니라 인구재생산의 위기를 극복하고자 하는 북한당국의 통치전략이다. 사회 전반의 위기를 극복하고 1990년대 이후 발생한 국가제도의 빈틈을 '모성영웅'을 통해 메우려는 전략이다. 이것은 영웅을 앞세워 국가의 위기를 극복하고자 하는 여성영웅 정치로 볼 수 있다.

'모성영웅'을 등장시켜 모든 여성에게 교육하고 있는 북한당국의 의도는 여성의 역할 중 '모성'을 절대시하고 있음을 드러낸다. 최고지도자를 믿고 어떠한 고난과 역경이 펼쳐져도 헤쳐 나가는 '굳센 어머니'를 요구하는 것이다. 이러한 당국의 요구에 따라 '어머니의 행복'은 훌륭히 키운 자식을 통해서만 얻을 수 있는 것으로 규정하고, 여성에게 사회적 어려움과 함께 육아에 대한 책임이 지워지는 결과로 나타나고 있다. 모성영웅의 첫 번째 유형으로 '영웅의 어머니'를 내세운 것은 여성의 역할로 모성을 강조하고 있음을 의미한다. 두 번째 유형으로 '다자녀 출산'의 어머니를 내세우는 것도 재생산 담당자로서 여성의 역할을 강제하고 있음을 의미한다. 북한당국은 정권 초기부터 여러 가지 민주적 개혁을 통해 남녀평등이 실현되었다고 홍보하면서 여성의 혁신적 노동자의 삶을 주장하였다. 하지만 저출산의 위기에서 모성영웅을 통해 여성의 재생산 담당자로서의 역할을 강조한 것은 모성을 여성의 우선적 역할로 간주하는 북한당국의 젠더 위계적 성별 분업 구조를 드러낸 것이다.

김정일 시기에 이어 김정은 정권도 탈냉전 시대에 고립의 길을 고집하면서 체제와 정권을 유지하기 위해 선군에 의지하고 있다. 군대를 통해 체제를 유지하려는 선군시대에는 더 많은 군인이 필요하다. 이에 세 번째 모성영웅의 유형인 '자녀를 국가에 충성하는 군인, 군인의 아내로 양육'하는 모성 역할이 요구된 것으로 보인다. 단지 자녀를 많이 출산하는 어머니를 넘어서 그 자식을 잘 키워서 수령을 결사옹위하는 군인으로 바치라는 것이다. 이것이 바로 선군시대 여성이 지녀야 할 애국심이다. 이제 여성과 어머니들이 시장화를 통해 직접 생계를 책임지면서 고난의 행군 시기보다 인민의 생활은 향상됐지만, 북한경제는 여전히 어렵다. 북한이 그토록 자랑하던 사회안전망인 국가 복지제도는 많이 후퇴하였다. 이런 상황에서 네 번째 유형인 '사회주의 대가정의 어머니'를 요구하는 것은 국가 복지영역으로 여성의 역할을 확대시키고 있음을 의미한다.

북한은 지금까지 네 차례의 어머니대회를 열고 일관되게 어머니 역할과 노동자(투사) 역할을 강조해 왔다. 이것은 여성에게 생산과 재생산 영역의 역할을 동시에 요구해온 것이다. 대회마다 '공산주의 어머니'에서 '혁명적 건설자 어머니'로 다시 '주체의 어머니'와 '선군 어머니'라고 표현하였지만, 결국 '혁명적 현모양처'를 추구한 것이다. 어머니대회는 그 시대의 대내외적 위기를 극복하고 국면을 전환하기 위해 열린 어머니들의 사회, 정치적 모임이다. 대회에 참가한 어떤 여성은 이렇게 말했다. "저는 어머니대회에 참가하여 어머니란 그 부름이 한가정의 울타리를 벗어나 조국과 인민과 결부될 때 가장 빛나는 것으로 된다는 진리를 깨달았습니다."[77] 이런 고백처럼 여성의 출산과 자녀 양육의 문제를 국가적 차원에서 규정하고 의미화한 것이다. 북한이 담론화하고 있는 '참된 모성'은 자녀를 공산주의자로, 충성동이와 효자동이로, 총폭탄 용사로, 총대 병사와 선군혁명의 기둥감으로 키우는 것을 의미한다. 자녀를 수령에 충성을 다하는 군인으로 키울 것을 강조하고

---

77) 「로동신문」, 1998년 9월 26일.

있는 것은 선군시대 자녀양육의 목표가 군인을 양성하는 것임을 뜻한다.[78] 이는 여성에게 출산, 양육의 책임을 강조해온 북한의 모성담론이 '모성영웅'의 등장으로 강화되었음을 의미한다.

모성영웅은 출산을 많이 한 어머니에게 부여하는 칭호이다. 식량난과 배급제 붕괴, 사회보장제도의 축소, 그로 인한 가족 생계의 책임이 가족, 어머니에게 주어진 상황과 사경제 활동이 확산 등으로 어머니들의 출산율이 낮아졌기 때문이다. 그런데 낮아진 출산율을 높이기 위해 실시한 '모성영웅'을 통해 북한당국이 추구했던 모성담론은 시대에 역행해 전통적인 여성성을 재강화하는 것으로 볼 수 있다. 북한에서는 인구변동에 따라 출산정책을 변화시켜가며 실행하고 있다. 1950년대 한국전쟁으로 인구가 감소된 시기에는 출산장려정책을, 1970년~1980년대 저성장 시대에는 출산억제정책을 실시했다. 1990년대 중반부터는 사망률 증가와 출산율 감소, 탈북이주자의 증가 등으로 인구가 감소하면서 출산장려정책을 실시하고 있다. 이는 성별 분업과 위계 논리에 의해 여성에게만 출산과 양육이라는 재생산 담당자로서의 헌신과 희생을 강요하고 있음을 의미한다.

선군시대에 '모성영웅' 제도를 만들어 전통적인 모성담론을 강화하고 있는 것은 여성에게 국가의 책임을 전가시키고 그것의 정당성을 해명하려는 의도로 해석할 수 있다. 모성영웅의 모범을 확산하는 것은 경제난으로 조직에서 이탈된 여성을 재결속 시키고, 거기에다 교양적인 내용과 함께 그렇게 해야 할 당위성으로 체제의 우월성까지 입증해야 했기 때문이다. 그동안 북한은 무료교육, 무료의료를 자랑하며 아이를 많이 낳는 것은 여성의 몫이지만 키우는 것은 국가임을 강조하였다. 하지

---

78) 조영주, "북한의 시장화와 젠더정치," 『북한연구학회보』, 제18권 2호 (2015), p. 107.

만 경제난 이후 배급제가 후퇴하고, 무료교육 및 무료의료 제도가 제대로 이뤄지지 못하는 상황에서 아이를 많이 낳을 것을 촉구하는 것은 그 부담이 오로지 여성과 어머니에게 전가하는 것에 불과하다. 그러면서 국가적 책임의 전가를 정당화하기 위해 경제적 보상이 아니라 '모성영웅' 칭호라는 정치도덕적 보상을 대신 선사하고 있는 것으로 보인다.

모성영웅을 배출하고 여성에게 따라 배울 것을 강요하는 것은 결국 여성인력을 시기별 사회의 요구에 따라 동원하기 위한 북한당국의 젠더정책이다. 그것도 위계적 질서를 통해서 말이다. 선군시대 남성은 국가보위를 담당한다. 반면 여성은 재생산과 자녀양육이라는 일상생활을 담당한다. 이러한 남녀 위계적 젠더정책을 통해 북한사회의 젠더역할과 젠더질서는 유지되고 있는 것이다. 임신, 출산, 양육 등 모성을 여성의 의무로 간주하고 이를 지속적으로 강요해온 모성담론은 북한 역사에서 가장 어려웠던 선군시대를 맞아 모성영웅으로 표출된 것이다. 여기에 경제난으로 배급체계가 쇠퇴하고 각종 복지체계가 축소되면서 국가가 담당했던 고아와 영예군인, 부양가족 없는 노인, 군인의 원호사업에 이르기까지 사회적 모성이라는 이름으로 희생을 강요하고 있다. 이것은 북한여성이 남성과 동등하게 공식, 비공식 생산에 참여하면서도 전통적인 성별분업에 의해 재생산 영역을 담당하며 이중, 삼중의 역할을 하고 있음을 의미한다. 이렇게 국가 통치권력과 가부장제의 이중적 지배로 구성된 북한여성의 정체성은 희생과 헌신이라는 이중부담으로 상징되고 있다.

5. 결론

이 글은 북한 혁명과 건설의 주체인 여성에 관한 연구의 필요성과 여성의 모범인 여성영웅에 관한 궁금증에서 출발하였다. 북한 역사에서 오직 여성에게만 주어진 '모성영웅'의 탄생 배경과 유형, 그리고 그 의미를 분석하여 모성영웅 담론이 북한사회에 어떻게 작용하는지『조선녀성』과『로동신문』을 통해 고찰하였다.

먼저 '선군시대 모성영웅'이 탄생했던 배경은 다음과 같다. 첫째, 북한사회는 이미 남녀평등이 완성되었다고 강조하면서도 사실은 여성의 가장 중요한 역할을 모성이라고 강조해 왔던 담론에 따라 모성영웅을 탄생시켰다. 둘째, 경제난으로 아사자가 대량 발생하고 경제적 어려움으로 여성들이 출산을 기피하자 인구 증가를 위해 여성들에게 재생산 역할을 강요하기 위해 모성영웅 칭호를 부여했다. 셋째, 동유럽 사회주의체제 붕괴 등으로 체제 유지가 어렵게 되자 군대로 정권을 유지하기 위해 자녀를 군인으로 양육할 것을 권장하였다. 마지막으로 무너진 국가 복지제도의 역할을 여성에게 전가하기 위해 모성영웅 칭호를 여성에게 부여한 것이다.

이러한 배경으로 등장한 모성영웅의 유형은 네 가지로 분류할 수 있다. 자녀를 영웅으로 키운 '영웅의 어머니'로 출발해서 급격히 줄어든 인구 감소 문제를 해소하기 위해 자녀를 많이 낳은 '다산모'가 추가되었다. 더 나아가 많이 낳은 자녀를 훌륭히 키워 국가가 필요로 하는 '군인과 군인의 아내로 양육한 어머니'로 진화하였다. 마지막 유형은 국가의 역할을 대신하여 고아를 입양하여 키우는 '사회주의 대가정의 어머니'로 확대되었다. 그러나 북한당국은 국가의 필요에 의해 모성영웅 칭호를 만든 것을 뒤로 숨기고 있다. 오히려 고난의 시기 자식을 많이 낳고 나라의 역군으로 키워가는 여성을 위해 '모성영웅' 칭호를 내리는 것을 수령의 온정적 조치라고 강조하고 있다. 이는 국가를 대신해 '사회주의 대가정'을 이루는데 여성이 앞장서 희생하고 헌신하라며 이중삼중의 역할을 강요한 것이다.

북한은 정권 초기부터 다양한 민주개혁 실시로 남녀평등이 실현되었다고 주장해왔다. '노동자(투사)와 어머니' 역할을 동시에 요구하며 시기마다 국가의 필요에 따라 여성을 동원하는 담론으로 활용해왔다. 북한여성은 한국전쟁 당시 생산현장의 노력동원과 전선의 영웅으로서 인민이 되어갔다. 해방 직후 인민민주주의 정권이 준 남성과 동등한 권리에 대한 보답으로 전투현장과 생산현장에서 영웅적으로 행동할 것을 요구받은 것이다. 전쟁 이후에는 무권리와 천대 속에 살던 여성이 '주인'의 위치에서 권리를 누리게 된 것은 수령 덕분이라며, 여성에게 그 은혜에 보답하기 위해 의무를 다하라고 촉구한다.[79] 이런 맥락에서 사회주의 건설 시기에는 많은 여성 노력영웅이, 1970~1980년대에는 백설희 같은 숨은 영웅이 등장했다. 고난의 행군 이후 북한당국은 체제의 심각성을 반영하여 한국전쟁 영웅인 조옥희와 안영애를 호출하고 체제를 유지하는데 적극 활용하였다. 더 나아가 모성영웅을 새롭게 등장시키고, 김정숙과 함께 일반여성 영웅을 내세운다. 김정숙이 창조한 수령 결사옹위 정신을 본받아 북한여성이 투사와 영웅이 되거나 어머니로서 자녀를 양육하여 수령을 결사옹위하는 군인으로 바치는 모성영웅이 되라고 요구한 것이다.

북한이 '모성영웅'을 등장시켜 여성들에게 따라 배우라고 촉구한 것은 북한 젠더정치에 의한 젠더 차별적 정책임을 함의한다. 북한이 영웅

---

79) 김석향, "조선녀성에 나타나는 남녀평등과 성 차별 및 여성의 권리의식 연구," 『여성과 역사』, 제3권 3호 (2005), p. 46.

의 모범과 대중운동을 통해 대중을 동원하는 데 있어서 남성과 여성의 성별 분업에 의한 전통적 역할 속에서 위계를 보다 강화하는 젠더정치를 펼치고 있는 것이다. 남성은 공적인 영역에 존재하는 반면, 여성은 자녀 출산과 양육이라는 사적인 영역에 가두는 엄격한 젠더 분리 위에서 작동하고 있는 것이다. 더불어 북한여성은 혁신적 노동자로서 노력영웅, 숨은 영웅이 되어 공식적 생산영역에 참여하고, 시장이라는 비공식 생산현장을 통해 가족의 생계를 책임지고 있다. 동시에 전통적 성별 분업에 따라 혁명적 어머니로서 모성영웅이 되어 출산, 양육이라는 재생산의 영역까지 이중의 역할을 담당하고 있다. 그리고 경제난이라는 국가가 처한 어려움을 해결하기 위해 사회적 모성의 역할까지 삼중의 헌신을 강요당하고 있다. 북한당국은 이런 여성들의 이중·삼중의 희생에 대해 모성영웅 칭호라는 정치도덕적 보상을 주고 있다. 모성영웅을 전체 북한 여성에게 확산시키기 위해 어머니대회 등을 열어 선전·교양하고 있다.

북한 역사에서 여성의 이중·삼중의 노력에도 불구하고 이에 상응하는 여성의 사회적 지위는 보장되지 않았다. 오히려 권리보다 의무가 강조되면서 인민정권 초기의 권리보다 후퇴하였다. 어쩌면 여성 스스로 여성해방을 위한 운동이 부재한 상황에서 이루어진 북한 정권 수립과 남녀평등 권리는 국가에 의해 주어진 측면이 강하다. 하지만 지금까지 북한여성의 영웅적 삶은 국가로부터 주어진 권리가 아니라, 자신의 희생과 노력의 결과로 획득한 권리로 만들어 나가는 과정으로 역사 주체로서의 삶으로 해석할 수도 있다. 경제난 이후 국가와 남성을 대신해 시장에서 가족의 생계를 책임지고 체제를 유지하고 있는 북한여성 모두가 진정한 영웅이고 역사의 주체이지 않을까.

이 글에서는 모성영웅을 중심으로 시대별 여성영웅을 살펴보고, 모성영웅의 유형을 분석하고 그 의미를 고찰하였다. 이는 북한 여성영웅 연구가 미비한 상황에서 앞으로 북한 여성영웅 연구의 영역을 확장했다고 볼 수 있다. 모성영웅을 통해 북한이 추구하는 여성담론, 모성담론을 분석한 것은 북한여성 연구의 영역을 넓히는데 기여했다고 여겨진다. 앞으로 북한사회의 주체인 여성영웅에 관한 연구를 심도 있게 발전시켜 나가기를 바란다. 더 나아가 시대별 여성영웅의 비교, 타 사회주의 국가 여성영웅과의 비교 연구 등을 통해 북한 여성영웅의 현 위치를 체계적으로 모색하는 것이 필요하다고 판단된다.

참고문헌

1. 국문단행본

박경숙. 『북한사회와 굴절된 근대: 인구, 국가, 주민의 삶』. 서울: 서울대학교출판문화원, 2013.

스즈키 마사유키, 유영구 옮김. 『김정일과 수령제 사회주의』. 서울: 중앙일보사, 1994.

윤미량. 『북한의 여성정책』. 서울: 한울, 1991.

조정아·이지순·이희영. 『북한 여성의 일상생활과 젠더정치』. 서울: 통일연구원, 2019.

차문석. "레이펑, 길확실 마오쩌둥·김정일 체제가 만들어낸 영웅들." 권형진·이종훈 엮음. 『대중독재의 영웅 만들기』. 서울: 휴머니스트, 2005.

한국여성연구원 엮음. 『통일과 여성: 북한여성의 삶』. 서울: 이화여대 출판부, 2001.

2. 국문논문

강채연. "북한 여성노동력의 경제적 의미와 인권: 사회적 참여정책과 영향을 중심으로." 『아시아여성연구』, 제59권 2호 (2020), pp. 7~45.

곽수진. "북한 여성의 출산 경험 연구." 북한대학원대학교 석사학위논문, 2013.

김경희·강은애·손명아. "김정은 집권 이후 북한의 국가가부장제의 재생산에 관한 연구." 『아시아여성연구』, 제55권 1호 (2016), pp. 131~164.

김석향. "조선녀성에 나타나는 남녀평등과 성 차별 및 여성의 권리의식 연구." 『여성과 역사』, 제12권 (2005), pp. 169~209.

김석향·권혜진. "고난의 행군기 이후 북한당국의 여성담론 분석." 『통일정책연구』, 제18권 2호 (2009), pp. 153~185.

김양희. "김정일 시대 북한의 식량정치 연구." 동국대학교 북한학과 박사학위논문, 2013.

김은정. "북한의 영웅서사, 60년의 간극: 조옥희를 중심으로." 『민족문학사연구』,

제60권 (2016), pp. 475~501.

김차준. "김정일 시대 영웅의 특성." 북한대학원대학교 석사학위논문, 2009.

문장순. "북한 조선여성동맹의 역할 변화와 그 요인."『평화학연구』, 제11권 1호 (2010), pp. 127~146.

박민주. "북한 과학기술 분야 지식구성 과정에 나타난 성불평등 현상 연구." 이화여자대학교 북한학과 박사학위논문, 2019.

박영자. "북한의 남녀평등 정책의 형성과 굴절(1945~70): 북한여성의 정치사회적 지위 변화를 중심으로."『아시아여성연구』, 제43권 2호 (2004), pp. 297~330.

_____. "북한의 여성 정치: 혁신자 노동자−혁명적 어머니로의 재구성."『사회과학연구』, 제13권 1호 (2005), pp. 356~389.

송현진. "북한의 영웅정치 연구." 이화여자대학교 북한학과 박사학위논문, 2019.

안지영. "김정일 시기 이후 북한의 인구재생산과 영화 속 모성담론."『여성연구』, 제88권 1호 (2015), pp. 43~81.

이미경. "북한의 모성이데올로기−『조선녀성』의 내용분석을 중심으로."『한국정치외교사논총』, 제26권 1호 (2004), pp. 389~419.

조영주. "북한의 시장화와 젠더정치."『북한연구학회보』, 제18권 2호 (2015), pp. 95~122.

차문석. "북한의 노동영웅에 대한 연구: 영웅 탄생의 정치 경제적 메커니즘."『사회과학연구』, 제12권 1호 (2004), pp. 170~204.

3. 북한문헌

김일성. "자녀교양에서 어머니들의 임무(1961.11.16)."『김일성저작선집 3』, 평양: 조선로동당출판사, 1975.

김정은.『백두의 혁명정신으로 체육강국건설에서 새로운 전성기를 열어나가자 (2015.3.25)』. 평양: 조선로동당출판사, 2015.

_____.『온 사회의 김일성−김정일주의화의 기치따라 녀성동맹사업을 더욱 강화하자 (2016.11.17)』. 평양: 조선로동당출판사, 2017.

김정일. "우리 시대의 영웅은 당과 수령에게 끝없이 충실한 참된 인간의 전형이다(1985.6.15)."『김정일선집 11』. 평양: 조선로동당출판사, 2009.

류선학.『처녀 어머니』. 평양: 금성청년출판사, 2016.

리혜숙. "위대한 령도자 김정일동지의 현명한 령도밑에 고난의 행군과 강행군 시기 발휘된 우리 시대 영웅들의 충성의 위훈."『력사과학』, 2001년 제2호, 평양: 과학백과사전출판사, (2001).

「로동신문」. 1998년 9월 26일.

「로동신문」. 2004년 11월 13일.

「로동신문」. 2004년 12월 5일.

「로동신문」. 2004년 12월 8일.

「로동신문」. 2004년 12월 26일.

「로동신문」. 2005년 1월 11일.

「로동신문」. 2005년 11월 22일.

「로동신문」. 2012년 11월 16일.

「로동신문」. 2013년 1월 20일.

「로동신문」. 2013년 2월 23일.

「로동신문」. 2013년 2월 25일.

「로동신문」. 2013년 5월 8일.

「로동신문」. 2013년 8월 1일.

「로동신문」. 2014년 10월 5일.

「로동신문」. 2014년 12월 6일.

「로동신문」. 2015년 5월 30일.

「로동신문」. 2015년 7월 31일.

「로동신문」. 2017년 11월 16일.

「로동신문」. 2019년 5월 10일.

「로동신문」. 2019년 7월 25일.

「로동신문」. 2019년 7월 30일.

「로동신문」. 2019년 8월 20일.

「조선녀성」. 1967년 제7호.

「조선녀성」. 1993년 제4호.

「조선녀성」. 1993년 제5호.

「조선녀성」. 1998년 제5호.

「조선녀성」. 1999년 제1호.

「조선녀성」. 2000년 제9호.

「조선녀성」. 2014년 제11호.

『조선중앙년감 2013』. 평양: 조선중앙통신사, 2013.

『조선중앙년감 2014』. 평양: 조선중앙통신사, 2014.

『조선중앙년감 2015』. 평양: 조선중앙통신사, 2015.

「조선중앙방송」. 2002년 3월 18일.

제2장

김여정의 대남-대미 담화를 중심으로 본 동기 이미지와 리더십

김 엘 렌

1. 서론

국내외 정치에서 벌어지는 일련의 현상들에 대해 분석하는 일은 중요한 일이며 동시에 어려운 작업이다. 2020년 3월 3일 시작된 김여정 제1부부장의 담화문 정치는 11월 현재 총 6차례에 걸쳐 이루어졌다. 이 중 대남부문에 관한 담화가 4건 대미부문에 관한 담화가 2건이다. 특히, 6월 4일 대북 전단을 살포하는 탈북민을 비난한 김여정의 대남 담화 정치[1]는 인권과 연동한 이슈로 남남 갈등을 일으키기도 했다. 결국 김여정 제1부부장 담화문을 단초로 6월 16일 남북 교류의 상징이었던 개성공단 내 남북공동연락사무소 청사는 폭파되었고 남북갈등은 정점을 찍게 된다.

---

[1] 노동신문에 김여정 조선로동당 중앙위원회 제1부부장 명의로 남조선당국의 묵인 하에 〈탈북자〉쓰레기들이 반공화국적대행위 감행한다고 언급하며 "스스로 화를 청하지 말라"라는 담화문을 발표하였다.

이와 관련하여 북한 통일전선부 대변인은 2020년 6월 5일 김여정에 대하여 대남사업을 총괄하는 제1부부장이라고 밝히며 통일전선부에 '지시'[2]를 내렸다고 밝힌 바 있다. 북한의 관영 매체에서 김정은 위원장 이외의 인물에 대하여 '지시'라는 표현을 쓴 건 전례가 없는 일이다. 장금철 통일전선부장이 존재하는 구조에서 대남사업을 총괄하는 통일전선부가 그를 뛰어넘어 김여정을 '사업총괄'이라고 표현한 것은 김정은 위원장이 그에게 자신의 역할 분담의 권한을 공식화한 것으로 풀이되는 대목이다.[3] 특히, 김여정 담화가 노동신문 2면 머리기사로 실린 점은 유의미성이 있다. 김정은 위원장의 실질적인 대변인인 동시에 대남관계에 있어 권한을 위임받은 리더의 위상을 노동신문을 통해 공식화한 셈이기 때문이다. 일반적으로 북한의 고위급 인사의 대남 발언은 조선중앙통신을 통해 공개해 온 점을 감안한다면[4] 김정은 위원장이 김여정 제1부부장에게 의도적으로 무게감 싣기를 하고 있다고 풀이된다.

김여정 제1부부장이 담화정치가 시작한 날은 2020년 3월 3일부터이다. 2020년 3월 2일 북한군이 원산에서 단거리 미사일을 발사한 후 이루어진 청와대의 유감 표명이 단초가 되었다. 3월 22일에는 트럼프 대통령이 김정은 위원장에게 보낸 친서에 관한 김여정 제1부부장의 두

---

2) 북한 통일전선부 대변인은 5일 담화에서 김여정에 대해 "대남사업을 총괄하는 제1부부장"이라며 "김여정 제1부부장이 대남사업 부문에서 담화문에 지적한 내용을 실무적으로 집행하기 위한 검토사업을 착수하는 데 대한 지시를 내렸다"고 밝힌 바 있다. 「중앙일보」, 2020년 6월 8일.

3) 6월 6일 평양에서 열린 '청년학생 항의군중집회'에서는 김여정이 발표한 담화가 낭독되었다. 또한 로동신문은 6일 7일 이틀에 걸쳐 김여정 담화에 대한 각계 각층의 반응에 관하여 자세히 소개한 바 있다. 김정은 위원장은 국내 경제문제에 집중을 하고 김여정 제1부부장은 대남, 대외관계를 맡은 것으로 보인다.

4) 조선중앙통신은 외부공개 매체라면 노동신문은 북한 인민들이 읽는 신문이다. 노동신문에 대북전단살포 관련 김여정 제1부부장의 담화문이 실린 것은 북한 인민들에게 탈북에 관한 경각심 고취, 김여정 제1부부장의 위상을 공식화하고 있는 과정으로 볼 수 있다는 점에서 유의미하다.

번째 담화가 이어졌다. 김여정 제1부부장은 5개월간 6편의 담화문을 발표하며 그의 정치적 권력과 입지를 의도적으로 재확인시켜주고 있다. 김여정 제1부부장이 대남관계와 대외관계에 권한을 가지게 된 가장 큰 이유는 북한의 경제적 상황의 악화로 인해 파생된 문제 때문으로 풀이된다. 김정은 위원장은 노동신문과 조선중앙통신에서 보이는 행보는 전적으로 대내 경제 관계에 힘을 쏟고 있는 것으로 보인다. 하노이 회담 결렬 이후 비핵화, 대북제재 문제가 풀리지 않아 경제적으로 난항을 겪고 있는 와중에 2020년 초 세계적으로 불어닥친 '코로나 19' 여파는 북한 경제에 일어나기 힘든 충격을 준 상태이다. 북한이 중국에서 코로나가 창궐하자 경제적으로 호흡기 역할을 했던 북중 국경까지 자발적으로 봉쇄하는 조치를 단행하였다.[5]

김여정 제1부부장은 탈북자들이 대북 전단을 살포하는 문제에 관하여 탈북자의 행동과 남측 정부를 비난하며 남북관계 단절 위협과 더불어 접경지역의 도발 가능성까지 언급한 바 있다. 6월 4일 김여정 담화에 이어 북측의 통일전선부가 그의 '지시'에 관해 보다 공식화하는 과정을 밟았다. 특히, "개성 북남공동연락 사무소부터 결단코 폐쇄할 것"이라든가 "접경지역에서 남측이 골머리가 아파할 일판을 벌여도 할 말이 없게 될 것"이라는 표현을 통해 김여정 제 1부부장 '지시'에 따른 것이라는 사실을 뒷받침 한 바 있으며 실제로 6월 16일 개성 공단 내 남북공동연락소 청사를 폭파시켰다. 전례없이 김여정 제1부부장의 '지시'를 통해 과격한 행태를 보이는 북한의 속내는 무엇일까? 김여정 제1부부장이 실질적으로 김정은 위원장과 권한을 나눠 갖는 위치라도 된 것

---

5) 북한은 의료인, 장비, 의약품이 절대적으로 부족한 상태임. 따라서 '코로나 19'가 전국적으로 퍼지게 될 경우 체제 존속의 어려움이 가중될 것을 우려한 조치라고 판단된다.

일까?

김정은 위원장이 집권 이후 처음으로 2020년 4월 15일 태양절 행사에 불참하면서 불거진 김정은 위원장의 건강 이상설은 결과적으로 김여정 제1부부장의 백두혈통의 후계자로서 지위와 역할에 관한 문제에 대해 다양한 층위로부터 관심을 이끌어 내는 계기가 되었다. 2020년 4월 11일 김정은 위원장 주재로 당 정치국회의가 열렸고 4월 12일에는 김정은 위원장이 불참한 가운데 최룡해 상임위원장의 주재로 최고인민회의[6] 제14기 제3차 회의가 연달아 개최되었다. 당 정치국회의에서 최고의 관심 사항은 '코로나 19'사태에 관한 국가대비태세 확립에 대한 것과 향후 북한 경제와 정치 차원의 변화에 관한 것이었다. 여기서 주목할 점은 김여정의 지위와 역할이 '당중앙'의 역할로 확대될 수 있는 가능성[7]에 관한 것이다. 김정은 위원장이 직접 주재한 4월 11일 당정치국회의에서 주요하게 다루어진 것은 '코로나 19' 문제와 간부 및 조직문제였다. 당 정치국회의에서 당 중앙위원회 정치국 위원과 후보위원에 대한 보선이 이루어졌는데 주목할 점은 당 중앙위원회 제1부부장 김여정이 정치국 후보위원에 재보선[8]되었다는 것이다. 김여정의 정치국 후보위원으로 재보선 된 것은 2019년 12월 전원회의에서 조직지도부 제1부부장으로 선임 된 이후 다시 이루어진 인사이기 때문에 앞으로의 김여정 제1부부장의 위상 확대에 관하여 시사해 주는 일이라 볼

---

6) 북한 최고인민회의는 헌법상 국가 최고주권기관이다. 모든 국가기관을 조직하는 권한을 가지고 있다. 그러나 사회주의 특성을 가지고 있는 북한은 당 우위 국가이기 때문에 헌법상 최고주권기관보다 당 정치국회의 주요 결정이 우선시 되는 특성을 가지고 있다.

7) 이승열, "북한 당 정치국 회의와 최고인민회의 제14기 제3차 회의 분석과 시사점," 『이슈와 논점』, 제1707호 (2020).

8) 김여정은 2019년 4월 열린 제7기 제4차 전원회의에서 북미 하노이 회담 결렬 여파로 인해 정치국 후보위원에서 물러난 바 있다.

수 있다. 김정은 위원장이 군부대 시찰 활동을 할 때 그는 거의 매번 동행하면서 백두혈통이라는 상징성[9]과 더불어 최근 담화정치를 통해 실질적인 권력과 권한에 관한 위상 변화를 보이고 있다.

김정은 위원장은 김여정 제1부부장과의 역할 분담을 통해 그의 권한과 위상을 의도적으로 강화시켜주면서 북한 내부 리스크 관리를 하고 있는 것으로 보인다. 이는 과거 김일성이 그의 동생 김영주를 통해 추구했던 목적과 형식, 의도가 다르다는 점에서 유의미한 지도체계 형식으로 보인다. 김여정 제1부부장은 김정은 위원장과 깊은 신뢰와 유대 관계를 기반으로 북-중 정상회담 공식 환영 행사에서 지도자급으로 격상된 위상을 보여 준 바 있다. 특히, 김여정 제1부부장은 지난 3월 청와대를 향한 날을 세웠던 담화 발표 이튿날 이루어진 김정은 위원장의 반전에 가까운 위로는 외교적 효과를 극대화하기 위해 백두혈통의 남매의 상호보완적인 역할을 보여주었다. 또한 청와대를 향한 비판적 담화문을 발표한지 3주만에 이루어 담화에서 김정은 위원장과 트럼프 대통령의 관계 뿐만 아니라 북미 관계에 대해 입장을 표명한 점은 그의 권한이 대남관계를 넘어 대미관계까지 연동되고 있다는 점을 시사한다. 현재 그의 담화는 탈북민의 대북 전단지 살포에 관한 비난을 넘어 남북관계 단절, 접경지역 도발 가능성 그리고 남한 내 대북전단 금지에 관한 법 제정, 남북연락사무소 청사 폭파 지시, 남한의 대통령을 조롱

---

9) 4월 11일 당정치국회의 주재 이후 건강 이상설이 제기된 김정은 위원장이 20일만에 순천인비료공장 준공식 행사에 모습을 드러낼 때 김여정 제1부부장은 바로 옆에 동석하면서 그에 대한 관심이 증폭된 바 있다. 일반적으로 최고지도자가 참석하는 자리에는 서열순으로 주석단에 앉는 관례를 깨고 김여정 제1부부장은 자신보다 당내 공식서열이 높은 김덕훈 당 부위원장보다 상석에 앉았다. 김정은 위원장이 김여정 제1부부장을 자신 옆에 앉도록 한 것은 그가 백두혈통을 넘어 자신의 정치적 동반자이자 실질적인 2인자임을 지속적으로 대내외에 공식화하는 과정을 보여주고 있는 것은 주목할만한 일이다.

하는 수위까지 와 있다. 2018년~2019년 남북관계 형성에 있어 김정은 위원장 옆에서 부드러운 조력자 역할을 했던 그가 왜 이러한 역할을 맡게 된 것일까?

하노이 북미정상회담과 스톡홀름 실무협상이 실질적으로 결렬이 되면서 북미관계는 미궁에 빠지게 되었다. 김정은 위원장은 교착에 빠진 상황을 남측에 대한 노골적인 불만과 책임전가를 김여정 제1부부장의 입을 통해 함으로써 엄중한 인식을 배가시키는 전략을 취했다. 김정은 위원장이 과거에 비해 진일보한 정치와 경제 제도 개혁을 이끌려고 했지만 결국 냉전 시대의 산물인 '벼랑 끝 전술'을 구사하고 있다. '코로나 19' 이후 북한이 경험하고 있는 또 다른 세계가 아이러니하게도 그를 다시 과거로 이끌고 있는 것이다. 이에 따라 모처럼 국제무대에 나와 개혁 가능성과 의지를 보였던 이들 남매가 과거로 회귀하는 카드를 만지지 않게 유도하기 위해서는 무엇이 우선되어야 할까? 연구자 입장에서는 북한의 모든 상황을 효과적으로 대응하기 위해 이들의 리더십에 관한 연구가 필요하다고 여겨진다. 현재 김정은 위원장이 김여정 제1부부장에게 부여한 상호보완적 측면이 존재하는 리더십 체계를 알기 위해서는 김정은 위원장 리더십[10]에 이어 김여정 리더십에 관한 연구가 진행될 필요성이 있다.

이에 따라 본 연구는 지도자의 텍스트 분석 방법 중 하나인 동기이미지분석을 통해 김여정 리더십에 관한 연구를 하고자 한다. 동기이미지분석을 이해하기 위해서 이 분석은 무엇이며 어떠한 중요성을 가지고 있는지에 관해서는 뒤에서 자세히 설명할 것이다.

---

10) 김엘렌 외, 『김정은 체제 변한 것과 변하지 않는 것』 (파주: 한울아카데미, 2018).

2. 김여정 담화문을 통한 동기이미지 분석 필요성

그동안 북한 지도자들에 대한 연구는 비교적 활발히 이루어져 왔다.[11] 그러나 김정은 위원장처럼 의도적으로 김여정 제1부부장에게 역할, 권한에 대해 강화를 시켜주며 리더십의 한쪽의 수레바퀴를 맡긴 경우는 전례가 없는 일이다.[12] 김정은 위원장이 경제부문, 김여정 제1부부장이 대외관계, 대남관계에 관한 역할을 맡기며 협치를 하는 배경에는 여러 가지 상황적 요소들이 존재한다. 김정은 위원장이 실질적으로 대외관계, 대남관계에 관하여 관여를 안하는 것이 아니라 김여정 제1부부장을 통해 자신의 정치를 대변하게 하고 있는 것으로 볼 수 있다. 김여정 제1부부장이 대남관계와 대미관계에 대해 담화정치를 하는 부분은 김정은 위원장과 따로 떨어진 영역이 아니며 그의 전략적 통치선

---

11) 많은 연구자들은 북한최고지도자 리더십에 대하여 예측이 불가능하고 변덕스러운 지도자라는 부분에 방점을 둔 바 있다.

12) 김일성과 그의 동생 김영주의 관계는 다음과 같이 정리가능하다. 북한에서도 지금의 김여정 제1부부장처럼 후계자 문제를 놓고 물망에 오른일이 있었다. 김영주는 김일성의 후원으로 모스크바 종합대학을 유학하고 1954년 로동당에 입당하였다. 1960년에는 북한 노동당 조직지도부에서 있었고 1966년에는 당중앙위원회 후보위원 겸 비서국 비서로, 1969년 12월에는 정치국위원이 되었다. 김영주는 김일성의 든든한 정치적 후원자이자 김정일에게는 당 사업을 배울 수 있는 정치적 스승이기도 하였다.또한 1972년 7월에 남북공동위원장으로 한국의 이후락 중앙정보부장과 7.4 남북공동성명을 이끌어 낸 바 있다. 그러나 그는 어디까지나 정치적 후원자였지 권력을 외부적인 형식으로라도 나누어 갖은 적은 없다. 북한에서 이렇게 당당하던 김영주가 뜻밖의 암초에 부딪힌 것은 김일성의 후계자 지정 문제가 시작되면서 김일성의 후계자 자리를 놓고 김성애를 주축으로 하는 김평일 지지파와 빨치산 출신들을 한 축으로 하는 김정일 지지파, 그리고 국내민족주의 운동가 출신들로 구성된 김영주 지지파가 암투를 벌렸다. 김일성종합대학을 졸업한 후 1960년대 말 노동당에 발을 들인 김정일은 후계자 자리를 놓고 삼촌 김영주와 배다른 동생 김평일을 견제하기 위해 노동당 선전선동부를 장악하고 김일성에게 잘 보이기 위해 노력하였다. 김정일은 김일성을 우상화하기 위해 선전선동부 산하에 김일성의 생일을 판 '4.15 창작단'을 조직하고 김일성을 우상화하는 4대 가극과 4대 연극을 만들어 냈고 4대 가극 중 '피바다'와 '꽃 파는 처녀'를 영화로도 만든바 있다.

상에 있다. 전략적인 차원에서 김정은 위원장은 백두혈통의 김여정 제1부부장 리더십을 대내외적으로 강화시키는 수순을 밟게 하고 있다. 다시 말해 김정은 위원장은 김여정 제1부부장과의 역할 분담을 통해 그의 권한과 위상을 높여 주고 자신은 북한 내부리스크를 관리하는 자신의 정치를 하고 있는 셈이다. 긍정적인 의미로는 협력 파트너와 협치를 한다고 볼 수 있고 부정적인 의미로는 위험 분산을 통해 자신의 정치 리스크를 관리하는 포트폴리오 이론에 기반한 정치를 한다고 볼 수 있다. 여기에서 중요한 유의미성이 존재한다. 결국 김정은 위원장이 자신의 동생인 김여정 제1부부장에 대한 신뢰가 없으면 이 외관적으로 역할을 나누는 것처럼 보이는 리더십 공유의 형태는 사실상 이루어지지 않았을 것이라는 점이다. 여기서 간과해서는 안되는 점은 김여정 제1부부장에게 권한의 정도를 위임하는 사람은 김정은 위원장이며 상황에 따라 더 강화를 시킬 수도 약화를 시킬 수도 있다는 점이다. 다시 말해 두 리더십이 동등하게 공존한다고 여겨서는 안된다는 점이다. 동등한 리더십 관계는 아니라 할지라도 김정은 위원장의 전략적 협치 파트너인 김여정 제1부부장의 리더십에 관한 연구는 이루어져야 할 필요성이 있다.

2018년 이루어진 김정은 위원장 리더십에 대한 연구[13]는 김정일 위원장 리더십 연구[14]과 마찬가지로 대내외적인 환경에 적응하며 상황을 이끌어가고자 하는 리더로 예측이 불가능한 지도자의 범주에 들어가지 않는다는 전제에서 출발하였다. 특히, 김정은 위원장은 2016년 제 7차 당대회 개최, 2017년 핵무력 완성 선언 이후 2018년 북한 나름의 필요

---

13) 김엘렌 외, 『김정은 체제 변한 것과 변하지 않는 것』 (파주: 한울아카데미, 2018).
14) 김엘렌, "김정일 리더십 이미지 연구: 『김정일선집』에 나타난 동기이미지 분석을 중심으로" (이화여자대학교 북한학과 박사학위논문, 2013).

논리에 의해 남측에 대화의 제스처를 단초로 북미 정상회담이라는 최고의 시나리오를 완성시키며 국제무대에 모습을 보인 바 있다. 한 나라를 이끌어 가는 최고지도자의 리더십은 역사적 산물이며 체제를 유지시키거나 발전시키기 위해 여러 대내외적인 상황에 적응해가는 과정을 거쳐 형성되는 경향[15]이 있음을 인식해야 한다. 연구자는 문제의식을 기반으로 북한 최고지도자 리더십을 연구할 때 텍스트의 한 종류인 담화문을 통해 동기이미지 분석을 시도한 바 있다.[16]

그 동안 최고지도자와 체제유지 상관성에 대한 연구는 대부분 정치 이데올로기적 측면과 권력 현상적 측면의 분석이 주류를 이루었다. 이에 따라 북한 주민을 통제하고 체제를 유지하는데 있어 상징적이며 중요한 지표 역할을 하는 텍스트 분석을 통한 최고지도자의 리더십 이미지 연구[17]에는 큰 의미를 두지 않았다.

본 연구는 제도·행위 관계 속에서 리더십을 이해하려고 했던 선행연구를 기반으로 개인의 특성을 밝혀줄 수 있는 동기이미지 분석을 통해 김정일 위원장, 김정은 위원장에 이어 북한에서 지도자급으로 격상 과정 중에 있는 김여정 제1부부장의 리더십 발현에 관한 기초적 단초를 제공하는 것을 목적으로 한다.

---

15) 오랜 기간 심리학에서 논쟁이 되었던 문제로 인간의 행동은 본래 가지고 있는 특성에서 기인하는 것인지 혹은 상황에 적응하면서 변화하는 것인지에 관한 문제였다. 연구 결과 두 요인은 모두 행동에 영향을 미친다고 한다. 이와 관련된 논문으로 Robert Griffo, "Contextualized personality Assessment: An Exploration of Objective and Subjective Situation Properties Associated with Behavioral Consistency and Situation Specific Behavior" (Ph. D. Psychology dissertation, Northeastern University, 2009).

16) 김엘렌 외, 『김정은 체제 변한 것과 변하지 않는 것』 (파주: 한울아카데미, 2018).

17) 여기서 리더십 이미지라고 쓴 이유는 최고지도자가 현실 속에서 보여주는 실제 리더십과 텍스트와 같은 매개체를 통해 나타나는 리더십 이미지는 다를 수 있다고 보았기 때문이다.

북한에서 최고지도자 '말씀'은[18] 주민들의 내적 동의를 구축하는 지배방식으로 작용한다. 이러한 언어를 담고 있는 텍스트는 체제유지전략인 동시에 사상교양을 목적으로 대중을 설득하는 방법이다. 그러나지난 3월에 발표한 김여정 제1부부장의 담화는 내적 동의를 구하기 위해 체제유지전략으로 발표된 기존의 최고지도자의 발표와 결을 달리한다. 북한 내부뿐만이 아니라 외부세계를 향해 자신의 언어로 담화문을발표했기 때문이다[19] 이는 북한을 이끌어 가는 김정은 위원장이 전략적인 측면에서 김여정 제1부부장과 역할 분담을 택한 측면이 존재한다고 분석할 수 있다. 이는 북한이 이제까지 보여준 최고지도자가 보여주었던 통치행위로는 전례 없었던 전략적인 측면에서 상호보완적인 형식을 취하고 있다.[20]

김정은 후계체제는 2009년 1월 후계자로 내정된 지 약 20개월만인2010년 9월 28일 당 중앙군사위 부위원장으로 선출됨으로써 공식 출범했다. 2011년 12월 김정일 위원장 사망 이후 북한을 공식 집권한 김정은 위원장은 선대와 달리 저작집과 담화문 등과 같은 1차 자료가 많지 않지만 집권 초기에 비해서는 유의미하게 늘어난 상태이다. 김여정제1부부장의 경우 자신의 목소리를 낸 담화는 현재 6편에 불과하다.이 담화문은 동기이미지 분석을 통해 그가 어떤 성향을 가진 리더인지

---

18) 최고지도자가 북한주민에게 전달하는 말을 김일성은 '교시', 김정일은 '말씀'이라고 한다.
정성장, 『현대북한의 정치·역사·이념·권력체계』(파주: 한울아카데미, 2011), p. 66.

19) 6월 4일 김여정 제1부부장이 담화를 통해 탈북자들이 보내는 대북전단을 문제삼은 이후 로동신문에 로동당 중앙위 국제부 대변인 담화, 통전부 대변인 담화, 통일전선부장 담화 등이 연달아 발표되었다.

20) 2020년 이례적으로 자신 명의로 청와대를 향한 비난담화와 미국에 대한 담화를연달아 발표한 바 있다. 이로 인해 김여정 제1부부장은 김정은 위원장의 대변인이라는 수식어가 붙는 계기가 되었다. 「연합뉴스」, 2020년 5월 2일.

에 관한 분석을 하는데 있어 단초를 제공해 줄 수 있는 유의미한 문건이라고 할 수 있다.

본 연구 분석은 최고지도자의 내적 상태를 연구하기 위해 세 가지 동기이미지를 가지고 텍스트를 분석하는 것이기 때문에 분석자의 의도나 선입견과 같은 위험으로부터 거리를 둘 수 있는 장점을 갖으며 이 분석 방법은 50여년 이상 심리학 분야에서 사용되고 있다. 발화자가 발표한 담화문을 동기이미지 분석을 통해 리더의 내적 상태를 밝히는 이러한 미시적 접근은 북한 사회에서 작동하고 있는 김여정 리더십의 유의미성에 대한 단초를 제공할 수 있을 것이다.

〈표 1〉 북-미정상회담 주요 일지

	북미정상회담 관련 주요 일지
2018년	6월12일: 싱가폴에서 사상 첫 북미정상회담 개최
2019년	2월 27일~28일: 베트남 하노이서 2차 북미 정상회담 합의문 없이 결렬.
	6월 30일: 트럼프 대통령 판문점에서 김 위원장과 만나 군사분계선 넘어 북한 땅 밟은 뒤 첫 남북미 정상 회동을 가짐.
	8월 9일: 트럼프대통령, 김정은 위원장으로부터 친서 받았음을 공개함.
	9월 9일: 북한 최선희 외무성 제1부상 → 북미 실무협상 재개 제안함.
	10월 5일: 스톡홀름에서 비핵화 실무협상 재개 → 합의 없이 결렬됨.
2020년	1월1일: 신년사를 전원회의 결과로 대체함. 충격적인 실제 행동과 새로운 전략무기에 대한 예고에 관한 내용이었음.
	1월 22일: 미국 국무부 고위 당국자 → 북한에게 인내하는 외교에 관하여 언급함.
	3월 22일: 트럼프 미국 대통령은 22 신종 코로나 19와 관련, 북한이 어려운 상황을 겪고 기꺼이 도울 의향이 있다고 말하면서 친서 보낸 사실 공개함.
	6월 9일: 미국은 북한이 남북채널을 끊은 것을 두고 '실망'이란 표현 언급함.

<표 2> 2020년 북한측 주요 행보

	행보 내용
3월 2일	북한, 장거리포병부대 화력타격훈련 진행함.
3월 3일	김여정 노동당 제1부부장, 전날 훈련에 유감을 표명한 청와대를 향한 비난 담화 발표함.
3월 22일	김여정 제1부부장 트럼프 친서에 화답하는 개인 명의의 담화를 발표함
4월 11일	김여정 제1부부장, 노동당 정치국 회의에서 1년만에 정치국 후보위원으로 재보선 됨.
6월 4일	김여정 제1부부장, 대북전단 살포에 대한 조치를 요구하며 남북 공동연락사무소 폐쇄, 남북 군사합의 파기, 개성공단 철거등을 거론함.
6월 5일	북한 통일전선부는 김여정 제1부부장을 '대남을 총괄하는 제1부부장'으로 지칭하며 '지시'를 받았다고 언급함.
6월 8일	북한 연락사무소 개소 1년 9개월만에 처음으로 오전 업무개시(평일 오후 9시) 통화 안됨. 오후 마감 통화(평일 오후 5시)는 응답함.
6월 9일	북한은 정오부터 청와대 핫라인을 포함 남북간 모든 통신연락선 차단.
6월 16일	북한은 개성공단 내 남북공동연락사무소 청사를 폭파함.

3. 동기이미지(Motive Imagery)분석의 이해

본 연구에서 사용하는 텍스트 분석 방법 중 하나인 동기이미지분석을 이해하기 위해서 이 분석은 무엇이며 어떠한 중요성을 가지고 있는지에 살펴보고자 한다. 사회주의를 표방한 독재국가인 북한을 알기 위해서는 그 나라 결정권자인 최고지도자의 특성에 관한 이해가 선행되어야 한다. 그 동안 최고지도자의 개인특성에 관한 경험적 연구는 주로 자본주의 지도자에게 이루어진 반면 사회주의 지도자를 대상으로 개인적 특성을 분석한 사례는 많지 않다.[21] 본 연구는 사회주의를 표방하며 북한체제를 이끌고 있는 김정은 위원장이 김여정 제1부부장에게 역할

---

21) 북한 지도자에 관한 개인특성에 관한 연구는 김엘렌, "김정일 리더십 이미지 연구: 『김정일선집』에 나타난 동기이미지 분석을 중심으로," 참조.

과 권한을 강화시켜주고 있다. 따라서 김정은 위원장에 이어 김여정 제 1부부장은 어떠한 개인적 특성을 가지고 있으며 김정은 위원장과 다른 점은 무엇인지에 관해 동기이미지 분석을 통해 살펴보고자 한다. 특히, 이 분석방법은 김정은 위원장이나 김여정 제1부부장처럼 전통적인 분석 테스트나 인터뷰를 수행하는 것이 불가능하거나 정보가 부족하고 관찰이 어려운 조건을 가진 인물 분석에 유용한 방법 중 하나이다. 이러한 간접적 분석의 장점은 전통적인 리더십 평가가 갖는 한계를 극복할 수 있다는 점이다.[22]

동기이미지는 인간의 중요한 사회적 동기로 발화자가 자신이나 다른 사람. 단체 등에게 부여하는 행동이나 우려, 바램 등과 같은 내적 상태를 의미하며 크게 3가지로 나눌 수 있다.[23]

1) 성취 동기이미지(Achievement Imagery)

성취 동기이미지는 '뛰어남'을 기준의 지표로 기록한다. 〈표 3〉은 성취 동기이미지의 5가지 분류기준이다.

---

22) 리더의 가정환경, 학력, 경력과 같은 배경분석(biographical profile)이 리더의 정책 결정 과정에서 정치적 성향이나 행위를 직접적으로 설명해 주는 것은 아니 다. Alexander L. George, "The 'Operational Code': A Neglected Approach To The Study of Political Leaders and Decision-Making" *International Studies*, vol. 23, no. 2 (1969), p. 192; 조화성, "북한 최고통치자의 리더십과 외교전략" (고려대학교 정치외교학과 박사학위논문, 2006), p. 48.

23) D. G. Winter, "Measuring personality at a distance: Development of an integrated system for scoring motives in running text", Manual for scoring motive imagery in running text. (Department of psychology, University of Michigan, 1994), p. 4; 여기에 나온 세 가지 분류 기준표는 김 엘렌, "김정일 리더십 이미지 연구:『김정일선집』에 나타난 동기이미지 분석을 중심으로"에서 간략하게 발췌 인용하였다.

<표 3> 성취 동기이미지 5가지 분류기준[24]

성취 이미지 분류기준
좋은, 더 나은, 최고와 같은 성과를 긍정적으로 평가하거나 절대적인 성과를 나타내는 형용사 여부.
긍정적 평가로 기술되는 목적이나 성과: 어떤 행동은 철저함과 신중함이 결과의 뛰어남에 공헌 여부.
단순한 공격이나 힘이 아닌 뛰어남을 반영한 승리, 타인과의 경쟁에 대한 언급 여부.
슬픔, 부정적 느낌, 더 잘해야 한다는 걱정을 동반한 실패, 부진한 행동, 뛰어남의 부재(성취나 뛰어남의 장애물에 대한 부정적인 느낌은 성취 이미지로 기록)여부.
유일무이한 성취: 전례가 없는, 새로운, 보기 드문, 뛰어남의 절대적 기준을 제시하는 행위나 목적 여부.
성취 이미지 기록의 쟁점
한 개인이나 집단의 과거, 현재의 꿈, 목적, 열망을 의미하는 자료는 조심스럽게 검토해야 함. 성취에 대한 자세한 설명이 없는 단순한 꿈의 언급은 성취 이미지로 기록하지 않음. 그러나 내용이 성취에 관한 표현을 상술하면 성취 이미지로 기록할 수 있음.

2) 권력 동기이미지(Power Imagery)

사람, 집단, 국가, 세계에 상당한 충격, 힘, 영향을 주는 표현이 있으면 권력 동기이미지로 기록한다. 〈표 4〉는 권력 동기이미지의 6가지 분류기준이다.

<표 4> 권력 동기이미지 6가지 분류기준[25]

권력 이미지 분류기준
공격, 습격, 위협, 비난, 추격, 모욕, 착취, 이용하기, ~을 이기기, 요구하기, 다른 이의 삶에 큰 영향을 미치는 것에 대한 내용 여부.
타인에 대한 정보 수집이나 조사를 통한 지배 혹은 규제.

---

24) 김엘렌, "김정일 리더십 이미지 연구: 『김정일선집』에 나타난 동기이미지 분석을 중심으로,"의 내용을 재인용하였다.

25) 김엘렌, "김정일 리더십 이미지 연구: 『김정일선집』에 나타난 동기이미지 분석을 중심으로,"의 내용을 재인용하였다.

권력 이미지 분류기준
타인에게 영향을 미치는 것, 합의에 도달하지 못하는 것, 오해를 피하는 것에 문제가 있거나 핵심에 영향을 미치고, 설득하고, 납득시키고, 설명하거나 규명하고, 논쟁하는 시도 여부.
요구되지 않은 도움, 조언, 원조 여부: 구체적인 조력이나 더 일반적인 원조는 배려나 도움의 의미가 있을 때 기록함.
명성, 세력, 평판에 대한 언급, 타인이나 세계에 대한 상당한 영향과 관련 여부.
타인행동에 대한 한 사람, 집단, 국가의 강한 감정적 반응 여부.

권력 이미지 기록에 있어 4가지 쟁점
권력 이미지를 기록함에 있어 4가지를 주의 깊게 구별해야 함.
  1. 역량으로서의 권력과 효과로서의 힘
  2. 권력(힘)과 성취. 성취와 권력(힘)의 차이
  3. 대단한(great)이란 의미는 성취 혹은 권력을 나타내기도 함.
  4. 일반 정치적 문맥에서 권력이나 힘을 함의하는 어떤 행동이 일상적인 행동이라면 권력 이미지로 기록하지 않음.

3) 친화감 이미지(Affiliation–Intimacy Imagery)

사람, 집단, 국가 사이의 우정이나 친화적 관계를 정립, 유지, 회복 등을 의미할 때 친화감 동기이미지로 기록할 수 있다. 〈표 5〉은 친화감 동기이미지의 4가지 분류기준이다.

〈표 5〉 친화감 동기이미지 4가지 분류기준[26]

친화감 이미지 분류기준
다른 사람, 국가 등에 대해 긍정적, 친밀한 느낌의 표현 여부.
친화감, 관계회복에 대한 기대의 단절, 분열, 부정적인 느낌은 다른 결과가 아닌 단절로 인한 친화감의 상실로 연결될 수 있음.
사람들이 정다운 시간을 보내는 것, 파티, 친목회, 사교 행사, 단순한 작은 대화 같은 친화적이고 우호적인 활동 여부.
의무나 역할, 책임, 이성적 계산이 아닌 친밀함이나 동감을 위해 이루어지는 도움, 위로, 동정 등 우호적인 배려 행위. (단 비친화적인 도움, 힘은 친화감 이미지로 기록하지 않음)

---

26) 김엘렌, "김정일 리더십 이미지 연구:『김정일선집』에 나타난 동기이미지 분석을 중심으로."의 내용을 재인용하였다.

친화감 이미지 분류기준
친화감 이미지 기록의 쟁점
정치 연설이나 문서에서 친화적 단서는 비교적 명확하지 않고 강하지 않기 때문에 애정, 화합, 우애적 활동의 미세한 표현에 유의해야 함.

본 연구에서 동기이미지 분석 초점은 북한체제를 지탱하고 있는 정책이나 전략 등에 관한 최종 결정권을 갖고 있는 북한 최고지도자나 그에 상응하는 지위에 있는 사람의 담화문을 분석하는 것이다. 이때 사용하는 문헌은 이미지적 요소가 적어도 일부 포함이 되어 있는 집합적인 문헌을 사용해야 한다.[27] 동기이미지 분석은 리더의 신념과 속성을 통해 대내외정책과정을 설명하는 인지 이론을 기반으로 한 간접적 접근방식으로 시작은 나단 라이츠(Nathan Leites)의[28] 소련 볼셰비키 연구로 알려져 있다.

리더가 무엇을 말하고 어떻게 말하는가에 대하여 분석하는 작업은 리더의 심리적 특성에 관하여 체계적으로 분석할 수 있다는 점을 전제로 한다.[29] 알렉산더 조지는 연구자의 광범위한 경험과 직관에 의한 정성적 분석방법으로 리더의 행위분석에 관해 정확한 예측을 할 수 있다고 하였고, 데이비드 윈터(David G. Winter)는 이러한 언급에 주의를

---

27) D.G. Winter, "Measuring personality at a distance: Development of an integrated system for scoring motives in running text", p. 1.

28) 라이츠가 소련 공산당 정치국원의 오퍼레이션 코드 분석을 시도했을 때 그의 주된 분석 자료는 레닌과 스탈린의 저작과 연설문이었다. 저작과 연설문에서 보여지는 언술이 어느 부분에서는 모순적이고 완전하지 않지만 볼셰비키 사고의 패턴을 보여준다고 하였다. 소련내부정책 결정과정을 관찰하기 어렵다는 현실적 요구를 반영한 것이다. Nathan Leites: *The Operational Code of The Politburo* (New York: Mcgraw-Hill Book Company, 1951).

29) Mark Schafers, "Issues in Assessing Psychological Characteristic at a Distance: An Introduction to The Symposium," Political Psychology, vol. 21, no. 3 (September 2000), p. 512.

표명한 바 있다.[30] 정성적 연구는 풍부하고 통찰력 있는 분석을 제공한다는 장점이 있지만 연구자의 주관적 해석에 의존한다는 비판이 존재하였다.[31] 따라서 항상 객관적이고 입증이 가능하며 신뢰할 수 있는 것은 아니라는 점에서 계량적 분석방법이 발전하게 된다. 계량분석의 경우, 미국 최고지도자 연설문 등을 동기이미지 분석으로 리더십 성향을 분석한 데이비드 윈터의 연구가 대표적이다.

4. 선행 연구의 동기이미지 분석 결과

2013년~2019년까지 발표된 김정은 위원장의 육성신년사 분석 결과는 〈그림 1〉과 같다. 분석 결과 2015년 육성신년사만 제외하고는 성취이미지가 다른 두 동기이미지보다 높게 나타났다.[32]

연구자는 세 가지 동기이미지 중 성취 동기이미지가 전 시기에 걸쳐 높게 나온 이유는 크게 두 가지로 해석한 바 있다.

---

30) D.G. Winter and A. J. Stewart, "Political Leader at a Distance: Problems of Assessment," in Margaret Hermann, ed., A Psychological Examination of Political Leader (New York: Free Press, 1977), pp. 28~29.

31) 정성적 연구의 일반적인 특성은 연구가 자연스러운 배경에서 일어난다는 것, 자료수집에 여러 가지 방법을 활용한다는 것, 사전에 정해지기 보다는 생성된다는 것, 연구자의 해석에 기초를 두고 있다는 것, 총체적으로 인식해야 된다는 것, 반성적이라는 것, 귀납적이고 연역적인 추론 과정을 활용한다는 것, 그리고 탐구전략을 활용한다는 것이다; John. W. Creswell 저, 강윤수 등 역, 『연구설계: 정성연구, 정량연구 및 혼합연구에 대한 실제적인 접근』(서울: 교우사, 2005), p. 274.

32) 김정은 신년사 분석의 자세한 내용은 『리더십연구』 제9권 4호에 자세히 실려 있다. 제9권 4호에는 2019년 분석내용은 빠져있다. 본 연구에서 설명이 필요한 부분을 2018년 저자가 발표한 논문 내용에서 재인용하였음을 밝혀둔다. 김엘렌, "김정은의 동기이미지와 리더십: 육성신년사를 중심으로(2013-2018)," 『리더십연구』, 제9권 4호 (2018).

〈그림1〉 신년사 시기별 동기이미지 그래프

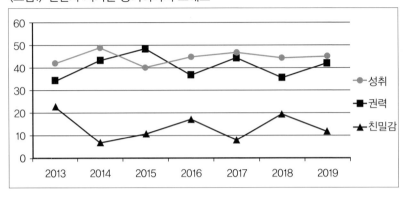

첫째, 북한 지도부가 체제를 유지하기 위해 사용하는 정치적 담론형 태 중 하나라는 점이다. 북한의 정치적 담론형태는 기본적으로 사회주 의 체제 등에 관한 우월성 담론을 바탕으로 한다. 우월성을 기반으로 하는 성취 동기이미지가 높게 나온 이유를 설명해 주는 근거가 될 수 있다.[33]

둘째, 개인적인 특성 중에 어떤 동기이미지가 본래의 특성인 불변하 는 상수이고 어떤 동기이미지가 변화하는 상황에 적응하면서 나타나는 특성인지를 분류하는 작업이 중요하다. 7년에 걸친 육성신년사 중 2015년 신년사만 제외하고는 성취 동기이미지가 높은 비율을 보이고 있다. 이러한 결과는 김정은 위원장의 개인적 특성 중 변하지 않는 것 은 성취 동기이미지일 가능성을 시사하는 것으로 해석한 바 있다. 연구 자는 북한 지도자의 경우 중앙집권적인 권력을 행사할 수 있는 기업가 의 환경과 유사[34]하다고 가정하였다. 따라서 리더십 효과성과 성취 동

---

33) 김정일 위원장이 그의 아버지 담론을 계승했다는 것은, 김일성 주석에 비해 상대 적으로 취약했던 인격적 리더십을 보완하고 제도적 리더십을 뒷받침하기 위한 것이었다.

34) 윈터 연구에서 권력중앙집권적인 환경을 가진 기업가적 리더와 일맥상통한다고

기이미지 간에 긍정적인 효과가 있을 것이라 해석하였다. 그러나 긍정적인 효과성이 성공적인 리더십을 의미하는 것은 아니며 체제를 유지하는데 있어 긍정적인 영향을 미치는 동기이미지로 축소 해석을 하였다.

김정은 위원장은 육성신년사에서는 권력 동기이미지도 성취 동기이미지만큼이나 높게 나타나고 있다. 중앙집권적인 환경보다는 권력이 분산되어 있는 환경에서 성과와 긍정적으로 유의미한 상관관계가 있는 권력 동기이미지가 김정은 위원장에게서 높게 나타나고 있는 것은 두 가지 의미로 해석 가능하다.

첫째, 권력 동기이미지가 갖는 주요한 특성은 다른 사람에게 영향력을 갖는 강하고 활발한 행동을 갖고 힘이나 설득을 위한 시도나 통제와 관계가 있는 분석 개념이다.[35] 따라서 그가 보여주고 있는 대담한 제안이나 결정, 신속함, 상황에 대한 설득력, 신뢰를 주는 권력 동기이미지는 성취 동기이미지와 함께 시너지를 주는 긍정적인 역할을 하고 있다는 점이다. 둘째, 권력이 분산되어 있는 환경에서 긍정적인 성과를 보이는 권력 동기이미지가 높다는 것은 중앙집권적인 환경에서 유리하지 않다는 원론적인 시사점이다. 결국 상황에 따라 변하는 것이 권력 동기이미지일 경우 김정은 위원장이 이를 환경에 따라 어떻게 반응하느냐에 따라 결과가 달라질 가능성이 있다. 이러한 결과는 하노이 회담 실패 이후 긴장 국면을 김여정 제1부부장을 통해 조성하게 하는 김정은 위원장을 분석하는데 있어 우리에게 주는 시사점이 있다.

볼 수 있다.

35) 김엘렌, "김정일 리더십 이미지 연구: 『김정일선집』에 나타난 동기이미지 분석을 중심으로,"의 내용을 발췌하였다.

5. 김여정 담화문을 통한 동기이미지 분석결과

2020년 상반기에 발표한 김여정의 6개 담화문의 주요 내용은 다음과 같으며 동기이미지 분석결과는 〈그림 2〉와 같다. 김정은 위원장의 분석 결과와 달리 김여정 제1부부장은 성취동기이미지가 가장 낮게 나왔으며 권력동기이미지가 다른 동기이미지보다 높은 비율을 보이고 있다. 다만 첫 번째 대미담화문에서 권력동기이미지가 성취동기이미지와 같은 비율을 보였으며 친화감동기이미지가 가장 높게 나온 것이 특징적이다.

〈그림 2〉 김여정의 6개 담화문 동기이미지 그래프

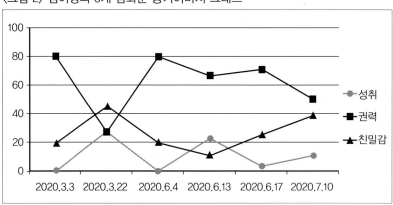

*김여정 제1부부장이 발표한 대미담화문: 2020.3.22.과 2020년 7.10

〈표 6〉 김여정 제1부부장의 담화문 주요 메시지

담화발표 일자	내용
2020.3.3	북한 합동타격훈련에 대한 청와대 우려 표명에 대한 비난(대남 메시지)
2020.3.22	미국대통령 친서에 관한 내용(대미 메시지)
2020.6.4	대북전단을 살포하는 탈북민과 이를 방치하는 정부 비난(대남 메시지)

담화발표 일자	내용
2020.6.13	남북공동연락사무소 철거와 군사행동에 대한 시사(대남 메시지)
2020.6.17	문대통령의 6.15남북공동선언 20주년 축사 내용 비난(대남 메시지)
2020.7.10	조미수뇌회담에 김여정 제1부부장의 소회(대미 메시지)

김여정 제1부부장의 4개의 대남 담화문 분석 결과는 권력동기이미지가 지속적으로 높게 나왔으며 다른 두 동기이미지가 상황에 따라 변화를 보이고 있다고 해석 가능하다. 2개의 대미 담화문 분석 결과 친밀감 동기이미지가 대남 담화문에서 보다 높게 나타나고 있다.

김여정 제1부부장의 분석 결과는 김정일 위원장, 김정은 위원장과 상당히 다른 결과를 보여주고 있는 셈이다.

전체적인 동기이미지 비율을 보면 김여정 제1부부장의 본연의 특성이며 상수가 되는 특질은 권력동기이미지라고 볼 수 있다. 북미 담화문에서는 성취동기이미지도 권력동기이미지와 같은 비율을 보이기도 하지만 이는 좀 더 추가적 연구를 통해 추이를 지켜봐야 할 부분이다. 친화감동기이미지는 환경적인 요소에 따라 변화하는 동기이미지라고 분석 가능하다.

연구자는 김정은 위원장의 담화문에서 전 시기에 걸쳐 성취동기이미지가 높게 나온 이유가 체제를 유지하기 위해 사용하는 북한 특유의 정치적 담론형태라고 분석한 바 있다. 그러나 김여정 제1부부장의 담화문에서는 통상적으로 쓰이는 이러한 정치적 담론형태를 거의 보이고 있지 않다는 점을 주목해야 한다. 일상적인 말투와 은유적이며 파괴된 언어의 조합으로 이루어진 담화문은 마치 소셜미디어의 한 장면을 보는 것 같다. 북한 지도자급에서 나타난 최초의 비일상적인 담론형태라고 할 수 있다. 이는 우월성을 기반으로 하는 성취동기이미지가 매우 낮게 나온 이유를 설명해 주면서 성취동기이미지는 김여정 제1부부장 본연의 특질이라기 보다는 환경에 따라 변화를 보이는 특성일 가능성이 높다. 북미관련 담화에서 권력동기이미지와 같은 비율을 보인 바 있기 때문에 추가적인 분석이 필요하다.

김여정 제1부부장은 중앙집권적인 환경보다는 권력이 분산되어 있는 환경에서 유의미한 상관관계가 있는 권력동기이미지가 지배적으로 나타났다는 점은 다음과 같은 해석의 가능성을 열어주고 있다.

첫째, 북미 갈등상황에서 그가 담화문을 통해 보여주고 있는 대담한 언행, 행동, 신속함은 본연의 특질로 분석되는 권력동기이미지과 높은 상관관계를 가진다고 볼 수 있다. 동시에 갈등상황이 아닌 환경에서는 신뢰를 바탕으로 상대방을 설득하는 능력과도 유의미성을 보이고 있다는 점이다.

둘째, 권력이 분산되어 있는 환경에서 유의미성을 가진다는 연구 결과는 김정은 위원장과 권한을 나누는 정치체제에서 협치대상으로서 좋은 시너지를 낼 수 가능성을 시사한다. 만약 김여정 제1부부장의 권력동기이미지가 높고 성취동기이미지가 낮은 상황이 지속이 된다면 이것은 어떤 것을 의미하는 것일까?

김여정 제1부부장이 중앙집권적인 환경에서 독자적으로 리더십을 발휘하는 상황을 맞이하게 된다면 의미있는 성과를 내기 힘들 수 있다는 것을 시사한다고 할 수 있다. 따라서 김여정 제1부부장의 리더십은 김정은 위원장과의 시너지를 내는 부분에 있어서는 효과적일 수 있으나 중앙집권적인 환경에서 김정은 위원장을 대신할 수 있는 리더로서 적절하지 않은 특성을 가지고 있는 셈이다. 다시 말해 유사 시 김여정 제1부부장이 백두혈통으로 제도적 혹은 실질적 리더십을 김정은 위원장에게 부여받는다고 하더라도 그를 대신할 리더로 북한을 통치하기는 힘들 것이라는 점이다. 이는 김정은 위원장 유고 시 북한 사회가 쿠데 타와 같은 혼란에 빠질 가능성을 상기시키는 결과이다.

불과 몇 개월 전 불거졌던 '김정은 건강 이상설'은 한국사회를 비롯 국제관계적인 측면에서 혼란을 야기시킨 바 있다. 그동안 외신과 소위 휴민트에 의존해왔던 정보의 유입과 유통이 얼마나 악순환적인 모습으 로 반복이 되었는가를 상기해주는 일이었다. 이번 일을 통해 대북 뉴스 에 관한 많은 문제점이 노정되었지만 가장 큰 문제는 우리가 북한에 대 해 전략적인 사고를 하고 있기는 한 것인가에 대한 점이다.

하노이 회담 결렬 이후 북한은 미국에게 2019년 말까지 새로운 셈법 을 요구했고 미국은 비핵화 우선원칙을 고수해왔다. 2019년 12월 개최 된 전원회의는 29년만에 볼륨이 커지고 기간도 길어진 형식을 통해 북 한이 받아들이고 있는 현 시국에 대한 엄중한 인식을 나타낸 바 있다. 이 전원회의에서 '정세가 좋아지기를 앉아서 기다릴 것이 아니라 정면 돌파전을 벌여야 한다'고 언급하면서 혁명적 로선으로 천명을 시사하 였다. 이때까지만 하더라도 자력갱생을 통해서 북한 내부의 경제적인 문제를 자체적으로 해결하고 전략무기개발을 하는 장기적인 계획을 수 립했다고 볼 수 있었다. 그러나 정면돌파전 시작과 동시에 '코로나 19' 를 맞아 경제적 호흡기가 거의 끊어진 지금 북한의 선택이 어디로 갈지 는 더욱 가늠하기 어렵게 되었다. 그리고 이러한 북한의 가중된 어려움 은 김여정 제1부부장이 담화문 형식을 빌어 지속적으로 표면화되었고 그의 말처럼 남북교류의 상징은 파괴되었다. 여기서 우리가 선택해야 할 전략적 사고는 어떤 것인가?

현재 김정은 위원장과 김여정 제1부부장은 미국에 대한 조심스러운 태도를 견지하고 있으며 대화의 여지는 여전히 남겨두고 있는 상태이 다. 따라서 이해관계가 첨예하게 얽힌 남북미 관계를 개선해 나가기 위해서는 김정은 위원장과 김여정 제1부부장의 리더십 특성을 간과하지 않은 전략적인 대응이 필요하다. 그동안 우리 정부가 국제환경 개선 혹은 남북미 관계회복을 위해 신뢰를 바탕으로 한 전략적인 인내를 가지고 얻은 레버리지를 통해 유의미한 성과를 가져올 수 있음을 경험한 바 있기 때문이다.

6. 맺음말

2020년 북한은 신년사를 제7기 제5차 전원회의 내용으로 대체하였다. 전원회의는 나흘간 지속되었으며 이는 김일성 이후 29년만의 일이다.[36] 북한은 2016년 제7차 조선로동당 7차 대회이후 5년만에 2021년 1월 5일부터 12일까지 열린 조선로동당 8차 대회를 개최하였다. 7차 당대회와 비교해 보았을 때 큰 기조의 변화를 보이지 않았으나 다음과 같은 특이점을 보이고 있다. 우선적으로 조선 로동당 대회를 정례화한 점이 눈에 띄는 대목이다. 여러가지 전략적 이유가 있겠으나 우선적으로 사회주의 국가를 표방한 정상국가로서의 대외적 이미지를 고려한 것으로 보인다. 제 7차 당대회를 통해 이루고자 했던 경제정책의 목표 달성 실패를 인정하며 보다 현실적인 전략을 취했다는 점, 대외관계에 있어 확대를 시사하고 대외정책 기본방향을 강대강 선대선 전략을 밝힌점, 대북 적대시 정책 불변을 재확인하며 철회를 요구한점, 또한 핵 보유국으로서 대미 핵군축 협상에 나설 수 있는 가능성 시사, 이와 연동하여 로동당 규약 개정을 통해 국방력 강화를 천명한 점, 대내 체제

---

36) 이는 북한이 하노이 회담과 실무협상이 합의점 없이 교착상태에 빠지는 기간이 장기화되면서 이를 엄중하게 느끼고 있음을 적극적으로 시사한 것이다.

를 정비한 점등이다.

이와 관련하여 김여정의 앞으로의 활동도 활발해 질 것으로 보인다. 당대회에서 김여정 제1부부장이 기존 정치국 후보위원에서 제외되었으며 당부장 명단에도 빠진 점에 대해 여러가지 설이 나오고 있는 상황이다. 그러나 연구자는 김여정 제1부부장은 정치국의 제도적으로 지위를 받지 않고 활동해도 될 만큼 성장했음을 보여주는 방증이라고 판단된다. 김정은 위원장이 제 7차 당대회 결정관철에 관해 총화가 이루졌고 개회사를 통해 밝힌 바 있다. 비상설중앙검열위원회를 통해 현장의 목소리를 반영했다고 강조한 만큼 이 일을 소리없이 수행했을 인물이 최측근 김여정 제1부부장일 가능성에 대해서 염두에 두어야 한다. 로동자, 농민, 지식당원들의 의견을 듣는데 제도적 지위는 오히려 부담이 될 수 있다는 것이다. 실질적으로 아래로부터의 목소리를 듣는데 있어 그의 계급장을 떼는 것은 전략적인 측면이 있는 것으로 보인다. 이번 당대회를 통해 김정은 정권의 엘리트 세대교체가 실질적으로 드러난 만큼 내부적으로 많은 변화가 예상된다. 세계적으로 '코로나 19'가 창궐하고 교류의 창도 닫히게 되면서 세계 경제 패러다임도 전환을 맞이했다. 북한의 경제적 어려움은 대북제재, 코로나 19, 자연재해의 삼중고로 더욱 가중되고 있는 상태이다. 2020년은 북한 당창건 75주년인 동시에 국가경제발전 5개년 전략이 종료되는 해였으며 이를 위해 북한의 계획은 역량을 총동원하여 자력갱생, 자력번영, 자력부강을 꾀하고 대북제재에 걸리지 않는 관광인프라 확충사업도 전개하여 총력을 다해 외화벌이 송환[37]으로 인한 경제적 손실을 만회할 계획을 가지고 있었

---

37) 북한이 대북제재를 피하기 위하여 유학 혹은 연수비자로 노동자를 다시 파견하겠다는 의사를 러시아 측에 전달했음을 아사히 신문이 러시아 극동 지방정부 간부의 말을 인용해 보도한 바 있다. 「연합뉴스」, 2019년 12월 29일.

던 것으로 판단된다. 인력 송출 중단의 대응책으로 유학 혹은 연수 비자 논의가 거론되기 시작했다는 것은 2019년 중국, 러시아의 대북제재 해제 결의안 초안에 이어 사실상 대북제재 무력화를 위한 북중러 벨트가 본격적으로 가동되고 있음을 시사하고 있는 것이었다. 다시 말해 중국과 러시아에 우호적인 국가들이 북한 인력 송출문제를 재개하는 것은 시간문제였다는 점이다. 그러나 '코로나 19' 이후 모든 것은 정지되었고 북한은 중국에 의지했던 경제적 호흡기를 스스로 떼는 조치를 취한다. 의료와 보건 체계가 매우 취약한 북한은 그동안 질병 치료보다 예방에 힘을 쏟아왔다. 이러한 상황에서 중국 국경을 봉쇄하며 외부 유입을 차단한 것은 '코로나 19' 유입이 시작되면 북한의 상황은 걷잡을 수 없이 악화될 것임을 직접적으로 시사한 일이었다. 이러한 국내외적인 악재 속에 김정은 위원장은 전략적으로 북한 내부단속에 힘을 쏟는 모습을 보이기 시작하고 교착상태에 빠진 대남, 대미 관계에 대한 담화 정치 권한을 김여정 제1부부장에게 부여하기 시작했다.

본 연구에서는 김여정 제1부부장이 갖고 있는 주요특성이 권력동기 이미지이고 환경적인 요소에 영향을 받는 특성이 친화감 동기이미지, 성취동기이미지임을 확인하였다. 이는 그가 갖고 있는 특성이 김정은 위원장과 다르며 이 점은 대북외교 시 우리가 취해야 할 접근방법에 대해 유의미성을 상기시켜 준다.

사실상 북한과의 관계개선의 단초가 되는 남북교류 문제도 북핵문제 진전과 대북제재 완화가 되지 않으면 재개는 불투명한 상황이다. 정부는 이를 타개하기 위한 방법으로 개별관광, 철도, 도로, 연결과 같은 인프라 구축 등을 제시했지만 별다른 호응을 얻지 못하였다. 그러나 정부 차원 혹은 민간차원에서 교류를 위한 돌파구를 마련할 수 있는 분야는 아직 남겨진 상태이다. 특히, 보건, 과학기술 분야의 경우 북한이 중요성을 누차 강조하고 있는 특정 분야이다. 그러나 앞서 지적하였듯이 북한의 호응이 있어야만 국제사회의 이해와 설득을 할 수 있는 보다 현실적인 방안을 모색할 수 있다. 지금과 같이 북한이 선미후남 정책을 고수할 경우 남측이 움직일 수 있는 폭이 적고 무엇보다 명분과 동력도 저하되기 때문이다.

이번 김여정 제1부부장의 담화문 정치를 통해 평화 체제를 구축하는데 있어 주체가 남북이 되려면 적어도 서로가 신뢰를 가지고 존중한다는 전제가 있을 때 가능하다는 당연한 이치를 아이러니하게 재확인하는 계기가 되었다. 포스트 코로나 이후 경제적인 문제로 벼랑 끝에 내몰린 북한이 꺼내 쓸 수 있는 전략이라는 것이 냉전 시대 협상기술인 벼랑 끝 전술과 포트폴리오 리더십 전략을 통해 김정은 위원장의 리스크를 관리하는 카드를 꺼내든 것이 못내 실망스럽다. 그럼에도 불구하고 김정은 위원장이 김여정 제1부부장에게 권력을 의도적으로 강화시키면서 일정 부분 대남, 대미 관계에 권한을 부여하고 있기 때문에 우리는 대북 전략 수립에서 북한의 리더십 특성을 간과하지 않고 대응을 전략적으로 해야 할 수 밖에 없다.

김여정 제1부부장 위상은 김정은 위원장과 백마를 타고 백두산행 이후 눈에 띄게 강화되고 여러 가지 제도적인 권력을 부여받으면서 실질적인 권력이 전에 없이 높아진 상태이다. 그러나 주지하다시피 백두혈통의 상징성을 넘어선 독립된 정치 주체로서 여성 리더십의 강화라는 말을 쓰기에는 분명히 한계점을 노정하고 있다. 그러나 어렵게 국제 사회에 나온 그들이 과거로 회귀하지 않도록 조심스럽게 관계를 개선시킬 수 밖에 없는 최전방의 상대가 김정은 위원장의 복심으로 활동하고 있는 김여정 제1부부장인 점을 간과해서는 안 될 것이다.

2020년 실시된 11월 미국대선 결과는 북미관계에 새로운 긴장감을 배가시키는 방향으로 마무리되었다. 그동안 김여정 제1부부장의 입을 통해 표면적으로나마 트럼프 대통령과 좋은 관계를 강조했던 김정은 위원장이 앞으로 바이든을 향해 어떠한 선택을 할 것이며 김여정 제1부부장은 어떠한 역할을 할 것인가? 8차 당대회 분석 결과 바이든 행정부의 대북정책을 고려한 수위조절을 한 것으로 판단되지만 당규약 개정을 통해 국방력 강화에 대해 천명하며 선제적 대응을 통해 주도권 확보하고 협상력을 높이려는 전략을 취한 만큼 쉽지 않은 북미관계여정이 예상된다.

원터의 연구결과는 리더의 호소는 당시 상황과의 관계가 중요하지만 리더십 효과성은 개인적인 특성과 중요한 관계가 있다는 것이었다.[38] 리더십에 대한 분석은 권위, 정당성, 지도자-피지도자의 관계, 조직, 제도적 리더십 확립이라는 관점에서 권력과 지위에 근거한 북한의 정치 현상을 고찰하고 대응하는 것에 여전히 장점을 갖고 있다.[39] 그동안 동북아시아에 위치한 한반도의 긴장관계를 평화관계로 전환시키기 위해 중재자를 자처했던 정부의 고심은 다시 깊어지겠지만 그럼에도 불구하고 대한민국 사회가 이들을 포기할 수 없는 이유이다.

---

38) 오랜 기간 심리학에서 논쟁이 되었던 문제로 인간의 행동은 본래 가지고 있는 특성에서 기인하는 것인지 상황에 적응하면서 변화하는 것인지에 관한 문제였다. 결과는 두 요인 모두 행동에 영향을 미친다는 것이다. 관련된 논문으로 Robert Griffo, "Contextualized personality Assessment: An Exploration of Objective and Subjective Situation Properties Associated with Behavioral Consistency and Situation Specific Behavior,"

39) 정영철, 『김정일 리더십 연구』 (서울: 선인, 2005), p. 43.

참고문헌

1. 국문단행본

김엘렌 외. 『김정은 체제: 변한 것과 변하지 않는 것』. 파주: 한울아카데미, 2018.

박후건. 『유일체제 리더십: 잭웰치, 이건희, 김정일 리더십의 비밀』. 서울: 선인, 2008.

백기복. 『리더십 리뷰: 이론과 실제』. 서울: 창민사, 2005.

이상욱. 『현대조직의 리더십 적용』. 서울: 시그마프레스, 2004.

정성장. 『현대북한의 정치·역사·이념·권력체계』. 파주: 한울아카데미, 2011.

정영철. 『김정일 리더십 연구』. 서울: 선인, 2005.

Creswell, John. W. 저. 강윤수 등 역. 『연구설계: 정성연구, 정량연구 및 혼합연구에 대한 실제적인 접근』. 서울: 교우사, 2005.

2. 영문단행본

Almond and Powell. *Comparative Politics*. Boston: Little, Brown & Company, 1966.

Bass, B. M. *Bass & Stogdill's handbook of leadership*. NEW YORK, USA: The Free Press, 1990.

Bennis, W. and Nanus, B. *Leaders: The strategies for taking charge*. New York: Harper Collins, 1985.

Brandly, R. T. *Charisma and social power: A study of love and power, Wholeness and transformation*. New York: Paragon, 1987.

Bryman, A. *Charisma and leadership in organizations*. London: Sage, 1992.

Burns, James MacGregor. *Leadership*. New York: Harper & Row, 1978.

Leites, Nathan. *The operational Code of The Politburo*. New York: Mcgraw-Hill Book Company, 1951.

Lord, R. G. and Maher, K. J. *Leadership and information processing: Linking perceptions and performance*. New York: Routledge, 2003.

Park, Phillip. *Unique System Leadership: the leadership secret of Jack Welch, Lee Kun Hee, and Kim Jong II*. Seoul: Sunin, 2008.

Winter, D. G. *The power motive*. New York: Free Press, 1973.

3. 국문논문

구자숙. "세종의 동기분석." 『오늘의 동양사상』, 제19호 (2008).

김엘렌. "김정은의 동기이미지와 리더십: 육성신년사를 중심으로(2013-2018)." 『리더십연구』, 제9권 4호 (2018).

김엘렌. "김정일 리더십 이미지 연구: 『김정일선집』에 나타난 동기이미지 분석을 중심으로." 이화여자대학교 북한학과 박사학위논문 (2013).

이승열. "북한 당 정치국 회의와 최고인민회의 제14기 제3차 회의 분석과 시사점." 『이슈와 논점』, 제1707호 (2020).

조화성. "북한 최고통치자의 리더십과 외교전략." 고려대학교 정치외교학과 박사학위논문 (2006).

4. 영문논문

Donley, R. E. and Winter, D. G. "Measuring the motives of public officials at a distance: An exploratory study of American presidents." *Behavioral Science*, vol. 15, no. 3 (1970).

George, Alexander L. "The 'Operational Code': A neglected approach to the study of political leaders and decision-making." *International Studies Quarterly*, vol. 23, no. 2 (1969).

Conger, J. A., Kanungo, R. N., Menon, S. T. and Mathur, P. "Measuring charisma: Dimensionality and validity of the Conger-Kanungo scale of charismatic leadership." *Canadian Journal of*

Administrative Science, vol. 14, no. 3 (1997).

Griffo, Robert. "Contextualized personality Assessment: An exploration of objective and subjective situation properties associated with behavioral consistency and situation specific behavior." Ph. D. Psychology dissertation, Northeastern University (2009).

Mark Schafers. "Issues in assessing psychological characteristic at a distance: An introduction to the symposium." *Political Psychology*, vol. 21, no. 3 (September 2000).

Meindl, J. R. and Ehrlich, S. B. "The romance of leadership and the evaluation of organizational performance." *Academy of Management Journal*, vol. 30, no. 1 (1987).

Walker, Stephen. "Operational code analysis as a scientific research program." in Colin Elman, eds., Progress in international relations theory: Appraising the field. Cambridge: MIT Press (2003).

Winter, D. G. "Measuring personality at a distance: Development of an integrated system for scoring motives in running text." Manual for scoring motive imagery in running text. Department of psychology, University of Michigan (1994).

Winter, D. G. and Stewart, A. J. "Political Leader at a Distance: Problems of Assessment." in Margaret Hermann, ed., A Psychological Examination of Political Leader. New York: Free Press (1977).

5. 북한문헌

「로동신문」. 2020년.

3부

북한 사회 변화와 북한 여성

제1장

인권주체로서의 북한 여성·아동과 탈북*

김 미 주

1. 들어가며

이 글은 탈북이라는 요소로 인해 북한 여성과 아동이 탈북 과정에서 경험하는 인권침해 상황을 여성차별철폐협약과 아동권리협약의 조항과 비교하여 파악하는 것을 목표로 한다. 북한 여성과 아동이 거주한 공간에 따라 재북 시, 탈북 과정, 탈북 이후를 구분하고자 하는데 이때 재북 시의 공간적 배경은 북한, 탈북 과정의 공간적 배경은 중국, 탈북 이후의 공간적 배경은 한국이다. 탈북 과정을 중국에 한정하는 것은 탈북 과정 동안 상당한 시간을 머무는 공간이 중국이며, 북한 여성과 아동의 탈북 경로가 다양하므로 모든 사례를 다루기에는 한계가 있기 때문이다. 한국과 북한 그리고 중국은 모두 여성차별철폐협약과 유엔아

---

* 이 글은 "탈북아동 청소년의 내일을 위한 포럼"에서 발표한 글과 젠더와 문화 13권 2호 수록 논문인 "중국 내 탈북여성·아동 인권침해 경험 분석"을 수정·보완한 것이다.

동권리협약 가입 당사국이다. 여성차별철폐협약의 경우 한국은 1983년 5월, 북한은 2001년 2월, 중국은 1980년 11월에 가입을 완료하였으며, 아동권리협약의 경우 한국은 1990년 9월, 북한 당국과 중국은 1990년 8월에 가입을 완료하였다.

여성차별철폐협약과 유엔아동권리협약은 전 세계 여성과 아동이 보장받아야 할 권리를 명문화한 것으로 협약에 가입한 국가는 협약이 제시한 여성·아동 권리를 보장하고 이를 실현하기 위한 실질적인 조치를 실행할 의무를 지닌다. 즉, 가입 당사국은 국내법에 여성차별철폐협약과 유엔아동권리협약을 반영하는 것을 통해 각 협약의 정신을 실현해야 한다. 한국, 북한 당국, 중국 역시 여성차별철폐협약 및 유엔아동권리협약 가입 이후 국제사회가 제시한 기준에 따라 여성과 아동의 권리를 보장하기 위한 일련의 조치를 취했다. 특히, 북한 당국은 「아동권리보장법」 등 단독 법률을 마련하였다. 그러나 북한 여성과 아동은 "탈북"이라는 특수한 상황으로 인해 한국, 북한, 중국 이 세 곳에서 마땅히 누려야 할 권리를 온전히 누리지 못하는 현실에 직면하고 있다. 이 글은 북한 여성과 아동이 탈북 과정 전후로 북한, 중국, 한국 이 세 공간에서 어떠한 인권적 경험을 하는지를 살펴보고 이들의 권리를 보장하기 위해서는 어떤 조치가 필요한지 파악하고자 한다.

2. 여성차별철폐협약과 아동권리협약의 주요 내용

탈북 요인과 북한 여성·아동의 인권침해 상황을 분석하기 위해 여성차별철폐협약과 아동권리협약의 조항을 생존권·발달권·보호권·참여권 영역으로 구분하여[1] 북한 여성과 아동의 재북 시, 탈북 과정, 탈북 이후 인권 경험 파악을 시도하였다. 아동권리협약이 제시하는 기본 원칙은 무차별, 아동 최선의 이익, 생존과 발달의 권리, 어린이 의견 존중이다. 이를 토대로 아동의 4대 권리를 제시하고 있는데 생존권, 발달권, 보호권, 참여권이 이에 해당한다. 아동권리협약 제1-40조의 내용을 토대로 4대 아동권리를 정리한 후 여성차별철폐협약 중 해당하는 조항을 정리하면 〈표 1〉과 같다.

〈표 1〉 아동권리협약의 4대 아동권리와 여성차별철폐협약

영역	아동 권리협약	구체적 내용	여성차별 철폐협약
생존권	국적 및 신분	출생 신고·국적 취득·국적 변경·국적 회복	제9조
	영양	영양실조·저체중 출생·신체 발달	–
	보건	무상치료·영아사망률·예방접종률·출생 시 기대수명	제12조
	가정 양육	부모 양육·아동 양육 주체·후견	제11조/제16조
	가정외 보호아동	입양·시설보호	–
	사회보장	사회보장 신청 대상·신청 절차·사회보장 항목	–
	난민 아동	난민 아동 정의·가족 재결합·난민 아동 보호	–
	장애 아동	장애 아동 정의·교육·치료	–
발달권	교육	교육 기관·교육 대상·교육 범위·교육 비용	제10조
	여가와 놀이	여가 시간 보장·동원 활동 금지	–
보호권	폭력과 학대	신체적·정신적 폭력·상해·유기 금지	–
	아동 노동	최저 고용 연령·고용시간 및 조건	–

---

1) 생존권, 발달권, 보호권, 참여권은 아동의 4대 권리를 규정한 것으로 여성차별철폐협약의 경우 해당 권리를 명확하게 구분하고 있지 않다. 다만, 일관적인 분석 기준 마련을 위하여 아동 4대 권리를 기준으로 여성차별철폐협약의 중 해당 조항이 있는 경우를 정리하는 방식으로 분석틀을 마련하였다.

영역	아동 권리협약	구체적 내용	여성차별 철폐협약
보 호 권	해로운 약물	해로운 약물로부터 아동 보호·생산 및 거래에 아동 이용 금지	–
	성 착취	성적 착취·성적 학대 금지	제6조
	유괴	약취유인·매매·거래 금지	
	형사미성년	사형 및 종신형 최저 연령 규정·촉법연령·구금 최소화·변호를 받을 권리 보장	–
참 여 권	의견 존중	의견 표현 보장 여부·연령과 성숙도에 따른 보장 비중 부여	
	표현의 자유	표현의 자유 보장 및 제한·표현 방식 보장	–
	모임의 자유	모임 결성 자율성·모임 활동 자율성	–
	사생활 보호	사생활, 가족, 또는 통신에 대한 간섭 금지	–
	유익한 정보	국내 및 국제 정보원에 대한 접근 및 정보 취득 보장	–

　생존권은 아동이 생명을 유지하고 안전한 주거지에서 양육을 받는
등 기본적인 삶을 누릴 권리이다. 구체적인 사항으로 영양, 보건, 양육
지정의 권리, 가정외보호 아동, 사회보장 권리 등이 있다. 발달권은 아
동이 잠재능력을 발휘하기 위해 필요한 교육을 제공받고 여가와 문화
생활을 누릴 수 있는 권리를 의미한다. 세부 사항으로 교육의 권리, 여
가와 놀이를 누릴 권리가 있다. 보호권은 아동이 모든 형태의 학대, 차
별, 폭력, 노동, 약물과 성폭력과 같은 유해한 것으로부터 보호받을 권
리이다. 보호권의 구체적인 내용으로 최저 고용 연령 규정, 사형 및 종
신형 최저 연령 규정, 촉법연령 규정 등이 있다. 참여권은 아동이 소속
국가 또는 지역사회 활동에 적극적으로 참여하고 자신의 삶에 영향을
미치는 문제에 의견을 반영할 수 있는 권리를 의미한다. 참여권을 실현
하기 위한 구체적인 방법으로 표현의 자유, 모임의 자유, 유익한 정보
에의 참여 등이 있다. 〈표 1〉에서 확인할 수 있듯이 아동권리협약은 아

동의 삶 전반에 관한 협약이기 때문에 상당히 포괄적인 권리를 규정하고 있다. 따라서 여성과 남성의 동등한 권리를 보장하는 것이 주요 목적인 여성차별철폐협약의 경우 4대 아동권리를 기준으로 구분할 경우 해당하는 조항이 없는 경우가 있다. 그러나 형사 미성년 규정을 제외한 다른 권리의 경우 아동과 성인을 구분할 필요없이 사람이라면 마땅히 누려야 할 포괄적 인권 규정이다. 따라서 이 글에서는 재북 시, 탈북 과정, 한국 정착 이후 북한 여성과 아동이 경험하는 인권 경험을 보다 명확하게 비교하기 위해 〈표 1〉의 내용을 바탕으로 아래 〈표 2〉와 같이 비교틀을 만들어 북한 여성과 아동이 적용받는 제도를 중심으로 이들의 인권 경험을 정리하고자 한다.

〈표 2〉 북한 여성과 아동 인권 경험 비교틀

구분		재북 시	탈북 과정	한국 정착
생존권	국적 및 신분	여성과 아동이 거주하는 각 협약 당사국의 생존권, 발달권, 보호권, 참여권의 각 하위 항목별 여성과 아동 권리 보장을 위한 제도 및 정책 유무에 따라 기호로 구분하여 표시		
	영양 및 보건			
	부모 양육			
	가정외 보호			
발달권	교육	○: 권리를 보장하는 제도 및 정책이 있고 해당 대상이 적용 대상인 경우		
보호권	불법 노동	x: 제도 및 정책이 없거나, 있다고 해도 해당 대상이 적용 대상이 아닌 경우		
	유해 환경			
참여권	의사존중 모임의 자유 표현의 자유 정보접근 등	△: 제도 및 정책은 있지만 실제 적용에 있어 대상간 격차 또는 제도와 현실의 격차가 큰 경우		

3. 재북 시−탈북 과정−한국 정착 이후 북한 여성·아동의 인권 경험

1) 생존권

(1) 국적 및 신분 제도

아동은 출생과 함께 이름과 국적을 가질 권리가 있다. 이름이란 단순히 아동을 부를 명칭에 그치는 것이 아니다. 아동이 이름을 가지고 국적을 가진다는 것은 한 국가의 법적인 보호를 받는다는 것을 의미한다. 아동에게 이름과 국적을 부여하는 것이 바로 출생제도이다. 출생등록을 통해 아동은 해당 국가의 복지, 교육, 보호 등의 혜택의 대상이 된다. 아동권리협약 가입 당사국은 이주민이나 난민의 아동이 출생신고를 하지 못해 무국적 아동이 되는 경우가 발생하지 않도록 사전에 제도를 정비하거나 또는 문제가 발생한 경우 아동이 무국적 상태에 놓여 있지 않도록 노력해야 한다. 아동의 신분을 지켜주고, 신분을 잃어버린 경우 회복시켜주는 것은 아동이 국적이 없음으로 인하여 보호를 받지 못하는 경우가 없도록 해야 한다는 의미가 있다. 아동권리협약은 아동에 대한 기본적인 보호와 권리 보장을 위해 가입 당사국이 해당 제도 개선, 정책 발굴 등을 통해 무국적으로 인해 보호받지 못하는 아동이 없도록 노력해야 한다는 점을 강조한다.

가입 당사국에 따라 국적을 부여하는 방식은 크게 속인주의와 속지주의로 구분할 수 있다. 한국, 북한 당국, 중국 모두 아동의 국적 부여 방식은 속인주의를 택하고 있다. 한국은 북한이탈아동의 부모 중 한 사람이 한국 국적을 가지고 있다면 아동에게 동일한 국적을 부여하고 있다. 즉, 북한이탈아동 당사자가 북한에서 출생했거나, 중국 또는 제3국에서 출생했더라도 부모 중 한 사람이 북한 주민이었고 아동의 국적 취득 당시 한국 국적을 보유한 상황이라면 해당 아동에게 한국 국적을 부여한다. 북한이탈여성의 경우에도 북한에서 출생한 것이 확인되면 한국 입국 후 국적을 부여받는 것에 있어서는 큰 어려움이 없는 상황이다. 반면, 북한이탈주민이 중국에서 아동을 출생하거나 북한에서 태어난 아동이 중국에 거주하고 있을 때 발생한다. 해당 아동의 부모, 특히 아동의 어머니가 북한 주민인 경우가 다수로 해당 여성이 중국인 남편과의 사이에서 출산한 아동은 국적 및 신분을 취득하는데 어려움이 발생한다. 북한 여성이 중국에서 출산한 자녀의 경우 중국인 남편과의 유전자 검사를 통해 친자를 증명하는 방식으로 신분 등록은 가능하다. 이 과정에서 유전자 검사 비용, 브로커 비용 등 상당한 비용이 발생한다. 그러나 중국 정부는 해당 아동과 자국민인 중국인 남편과의 혈연관계가 증명되면 신분 등록을 막는 것은 아니다. 문제는 해당 아동의 어머니인 북한 여성이다. 중국 정부는 북한과의 관계를 의식하여 북중 국경을 넘어 중국에 거주하는 북한 주민에게 난민의 지위 조차 인정하지 않고 있다. 과거 중국의 주민 관리 시스템이 전산화 되기 이전에는 불법으로 호구를 사서 중국 공민으로 등록하는 경우가 있었지만 전산화 이후 해당 방법으로 국적을 가지기 힘든 상황이 되었다. 중국 정부의 입장이 북한이탈주민을 난민으로 인정하지 않기 때문에 북한의 국경은 넘은 여성이 탈북 과정에서 중국에서 머무는 동안 무국적 상태를 피할 수 없는 것이 현실이다.

위에서 언급한 것과 같이 국적과 신분을 부여하는 것은 국가의 보호 대상이라는 것을 확인하는 가장 기본적인 요건이다. 북한 여성과 아동을 비롯한 북한이탈주민의 경우 중국에 거주하는 동안 신분과 국적에 대한 보호를 받지 못하기 때문에 북송의 위험에 불안해하며 의무교육을 비롯하여 인간이 누려야 할 기본적인 권리를 보장받지 못하고 있다. 국적이 없기 때문에 북한 여성과 아동은 영양 및 보건 관련 제도, 양육 관련 제도, 가정외 보호 관련 제도, 폭력과 학대 관련 제도, 노동 관련 제도, 표현의 자유를 보장 관련 제도 등의 중국 정부가 시행하는 공식적인 제도의 대상이 아니다. 그러나 제도가 아닌 실제적인 삶의 현상을 보면 좀 더 복잡한 양상이 나타난다. 제도적 측면에서 보면 북한 지역을 벗어난 여성과 아동은 북한에서 거주할 때는 영양 및 보건의 대상이지만 중국에서 거주할 때는 해당 권리의 대상이 아니다. 반면에 현실적 측면에서는 북한의 경제 상황에 따라 해당 권리가 전혀 보장되지 않았던 상당한 기간이 있었지만 중국에 거주하는 동안 기본적인 영양과 의료 환경에 접근 가능한 상황이기도 하다. 여성차별철폐협약 및 아동권리협약 가입 당사국의 제도 및 정책을 기반으로 북한 여성과 아동의 인권 경험을 비교하면 위에서 언급한 것과 같이 제도와 현실 사이에 차이가 발생하는 한계가 있다. 그러나 하나하나의 개별 사례에 따라 인권 경험에는 상당한 격차가 나타나기 때문에 여성과 아동 권리 보장 관련 제도를 중심으로 인권침해 경험을 분석하고자 한다.

(2) 영양 및 보건

영양 및 보건 관련 제도는 북한 여성과 아동의 생명권과 직결되는 중요한 조항을 포함하고 있다. 특히, 아동의 경우 적절한 영양을 섭취하며, 질병으로부터 보호받으며 건강하게 자랄 권리와 연결되는 필수적인 항목이다. 가입 당사국은 아동의 생명권을 보장하기 위해 아동이 충분히 영양을 섭취할 수 있도록 자원을 배분해야 할 의무가 있다. 더불어 아동의 건강 관련 데이터 수집, 아동 사망률 및 사망 원인 파악과 같이 아동의 건강에 직접적인 연관이 있는 분야를 파악하고 관리해야 한다. 가입 당사국은 아동이 적절한 영양을 섭취하는 것과 같이 기본적인 삶의 조건을 보장하는 것뿐만 아니라 환경오염, 위험한 식수로 인해 건강을 해치지 않도록 아동이 안전할 수 있는 환경을 적극적으로 구축해야 한다. 아동의 영양 및 보건 관련 입법적·정책적 결과물이 사회보장제도이다. 아동 역시 한 사회의 구성원으로 해당 국가의 사회보장제도의 대상으로 혜택을 누릴 수 있어야 한다.

북한 여성과 아동의 영양 및 보건 관련 제도는 크게 배급과 무상치료로 요약할 수 있다. 북한 당국은 보편적 복지를 표방하기 때문에 여성과 아동의 영양 및 보건 관련 제도 역시 헌법 조항을 통해 명문화하였다. 배급을 통해 영양 관련 권리를 보장하는 것 외에 아동에게는 특별히 1980년 제정한 「조선민주주의인민공화국 인민보건법」 중 제24조 국가 및 사회협동단체가 아동의 건강을 보장하기 위한 조치를 취해야 한다는 조항이 있다. 해당 조항의 구체적인 내용은 아동의 건강을 보장하기 위해 영양제, 비타민, 성장촉진제 공급도 명문화해둔 것이었다. 이와 더불어 아동이 종일 생활하는 탁아소, 유치원에 대해 영양 관리와 위생관리를 할 것을 명시하였다. 아동이 무상치료를 받을 권리는 「조선민주주의인민공화국 아동권리보장법」 제3장 제33조~제37조를 통해 보장하고 있다. 이는 북한 복지제도의 특성상 아동에게만 주어지는 권리로 볼 수는 없다. 북한 국적을 가진 사람은 모두 제도적으로는 무상치료를 받을 수 있다. 다만, 성인과 달리 아동에게만 보장되는 무상치료 영역이 있는데 탁아소, 유치원, 학교에 의료진을 배치하고 아동병원 또는 아동 병동을 두는 것이다. 무상치료의 핵심은 예방과 치료에 대한 일체의 비용을 국가가 전적으로 부담한다는 것이다. 무상치료의 범위는 병을 예방 및 치료하는데 드는 진찰비, 실험 검사비, 약값, 입원 치료비, 요양비, 요양소에 가기 위한 여비, 건강검진비, 의료상담비, 예방접종비, 교정기구비이다. 북한 여성과 아동이 북한에서 거주할 때 영양 및 보건 관련 권리를 제도적으로 보장받는 대상이기는 하지만 해당 제도는 기본적으로 예산의 투입과 집행이 필요하다. 따라서 북한의 경제 상황에 따라 가장 심각하게 침해당한 권리이기도 하다.

북한 여성과 아동이 중국에 거주하는 동안 제도가 아닌 현실 삶의 단위에서는 적절한 영양 섭취, 병원에 접근, 안전한 식수에 접근이 불가능한 상황은 아니다. 그러나 중국 국적을 취득하지 못한 북한 여성과 아동은 중국 정부가 제공하는 영양 및 보건 관련 제도의 대상은 아니다. 이것의 의미는 중국 정부가 해당 여성과 아동의 질병, 사망 원인과 같은 기본적인 건강 정보를 바탕으로 필요한 정책을 만들거나 시행할 수 없다는 것을 의미한다. 보다 나은 삶을 누릴 기회조차 주어지지 않는다는 것을 의미한다.

북한 여성과 아동이 한국에 입국한 이후에는 보호시설에서 머무는 동안 주민등록을 완료하여 대한민국의 사회보장제도에 편입된다. 이후 일반적인 영양 및 보건 관련 제도의 대상이 될 뿐만 아니라 소득분위에 따라 특별한 보호의 대상이 되기도 한다. 물론 제도의 적용에는 비보호 결정과 같이 사각지대가 존재하기도 하지만 대다수의 북한 여성과 아동은 사회보장제도의 보호 대상으로 영양 및 보건의 권리를 보장받는다.

(3) 부모 양육 제도·가정외보호 아동 양육 제도

부모는 아동을 양육하고 보호하는 일차적인 책임자이다. 여성차별철폐협약 역시 여성이 자신의 자녀를 양육하고 보호할 수 있도록 가입 당사국이 제도적으로 여성의 자녀에 대한 양육 권리를 보장할 것을 명시하고 있다. 아동권리협약에서도 아동을 양육하고 보호하기 위한 당사국의 노력을 규정하고 있다. 아동 최상의 이익을 실현하기 위해서 아동을 가정 안에서 양육하는 것을 최우선 가치로 두고 있다. 아동이 가족 안에서 성장하고 적절한 양육과 교육을 받을 수 있도록 가입 당사국은 제도를 마련하고 정책적 지원을 해야 한다. 아동이 가정 안에서 양육을 받는 것이 최선인 상황이지만 가정폭력, 학대 등과 같이 아동이 부모와 분리되는 것이 필요한 상황이 있다. 또한 부모의 이혼, 사망 등의 이유로 아동을 가정 내에서 양육하는 것이 어려운 경우가 있다. 이 경우 가입 당사국은 부모와 분리될 가능성이 있거나 분리된 아동에 대해 제도적인 지원을 해야 한다. 부모와 분리된 아동에 대한 지원의 가장 첫 번째 단계는 아동의 할아버지와 할머니, 형제자매, 친척 등이 아동을 양육할 수 있는 상황인지를 확인해야 한다. 만약, 위에서 언급한 사람들이 아동을 양육할 수 없다면 위탁가정, 입양 등의 방법을 모색해야 한다. 아동을 사회에서 분리하여 아동 보호 시설에서 양육하는 것은 최후의 수단이어야 한다.

북한 당국의 입양제도는 입양 시 아동의 의사를 반영할 것을 명시한 아동권리협약의 조항을 인용하여 만 6세 이상일 경우 입양 여부에 대해 아동의 동의를 받아야 한다는 점이다. 아동의 의사를 존중한다는 취지와 다르게 만 6세 아동의 동의를 획득하는 것이 얼마나 현실성 있는 조치인지에 대해서는 의문이 남는다. 시설보호의 경우 아동의 연령에 따라 보호 기관이 다르다. 북한의 시설보호 기관은 육아원, 애육원, 초등학원, 중등학원이 있는데 각각 탁아소와 유치원, 소학교, 중학교 과정에 해당하는 기관이다.

북한 아동이 북한 내에서 거주할 때에는 북한 당국이 제공하는 양육 관련 제도의 대상이 된다. 그러나 부모 양육은 실제 "탈북"이라는 요소가 개입하면 제도와 현실의 가장 큰 격차를 보이는 분야이기도 하다. 부모가 먼저 탈북을 했거나 아동이 혼자서 탈북을 한 경우 부모와의 분리는 불가피한 상황이다. 또는 부모가 장사를 하기 위해 장기간 집을 비우는 상황도 있다. 일반적으로 "탈북"이라는 요소가 개입했을 때 발생한 아동과 부모의 분리는 매우 비공식적으로 발생하고, "발생할 수밖에 없는" 상황이기 때문에 이때 북한 당국의 개입은 무의미하거나 발생할 수 없다. 일반적으로는 아동의 확대가족 중 한 일원이 아동을 양육하거나 경우에 따라서는 이웃이 아동을 돌보거나, 가장 최악의 경우에는 아동이 혼자 생활을 하는 경우도 있다.

중국에서 북한 아동이 거주하는 동안 발생하는 부모 양육 및 가정외 보호 관련 문제는 아동이 미성년인 상태에서 혼자서 탈북을 한 경우와 아동의 부모 중 한 사람이 먼저 한국으로 입국한 경우 발생한다. 이 두 경우는 양상이 상당히 다르게 나타난다. 아동이 미성년인 상태에서 혼자서 탈북을 하는 경우는 주로 불법체류의 상태에서 노동 통해 스스로 생계를 꾸려야 하거나 최악의 경우 인신매매의 대상이 되기도 한다. 이는 단지 아동이 부모 양육을 받을 권리만 침해되는 것이 아니라 유해한 환경에 놓이지 않을 권리까지 함께 침해받고 있는 상황이다. 중국에 거주하는 동안 부모 중 한 사람, 특히 북한 국적을 가진 보호자가 한국으로 먼저 입국한 경우 아동은 부모와의 분리가 불가피하다. 이 경우 중국에 거주하는 보호자의 동의가 없다면 아동은 한국으로 간 보호자와의 재회에 상당한 제약을 받는다. 거듭 강조되는 사항이지만, 해당 아동과 북한 국적을 지닌 보호자는 중국 정책의 대상이 아니다. 중국 국적을 가진 보호자가 다른 보호자와 아동의 재회를 지원하지 않는다면 아동은 나머지 보호자와 재회할 권리를 누리지 못하는 상황에 놓인다.

한국에 입국한 북한이탈아동은 부모가 북한 또는 제3국에 거주하고 있는 상황일 때 해당 아동은 주로 종교 및 복지 시설에서 운영하는 그룹홈이나 시설을 통해 부모와 재회할 때까지 보호를 받는다. 또는 영구적으로 보호자가 부재한 상황일 때는 아동이 성인이 될 때까지 대안양육의 대상으로 위탁가정 또는 그룹홈, 시설에 머무른다. 중국에 보호자가 있는 아동은 한국에 입국한 뒤에도 부모와의 재회에는 상당한 제약이 있다. 아동의 부모 중 한 사람이 중국 국적을 가진 경우 해당 보호자가 한국으로 이주하여 아동과 함께 생활할 수 있는 제도 및 지원은 충분한 상황은 아니다. 각 개별 사례에 따라 한국 국적을 획득한 다른 보호자와의 혼인신고를 통해 해당 보호자가 한국에 거주 권한을 획득한 상태로 아동과 재회할 수밖에 없다. 자주 발생하는 사례는 아니지만 아동 혼자서 한국에 거주하며 해당 아동의 보호자가 북한에 거주하고 있다면 이 경우는 한국의 제도가 개입할 수 있는 여지가 전혀 없다.

2) 발달권

아동권리협약에서 규정하고 있는 발달권은 교육을 받을 권리와 여가 및 문화생활을 누릴 권리로 구분할 수 있다. 이 글에서는 북한 여성과 아동의 발달권에 대해 함께 다루기 위해 발달권의 보다 기본적인 제도인 교육제도를 중심으로 여성과 아동의 인권 경험을 비교하고자 한다. 여성과 아동에게 적절한 교육의 기회와 권리를 보장하는 것은 한 사회의 구성원으로서 역할을 하기 위한 기본적인 조건이다. 이를 위해 아동권리협약은 가입 당사국에게 초등교육을 의무적으로 시행하도록 규정하고 있으며 아동이 의무교육을 받지 못하는 경우가 없도록 무료로 제공하여야 함을 강조한다. 여성차별철폐협약 역시 여성이 성별, 거주지역 등과 상관없이 취학전 교육, 일반교육, 기술교육 등 모든 형태의 교육 및 직업훈련에서 차별이 없어야 한다는 것을 규정하고 있다.

북한의 교육 분야 권리 보장의 주요 내용은 무료의무교육을 받을 권리이다. 북한의 아동권리보장법 제3장에서 주목할 부분은 제23조 무료 의무교육을 받을 권리로 "전반적12년제의무교육"에 대한 규정과 해당 교육은 무료로 실시한다는 내용을 담고 있다. 북한 당국은 제도상으로는 무료교육을 보장하고 있다. 수업료와 같은 명목상 비용은 들지 않지만 파지 제출, 토끼가죽 제출 등 학교에서 아동에게 부여하는 과업을 고려하면 실제 북한의 교육제도가 무료교육 제도를 보장하는지에 대해서는 의문이 있다. 북한의 교육기관은 학교 교육기관과 사회 교육기관으로 구분 가능한데 학교 교육기관에는 유치원, 소학교, 중학교가 있으며, 사회 교육기관은 각 지역의 도서관, 학생소년궁전, 학생소년회관 등이 있다. 북한 당국은 무료의무교육 보장을 위해 교육지도기관과 지방인민위원회가 학령기 아동을 빠짐없이 파악해서 입학을 보장하고, 아동교육기관과 부모가 아동이 학교교육과정을 완전히 마치고 졸업할 수 있도록 해야 한다는 규정을 두고 있다. 가정외보호 아동과 수재 교육 대상인 우수 학생에 대한 규정도 별도로 존재한다. 북한 당국이 보장하는 무료교육은 수업료, 저렴한 가격에 학용품 보장, 장학금 지급, 학교를 다닐 수 있도록 생활비 보장 등의 범위로 구분할 수 있는데 아동의 보호 형태에 따라 차등을 두고 보장하고 있다. 제도상으로는 수업료 면제와 저렴한 가격에 학용품을 보장하는 것을 바탕으로 수재 교육 대상 아동에게는 장학금 지급까지, 가정외보호 아동에게는 생활비 지급까지 제공할 것을 규정하고 있다.

북한 여성과 아동이 중국에 거주하는 동안 교육의 권리를 누리는 상황을 파악하기 위해서는 각 개별 사례를 살펴보아야 한다. 중국 국적이 없는 북한 아동은 당연히 중국 정부의 의무교육 대상이 아니기 때문에 아동이 교육을 받기 위해서는 각 거주지 주변 학교장의 허가를 통해 학교를 다닐 수 있다. 이때 아동의 속한 가정의 경제 상황에 따라 정규

학교 교육을 받을 수 있는지 여부가 나뉘거나 또는 아동 보호자의 의지에 따라 아동에게 교육받을 기회가 주어지는 상황이다. 그러나 아동의 경우 중국인 아버지를 통해 중국 국적을 획득하는 경우가 상당수 있어 중국 정부의 정규교육 대상이 된다. 문제는 북한 여성으로 해당 지역에서 살기 위한 기본적인 언어 교육에서부터 취업 관련 교육 등 정식 교육을 받을 수 있는 기회가 전혀 주어지지 않는다. 불안정한 신분으로 인해 정상적인 경로로 취업하기도 어려운 상황이기도 하지만 해당 여성이 떠날 것을 우려한 중국 가족의 일상적인 감시로 인해 집 밖을 나서기 힘든 경우도 나타난다. 또한, 중국 국적 취득은 물론 난민으로도 인정받지 못하는 상황으로 북한 여성이 중국에서 거주하는 동안은 제도적 보호의 대상이 되지 못하는 실정이다.

북한 여성과 아동이 한국에 입국한 이후에는 한국 교육제도의 대상이 된다. 제도적인 측면에 있어서는 아동은 기본적으로 한국 아동과 동일한 제도의 대상이자 북한이탈주민으로서 특별한 보호의 대상이기도 하다. 특별한 보호의 주요 내용은 대학 특례입학 제도, 학비 지원 등이 있다. 제도만 살펴보자면 한국에서 태어난 아동과 비교해 북한이탈아동은 특별한 보호를 더 받고 있는 상황이다. 북한이나 중국에 거주하는 동안 발생한 학력 손실을 최대한 회복하기 위한 국가적 차원의 정책이 시행되고 있는 상황이다. 특히, 북한 여성의 경우 만 35세 이하라면 대학 입학 및 8학기 동안 등록금을 지원 받는 등 교육권리 보장에 있어서 상당한 제도적 혜택이 주어진다. 그러나 현실 단위에서 발생하는 한국 거주 북한이탈아동의 발달권 관련 문제는 심리적·인식적인 차원에서 발생한다. 북한이탈아동의 말투, 사회적 배경과 같은 요인으로 인해 또래 집단과 어울리지 못하는 문제, 기초학력 부족으로 기존 제도권 교육 환경에서 배제 및 학업 중단 문제 등이 발생하고 있다. 북한 또는 중국에서 거주하는 기간이 긴 아동의 경우 기초학력을 갖추는데 있어 한국에서 거주하는 아동과 비교해 불리한 상황에 있기 때문에 해당 격차를 해소하는데 필요한 지원도 함께 진행된다. 특별한 보호는 아동 보호자의 국적에 따라 차별적으로 발생한다. 특히 대학 입학과 관련해서 제3국 출생 아동의 경우 "정원 내 특별전형"의 대상이긴 하지만 현실적으로 정원 내 특별전형은 제한된 정원 안에서 한국어를 원활하게 사용하는 한국에서 태어난 아동과 경쟁해야 하는 상황이기 때문에 상당한 어려움을 겪고 있다.

3) 보호권

(1) 불법 노동

아동과 성인을 구분하는 연령 기준은 불법 노동으로부터 아동을 보호하기 위한 기준이 되기도 한다. 아동은 성장 기간 동안 충분히 보호받고 교육받기 위해 강제 노동에서 자유로워야 한다. 아동권리협약이 아동 노동을 금지하는 것도 아동이 노동에 종사함으로써 위험한 환경에 노출되어 성장에 방해가 되지 않아야 하며, 교육의 기회를 잃어버리지 않아야 하기 때문이다. 또한, 노동 과정에서 위험하거나 부당한 일이 발생하더라도 성인과 달리 아동은 정당한 권리를 요구할 힘이 없거나 상황에 대처할 수단과 방법을 스스로 행사할 수 없다는 점을 들어 아동 노동을 반드시 철폐해야 할 일로 설명하고 있다. 물론 부모의 동의를 받고 안전한 환경에서 자아실현을 목적으로 하는 노동은 장려한다. 아동권리협약에서 금지하는 것은 아동의 의사와 관계없이 강제 노동의 상황에 놓이는 것을 의미한다. 여성차별철폐협약 역시 여성이 불법적인 노동에 종사하지 않도록 가입 당사국이 제도적으로 보호하여야 하며, 남성과 동등하게 노동의 권리를 보장할 것을 명시하고 있다.

북한은 사회주의헌법 제2장 제31조에서 노동 가능 기준을 16세로 규정하면서 해당 연령 미만인 사람의 노동은 법으로 금지하고 있다. 북한 당국이 헌법에서 아동 노동을 금지하고 있지만 실제로 북한 사회에서 아동 노동은 공공연하게 발생한다. 다만 아동 노동 구조가 일반적인 아동 노동의 구조가 다른 양상을 보인다.[2] 국제사회에서 발생하는 아동 노동의 구조는 해당 국가의 묵인 아래 다국적 기업이 아동 노동의 한 축을 구성하고 있다. 반면, 북한의 경우 북한 당국의 동원 아래 아동이 노동에 활용되고 있는 상황이다. 대표적인 예시가 학령기 아동에 대한 정기적인 동원 활동이다. 아동은 학교생활 기간 동안 봄과 가을에 정기적으로 나무심기, 농촌동원 등의 활동을 한다. 북한 당국은 이러한 활동에 대해 북한 사회에 적합한 인간상을 구현하기 위한 고유의 교육 활동이라고 주장한다. 국제사회는 북한 당국의 아동 동원 활동을 강제 아동 노동으로 보고 중단할 것을 지속적으로 권고하고 있다. 그러나 북한의 헌법 및 법률에는 아동이 노동에 동원되는 경우가 발생하더라도 해당 상황에 대한 처벌 규정이 없다. 처벌 규정은 위법 행위를 방지할 수 있는 강력한 조치이다. 그러나 아동 노동을 금지하는 조항만 있고 이를 위반했을 경우 처벌 규정이 없다는 것은 실제로 아동이 노동 현장에 동원되지 않도록 하거나 동원되더라도 막을 수 있는 방법이 없다는 것을 의미한다.

북한에서 여성은 "혁명의 한 쪽 수레바퀴" 역할을 수행해야 하는데 이 표현에 대한 북한 당국의 설명은 남성과 여성이 동등한 권리를 가진 주체라고 설명한다. 북한 당국의 이러한 설명이 무색하게 공적 노동 영

---

2) Miju Kim, "Differences in Recognition of Child Labor: The International Community vs. North Korea", Journal of Peace and Unification, vol. 10, no. 1, pp. 54-55.

역에서 북한 여성이 차지하는 위치는 남성의 보조적인 역할에 머물고 있는 것으로 나타난다. 북한 당국은 상급학교에 진학하거나 군대에 나가는 사람을 제외하고 중학교를 졸업하는 사람들을 "배치" 형식을 통해 노동현장으로 보낸다. 실제 기관·기업소가 운영되는 것과는 별개로 해당 직장에 배치받은 사람들은 노동의 의무를 다해야 한다. 그러나 고난의 행군 이후 기관·기업소가 멈춰 있는 경우가 많으며 해당 기관에서 주는 월급으로 배급을 받을 수 없어 상당수의 북한 주민은 장사를 통해 생계를 이어갈 수밖에 없는 것이 현실이다. 이때 주목해야 할 현상은 남성과 여성 중 장사를 통해 생계를 유지하는 주체가 바로 여성이라는 점이다. 고난의 행군 기간 이후 여성이 장사에 나설 수 있었던 것 원인 중 하나가 공적 노동 영역인 기관·기업소에는 "남성만 출근하면 되는 암묵적인 규칙"이 존재했기 때문이다. 여성 노동을 보장한다는 제도와 달리 북한의 경제상황과 노동 현장을 고려하면 북한 여성의 노동권이 완전히 보장되는지에는 의문이 있다.

북한 여성과 보호자가 없는 북한 아동이 중국에 거주하는 동안 발생하는 노동 관련 경험은 불법 노동자의 형태로 생계를 유지할 수밖에 없는 상황이다. 여성의 경우 국적 획득이 어려워 정식 취업이 어려운 상황이다. 이로 인해 적절한 임금을 받지 못하거나 임금 체불을 당하는 경우, 위험한 노동 환경에 놓이는 경우, 불평등하고 불합리한 처우를 받는 경우 등이 발생하더라도 거주 국가로부터 도움 또는 보호를 받을 수 없다. 특히, 중국 남성과 결혼한 여성의 경우 공적 영역에서의 노동보다는 소속 가정에서 농사일꾼으로서 역할을 강요받는 경우도 발생한다.

한국에 거주하는 북한이탈여성은 대한민국 노동법의 적용 대상이다. 노동현장으로 가기 위해 직업훈련에서부터 북한이탈주민이기 때문에 주어지는 취업 장려를 위한 특별한 제도적 지원의 대상이기도 하다. 북한이탈아동 역시 강제노동은 제도로는 완벽하게 금지되어 있다. 아동이 부모의 동의를 받아 아르바이트를 하는 경우에는 노동법을 통해 보호를 받을 수 있다. 물론 어디까지나 현실의 개별 사례에서는 아동이 생계 문제로 인해 노동을 해야만 하는 상황이 발생하기도 한다. 특히, 아동 혼자 한국에 거주하는 경우 국가의 지원이 있지만 생계와 학업을 지속하기 위해 경제적인 어려움이 발생하는 경우가 있다. 이 경우 아동이 노동 환경에 놓이기는 하지만 협약이 규정하고 있는 강제 노동과는 상당한 차이가 있다. 이러한 상황은 제도적 차원에서는 강제노동을 금지하고 아동에 대한 착취가 발생하지 않도록 국가적 차원의 지원이 있다는 것을 의미한다.

(2) 유해 환경

여성차별철폐협약과 아동권리협약은 위험한 약물, 경제적 및 성적 착취, 학대, 방임, 인신매매와 납치 등과 같은 상황에서 여성과 아동을 보호해야 한다는 것을 규정하고 있다. 북한 여성과 아동이 북한에 거주하는 동안 가장 위협받는 항목은 위험한 약물에의 노출이다. 이때 위험한 약물에 노출되는 경우는 일반적인 약물 오남용과 마약에[3] 접근하는 경우로 구분할 수 있다. 물론 제도로는 마약을 제조하거나 사용, 불법 밀매를 하는 경우 엄중한 처벌을 한다는 규정이 있지만 실제 북한이탈주민의 증언에서는 제도와는 다른 현실이 나타난다.

북한이탈주민과의 면담에서 자주 등장하는 단어가 있다. 일명 "이소

---

[3] 북한주민이 마약을 지칭하기 위해 주로 사용하는 명칭은 빙두 또는 얼음이지만 이 글에서는 유엔아동권리협약 보고서를 작성할 때 북한 당국이 사용하는 명칭인 마약을 그대로 사용하고자 한다.

니지뜨"라고 불리는 결핵 치료용 약물이다. 이소니지뜨의 정식 발음은 "이소니아지드(Isoniazid)"로 한국의 경우 의사의 처방 없이 복용할 수 없는 약물이다. 그런데 북한 주민의 경우 장마당에서 해당 약품을 의사의 처방 없이 구매할 수 있다. 해당 약물뿐만 아니라 해열제, 소화제 등을 비롯한 다양한 약품을 장마당에서 처방 없이 스스로 구매해서 복용하기 때문에 약물 오남용을 하는 경우가 상당하다. 마약 역시 일부 북한이탈주민 면담에서 뇌혈전을 풀어주고 뇌기능을 강화한다는 명목으로 "약"이라고 생각하는 인식을 발견할 수 있다. 아동이 시험을 앞두고 있는 상황에서 각성 효과를 위해 부모가 아동에게 마약을 주기도 한다는 것이다. 해당 상황은 아동의 건강과 생명과 직결되는 문제로 북한 당국의 보다 적극적인 대처가 필요하다.

북한 여성과 아동이 중국에 거주하는 동안 발생하는 가장 큰 위해 환경은 인신매매의 대상이 된다는 것이다. 특히, 아동이 혼자서 탈북하는 경우와 여성의 경우 인신매매가 자발·비자발적인 수준에서 발생한다. 인신매매의 상황을 인지하고 있지만 탈북을 위해 어쩔 수 없이 해당 선택을 해야하는 경우에서부터 속아서 탈북 후 인신매매의 대상이 되는 경우까지 해당 문제는 여성과 아동이 안전할 권리와 자기결정권이 상당히 침해받는 상황으로 가장 시급하게 해결되어야 하는 사안이다.

한국에 입국한 북한 여성과 아동은 북한 및 중국에 거주할 때 경험한 것과 다른 종류의 위해한 환경에 놓이게 된다. 특히 아동의 경우 스마트폰 및 게임 중독이라는 위해 요소가 등장한다. 서울시 교육청이 2013년에 진행한 '스마트폰 및 인터넷 이용습관 전수조사' 결과에 따르면 소득 수준이 낮을수록 아동이 스마트폰 중독일 경우가 높게 나타난다. 더불어 한국정보화진흥원이 2013년에 발표한 '2012 신디지털 격차 현황 분석 및 제언' 보고서에 따르면 4대 소외계층(장애인, 저소득층,

농어민, 장노년층)과 북한이탈주민과 결혼이민자 약 17,500명을 조사한 결과 일반 국민의 모바일 정보화 수준을 100으로 뒀을 때 해당 설문 대상자는 약 46.1%에 머무른 것으로 나타난다. 정부가 디지털 격차를 줄이기 위해 2000년부터 컴퓨터와 인터넷 통신비를 지원하는 사업에만 중점을 두어 과다 사용과 같은 부작용을 막는데는 소홀히 했다는 지적이 있다. 두 조사 결과를 보면, 스마트폰 및 게임 중독은 북한이탈아동만이 경험하는 것은 아니지만 올바른 스마트폰 및 컴퓨터 사용 교육을 받기 전에 해당 매체를 접할 가능성이 높아 중독률이 높게 나타난다는 것이다. 정보격차 해소를 위한 지원과 함께 올바른 정보이용 방안에 대한 교육 지원도 함께 진행하는 것을 통해 해당 문제에 접근해야 한다.

4) 참여권

여성차별철폐협약에서는 미성년이 아닌 여성에 대해 해당 권리를 구체적으로 규정하고 있지 않다. 따라서 해당 권리는 아동을 중심으로 설명을 진행하고자 한다. 아동권리협약이 제시한 참여권의 의미는 아동이 자신의 삶과 관련 있는 문제를 결정하는데 있어 자유롭게 생각하고 자신의 생각을 표현할 수 있어야 한다는 것이다. 이를 위해서 의견 존중, 표현의 자유 등이 아동 참여권 영역에서 중요한 권리로 기능하고 있는 것이다. 북한의 경우 참여권 관련 규정을 모두 아동권리보장법 각 조항으로 반영하였다. 이 기준에 따르면 부모 이혼 시 양육자 지정, 입양, 국적 취득 및 변경은 아동의 삶과 관련 있는 문제이며 이 과정에서 아동의 의견을 청취하는 것은 제도상으로 아동의 의견을 존중하는 것으로 볼 수 있다. 부모가 이혼하는 경우 아동 의견 청취 연령은 3살이며, 입양 시 입양 동의에 대한 아동 의견 청취 연령은 한국의 경우 13세인 반면 북한은 6세이다. 이 두 경우 아동의 의견을 청취하는 연령이 지나치게 낮아 실효성을 논하기 어렵다.

모임의 자유 관련해서도 제도와 현실 사이 격차가 크게 나타난다. 아동권리협약이 규정한 모임의 자유는 아동이 자신이 관심사를 바탕으로 자발적으로 모임을 만들고 참여하는 것을 의미한다. 그러나 북한 당국이 보고서를 통해 아동의 결사 및 모임의 자유를 보장하고 있다는 보고의 핵심은 소년단 및 김일성-김정일주의청년동맹 활동을 통한 사회참여, 단체가입 및 견해표시 보장이다. 소년단과 김일성-김정일주의청년동맹은 자유로운 가입과 탈퇴가 가능한 단체가 아니다. 소년단과 김일성-김정일주의청년동맹은 아동이 자발적으로 가입하는 조직이 아닌 모든 아동이 가입해야 하는 국가 조직이다. 소년단의 경우 선발 과정에서부터 우수한 학생 순으로 가입 시기에 차등을 두고 있으며 주요 활동 목적은 "배움의 천리길" 등 답사 행군과 야영 등을 통해 북한 당국에 대한 충성심 및 혁명성을 고취시키는 것이다. 고급중학교 1학년이 되면 김일성-김정일주의청년동맹 가입대상이 된다. 청년동맹 역시 소년단과 마찬가지로 의무 가입 조직이며 청년동맹의 주요 활동 내용은 사상 교양, 당 후비대 사업, 경제 건설 동원, 통일대남 정책 지원 등이다. 따라서 북한 당국의 주장처럼 소년단 및 김일성-김정일주의청년동맹 활동을 통해 아동 참여권이 보장되는 것으로 판단하기는 어렵다. 참여권과 관련하여 국제사회와 북한 당국의 인식이 가장 큰 차이를 보이는 지점이다.

참여권의 경우 북한이탈아동이 중국에 거주하고 있는 동안은 제도적으로는 완벽하게 권리 보장 대상이 아님을 알 수 있다. 자신이 속한 환경을 바꾸기 위해 아동 스스로 모임을 만들거나 목소리를 낼 수 있는 통로조차 없다. 다만 북한과 비교해서 유익한 정보에의 접근은 보다 용이한 상황으로 판단할 수 있다. 북한이탈아동이 한국에 입국한 이후 참여권 보장은 제도적으로는 남한 아동에게 주어지는 권리와 동일한 권리를 누릴 수 있다.

4. 결론: 북한 여성과 아동의 인권 경험 비교

북한 여성과 아동의 재북 시-탈북 과정-탈북 이후 인권 현황을 파악하기 위해 분석틀 〈표 2〉 4대 아동권리를 기반으로 여성과 아동의 각 공간별 인권 경험을 비교 정리한 결과는 〈표 3〉과 같다. 〈표 3〉은 북한 여성과 아동이 거주하는 여성차별철폐협약과 아동권리협약 당사국의 생존권, 발달권, 보호권, 참여권의 각 하위 항목별 여성과 아동 권리 보장을 위한 제도 및 정책 유무에 따라 기호로 구분하여 표시하였다. 여성과 아동 권리를 보장하는 제도 및 정책이 있고 여성과 아동이 해당 제도 및 정책의 대상인 경우 ○, 제도 및 정책이 없거나, 있다고 해도 해당 여성과 아동이 적용 대상이 아닌 경우는 ×, 제도 및 정책은 있지만 실제 적용에 있어 대상간 격차 또는 제도와 현실의 격차가 큰 경우는 △로 표현하였다.

〈표 3〉 북한 여성과 아동 재북 시-탈북 과정-한국 정착 이후 인권 경험 비교 결과

구분		재북 시		탈북 과정		한국 정착	
		여성	아동	여성	아동	여성	아동
생존권	국적 및 신분	○	○	×	○	○	○
	영양 및 보건	△	△	×	○	○	○
	부모 양육	−	△	−	×	−	△
생존권	가정외 보호	−	△	−	×	−	○
발달권	교육	△	△	×	×	○	○

구분		재북 시		탈북 과정		한국 정착	
		여성	아동	여성	아동	여성	아동
보호권	불법 노동	△	△	×	×	○	○
	유해 환경	△	△	×	×	○	○
참여권	의사존중모임의 자유표현의 자유정보접근 등	-	△	-	×	-	○

위에서 언급한 것과 같이 해당 비교는 제도를 기반으로 북한 여성과 아동의 인권 경험을 비교한 것으로 제도와 현실 사이의 괴리 및 개별 사례의 특수성을 자세히 담지 못한다는 한계가 있다. 그러나 각 단계별로 첨예하게 침해받는 여성과 아동의 권리를 발견함으로써 개별 국가 단위 또는 국제사회의 개입을 통해 시급하게 해결해야 할 문제를 언급하며 이 글을 마무리하고자 한다. 먼저, 북한 여성과 아동이 북한에 거주하는 동안 가장 큰 인권침해를 받는 영역은 영양 및 보건 관련 제도와 유해 환경으로부터 보호받을 권리로 나타났다. 영양 및 보건 관련 제도는 아동 사망률, 만성 및 급성 영양실조와 같은 통계 수치를 통해서도 나타나듯이 한국, 중국 및 전 세계 평균과 비교해서도 여전히 높은 상황이다. 또한, 약물 오남용과 같은 유해 환경에서 여성과 아동을 보호하기 위해 북한 당국 차원에서 주민 대상 교육 및 제도 점검이 필요하다. 무엇보다 충분한 의약품 확보 및 공급 개선을 통해 장마당에서 불법으로 의약품을 구매하는 상황을 차단하는 조치가 선행되어야 한다. 또한, 참여권의 예시에서 확인할 수 있듯이 아동권리협약과 북한 당국이 인식하는 권리의 정신이 불일치 하는 경우도 발생한다. 이러한 이유로 북한 여성과 아동이 북한에서 거주할 때에는 여성차별철폐협약과 아동권리협약에 기반하여 북한 당국이 제도는 마련했지만 현실은

상당히 다르게 나타나는 문제가 발생한다. 해당 상황의 개선을 위해서는 예산 및 자원의 투입이 필요하거나 북한 당국의 인식 개선을 위한 지속적인 의견 전달이 필요하다. 이는 북한 당국이 단독으로 해결할 수 없는 문제로 국제사회의 지원과 협력을 통해 상황을 개선해나가는 노력이 필요하다.

북한 여성과 아동이 중국에 거주할 때 발생하는 인권 침해의 핵심은 아동 및 해당 아동의 보호자인 여성에 대한 난민 지위 불인정으로 인해 국적 및 신분 보장 권리가 지켜지지 않는다는 사실에서 발생한다. 국가가 여성과 아동을 인지하고 보호 대상으로 제도에 편입하는 시작이 바로 국적을 부여하고 신분을 보장하는 것이다. 해당 권리가 지켜지지 않음으로써 다른 모든 권리 및 제도권 밖에서 인권 침해를 경험할 수밖에 없는 상황이다. 중국과 북한과의 관계, 중국 내부적인 인권 인식 등과 같은 여러 걸림돌이 있지만 북한의 국경을 넘은 여성과 아동이 최소한의 안전을 보장받고 인간다운 삶을 누리기 위해 해당 문제에 대한 중국 정부의 인식 제고와 중국 정부를 향한 국제사회의 지속적인 관심과 개선 요청이 필요하다.

한국에 입국한 이후 북한이탈여성과 아동은 제도적으로는 생존권, 발달권, 보호권의 적용받는 대상이 된다. 아동의 경우 참여권 보장의 대상이기도 하다. 오히려 한국 출생 비북한이탈주민과 비교하여 "북한이탈주민"이기 때문에 한국 사회 정착을 위해 추가적인 제도적 차원의 지원이 있는 상황이다. 제도적 측면에서는 북한, 중국과 비교해 상당히 높은 수준으로 여성과 아동 권리가 보장되는 것으로 나타난다. 그러나 한국에서 발견할 수 있는 북한이탈여성과 아동의 인권 경험은 제도적 차원보다는 인식적 차원에서 발생한다. 특히, 발달권 영역에서 북한이탈아동이 제도권 밖으로 소외되는 원인 중 하나가 "북한에서 왔다"는 이유로 따돌림 또는 차별을 느꼈기 때문이라고 응답하는 당사자가 상당한 만큼 해당 인식을 개선하기 위한 제도적·정책적 노력이 필요하다.

▌참고문헌

1. 국문단행본

김석향·김미주·오은찬. 『통일기반구축을 위한 민간단체(NGO)의 역할 모색: 북한 아동복지현안을 중심으로』. 서울: 초록우산 어린이재단, 2014.

도경옥 외. 『북한 여성·아동 인권 실태』. 서울: 통일연구원, 2016.

보건복지부·한국아동권리모니터링센터. 『유엔아동권리협약 이행상황보고서와 권고문 Ⅲ』. 서울: 보건복지부·한국아동권리모니터링센터, 2011.

이규창 외. 『인도적 지원을 통한 북한 취약계층 인권 증진 방안 연구』. 서울: 통일연구원, 2013.

임순희 외. 『북한의 여성권·아동권 관련 법 제정 동향』. 서울: 통일연구원, 2011.

_____. 『북한의 아동교육권 실태와 관련 법령 제정 동향』. 서울: 통일연구원, 2012.

정미라 외. 『한국의 현대적 아동관에 대한 탐색』. 서울: 창지사, 2006.

통일부 통일교육원. 『2020 북한 이해, 서울: 통일부 통일교육원』. 2020.

2. 영문단행본

Central Bureau of Statistics DPR Korea. *Democratic People's Republic of Korea 2008 population Census National Report*. Pyongyang: Central Bureau of Statistics DPR Korea, 2009.

OHCHR. *Human Rights Indicators*. United Nations, 2012.

Convention on the Elimination of All Forms of Discrimination against Women, *Adopted and opened for signature, ratification and accession by General Assembly resolution, 34/180 of 18*, December 1979.

Convention on the Rights of the Child. *Adopted and opened for signature, ratification and accession by General Assembly resolution 44/25 of 20*, November 1989.

3. 국문논문

김석향·정익중·김미주·오은찬. "유엔아동권리협약 국가보고서를 통해 본 남북한 아동권리 내용 비교." 『한국아동복지학』, 제54권 (2016). pp. 1~44.

김영규. "북한의 여성과 아동의 인권에 관한 입법의 특징과 평가: 1990년 이전의 입법을 중심으로." 『국방연구』, 제57권 4호 (2010). pp. 79~103.

안동현. "아동의 권리: 필요성, 역사성 및 과제." 『아동권리연구』, 제1권 1호 (1997). pp. 9~21.

_____. "유엔 아동권리협약의 의의과 과제." 『아동권리연구』, 제3권 2호 (1999). pp. 27~42.

이소희. "남북한 부모부재 아동복지제도 비교." 『아동연구』, 제15권 1호 (2001). p. 1~8.

4. 영문논문

Linde Lindkvist. "Rights for the World's Children: Rädda Barnen and the Making of the UN Convention on the Rights of the Child." *Nordic Journal of Human Rights*, Vol. 36 Issue. 3 (2018). pp. 287~303.

Miju Kim. "Differences in Recognition of Child Labor: The International Community vs. North Korea", *Journal of Peace and Unification*, Vol 10 No. 1 (2020), pp. 47~61.

Yanghee Lee. "Communications procedure under the Convention on the Rights of the Child: 3rd Optional Protocol." *International Journal of Children's Rights*, Vol 18 (2010). pp. 567~583.

5. 기타

북한보건의료네트워크 www.nkhealth.net

통계청 북한통계 데이터베이스 www.kosis.kr/bukhan

통일부 www.unikorea.go.kr

United Nations Treaty Collection treaties.un.org

ENGAGE DPRK www.engagedprk.org

38 North DPRK DIGITAL ATLAS www.38northdigitalatlas.org

Human Early Learning Partnership earlylearning.ubc.ca

UNICEF MICS http://www.childinfo.org

United Nations in DPR Korea www.kp.one.un.org

Reliefweb www.reliefweb.int

"Convention on the Elimination of All Forms of Discrimination against Women." 『OHCHR』 (2012); 2020년 8월 20일;〈http://www.ohchr.org/EN/professionalInterest/Pages/CEDAW.aspx〉

"Convention on the Rights of the Children." 『OHCHR』 (2012); 2020년 8월 20일;〈http://www.ohchr.org/EN/professionalInterest/Pages/CRC.aspx〉

제2장

북한 내 여성 결핵치료 경험*

전 정 희**

1. 서론

세계보건기구는(WHO, World Health Organization)는 『2018년 결핵 연례보고서』 *Global report* 지면을 통해 북한 결핵상황을 발표했다.[1] 북한의 결핵발생률은 세계 200개 국가 중 5위로 인구 10만 명 당 513명이며, 결핵사망률은 세계 4위로 인구 10만 명 당 63명이었다. 이러한 수치는 인구 10만 명 당 남한의 결핵발생률 60.4명, 결핵사망률 4명 수준과 비교해 보면 결핵 발생률은 8.5배 높고 결핵사망률도 16배 이상 높다.[2]

* 본 논문은 Jeon jeong he, "Study on Tuberculosis Treatment in North Korea Based on the Cough to Cure Pathway Model" Journal of Peace and Unification, vol. 10, no. 2 (2020), pp. 1~33. 논문 일부를 수정. 보완한 것임을 밝힙니다.

** 이화여자대학교 간호대학 초빙교수, 연락처: yasemasi61@hanmail.net

1) http://www.who.int/tb/publications/en/, "Global Tuberculosis Control WHO Report"

2) 2018년 기준 남한의 총 결핵환자는 33,796명(신환자 26,433명, 신고환자

이와 같이 남한과 북한은 결핵관리가 적극적으로 요구되는 동일한 문제점을 지니고 있다. 그러나 남한은 매년 결핵환자 발생률과 사망률은 점차 감소 추세이나 북한은 결핵문제가 심화되고 있다.[3] 게다가 WHO의 발표 자료에 의하면 북한의 결핵 발생 원인으로 식량부족(undernourishment), 흡연(Smoking), 음주(Alcohol), 당뇨(Diabetes Mellitus), 인체면역결핍바이러스(Human Immunodeficiency Virus, HIV) 등 5개 항목 중 식량부족(undernourishment)이 가장 큰 문제로 나타났다[4]. 북한은 1990년대 중반 이후 북한에서 경제난 영향으로 의료관리체계가 무너지면서 건강관리도 어렵고 질병회복에 필요한 영양공급도 제대로 되지 않는 시절을 견뎌야 했었다. 결핵은 환자에게 제공하는 영양공급이 치료경과에 영향을 미치기 때문에(서정은 외, 2015) 해당 지역의 식량 사정이 질병 감염과 치료의 중요한 요인으로 작용한다.

1990년대 중반 이후 북한에서는 '고난의 행군기' 같은 경제적 어려움으로 극심한 식량난을 겪으면서 수많은 아사자가 발생한 것으로 알려져 있다. 북한은 장기적인 경제난과 식량난으로 보건의료체계가 기능을 상실한 상태라서 급성 및 만성 질환자의 발생률과 사망률이 증가하

33,796명)으로 인구 10만 명 당 비율 통계(대한결핵협회, 2019).

3) 남한은 경제협력개발기구(Organization for Economic Co-operation and Development, OECD) 국가 중 결핵 유병률이 높은 상황으로 OECD 국가의 평균 결핵발생률 12.2명(인구 10만 명당), 결핵 사망률 0.95명(인구 10만 명당) 보다 매우 높은 수치이다. 그러나 '국가결핵관리 2020 계획'에 따라 결핵발생률 1/2감소를 목표로 적극적인 결핵관리를 실시한 결과 매년 결핵환자 발생률이 감소하고 있다(출처: 2018년 국가결핵관리 지침).

4) WHO(2018)는 *GIOBAL TB Report* 지면을 통해 북한의 결핵 발생 원인으로 식량부족〉흡연〉알코올〉당뇨〉HIV를 거론함. 북한의 인체면역결핍바이러스(Human Immunodeficiency Virus, HIV)는 세계보건기구에 보고되지 않음. 2018년 보고된 북한과 유사한 결핵 취약국인 레소토는 HIV〉식량부족〉흡연〉음주〉당뇨 순이며, 남아프리카는 HIV〉흡연〉음주〉당뇨〉식량부족 순, 필리핀은 흡연〉식량부족〉음주〉당뇨〉HIV 순, 모잠비크는 HIV〉식량부족〉흡연〉음주〉당뇨 순으로 나타났다.

는 등 주민의 보건, 영양, 위생 수준이 매우 낮은 것으로 나타난다(백지은, 2004). 결핵은 영양결핍과 면역력 저하로 쉽게 감염에 노출될 수 있다. 또한 적기에 치료를 하지 않으면 타인에게 전염을 확산시키므로 이 문제를 해결하지 않으면 북한지역 전체가 위험에 빠질 수 있다.

결핵관리 취약 지역으로 북한은 1995년 이후 우리 정부와 국제기구로부터 대외원조를 받기 시작하였다. 북한은 외부로부터 결핵 치료에 필요한 의약품과 의료물품을 지원받았음에도 불구하고 결핵발생률과 약제내성률은 개선되지 않고 있다. 이런 결과는 세계보건기구(WHO, World Health Organization)에서 결핵 퇴치를 위해 세계 국가별로 권고하고 있는 '증상에서 치료까지'(Cough to Cure Pathway) 모형에 기반한 치료 절차와 방침을 이행하지 않았을 가능성이 예측된다.

이처럼 경제문제와 함께 나타나는 북한의 결핵관리 실태는 외부에 잘 알려지지 않아 북한에서 실제로 결핵치료 경험이 있는 북한이탈주민을 통해 파악해 볼 필요가 있다.

한편, 북한이탈주민의 국내 입국인원은 2006년 이후 매년 2000명 이상 꾸준히 증가세를 유지하였으나 2011년 김정일 사망 이후 그 다음 해인 2012년부터 1천 여 명 정도 감소한 수준을 유지하였다. 그러나 중국발 신종 코로나 바이러스(COVID-19)가 전 세계를 강타하고 있는 상황이 발생하여 국내 입국한 북한이탈주민은 감소하여 2020년 12월 현재 국내 거주하는 북한이탈주민은 3만 3천 여 명을 넘어서고 있다.[5]

국내에 입국하는 북한이탈주민은 건강검진에서 결핵과 같은 감염성 질환에 취약한 사람이 많은 것으로 나타난다. 이들의 결핵 유병률은 3만 3천명 기준으로 3.0% 수준에 이른다. 국내 거주자 5천만 명 기준

---

5) 출처: https://www.unikorea.go.kr/unikorea/business/NKDefectorsPolicy/ status/lately/(검색일: 2020.12.10).

결핵 유병률 0.07% 수준과 비교하면 40배 이상 높게 나타나는 것이다.[6] 뿐만 아니라 북한이탈주민은 잠복결핵감염률 검진에서도 60-70% 양성 반응으로 나타나 북한에서 결핵환자와 직접적으로나 간접적으로 접촉이 많았던 것으로 여겨진다. 북한이탈주민이 결핵의 위험에 노출이 되는 이유는 복합적이라고 하겠다. 우선 탈북 후에는 기존 북한의 의료체계 영역 밖에 있었고 불규칙한 도피생활과 육체적·심리적인 압박감으로 몸의 면역력 저하로 결핵 유병률이 높아졌을 것이다. 게다가 결핵에 걸렸다고 해도 적절한 치료를 받지 못할 가능성이 높다(최창민 외, 2006).

본 연구자는 1999년 이래 북한이탈주민 건강관리 업무를 담당해 오면서 북한에서 결핵을 불완전하게 치료한 전력이 있는 사람이 국내 입국 후에 결핵 재발로 다시 치료를 받는 사례를 많이 보았다. 특히 여성 입국자가 증가하는 현실에서 이들은 남성보다 더욱 열악한 환경에서 치료를 불완전하게 받아 온 경우가 많았다. 결핵은 사회·경제적 요인이 치료관리에 영향을 미치는 질병으로서 북한사회에서 여성이 질병을 치료하는 과정에서 나타나는 문제점을 심도 있게 분석하고자 하였다.

2. 북한의 결핵관리 현황

북한 결핵관리체계의 최상위 기관은 보건성이며 북한당국 주도하에 결핵관리프로그램(National TB Control Programme, NTP)을 운영한다. 보건성은 결핵 예방 및 관리, 통제를 위한 정책수립과 시행에 관

---

6) 결핵 유병률은 인구 10만명당 인원수로 통계를 내고 있으나 북한이탈주민은 인구 10만명이 도래하지 않은 상황이어서 백분율로 환산하였다. 2018년 기준 남한의 총 결핵환자는 33,796명(신환자 26,433명, 신고환자 33,796명)으로 인구 5천만 명 대비 0.07% 수준으로 나타난다(대한결핵협회, 2019).

한 모든 관리와 감독을 담당한다. NTP는 하위조직인 중앙결핵예방원 (Central TB Preventive Institute, CTPI)과 중앙의약품관리소 (Central Medical Warehouse, CMW)를 두고 있다. CTPI는 NTP에 기술적, 행정적 지원을 제공하는 역할을 수행한다. 기술지원의 세부항목은 결핵예방, 검사, 치료서비스의 외부정도관리(External Quality Assessment, EQA)를 담당하며 임상실험, 모니터링 등 결핵관련 기술지원을 한다. CMW는 필수의약품을 구비하고 약제제고를 관리하며 결핵치료를 위한 약제공급을 한다. 그러나 실제로 북한의 결핵약제는 Global Fund, UNICEF, Global Drug Facility(GDF) 등 국제기구에서 지원하기 때문에 외부 의존도가 높다. 이 말은 곧 약품 유통기간, 온도관리 등 측면에서 재고관리의 취약성을 보인다(WHO SEARO, 2015b).[7]

북한의 전반적인 결핵 예방 및 관리업무는 중앙, 도, 군 단위별로 수행한다. 결핵균 검사는 군병원 209개, 결핵요양소 101개, 동 진료소 39개 등 총 349개 현미경 검사실을 통해 시행한다(Ministry of Public Health, 2014). 도 결핵예방원(Provincial TB Preventive Institute, PTPI)은 관할 도 내 결핵예방, 치료, 실험실 관리, 모니터링 역할을 수행한다. PTPI에서는 결핵환자관리 통계와 치료결과를 정기적으로 중앙결핵예방원에 보고하고 중앙결핵예방원은 이를 취합하여 보건성에 보고하는 형식을 취하고 있다(신희영·안경수·이혜원 외, 2017:99).

2017년부터 북한당국은 결핵 프로그램 시행의 효율성을 높이기 위해 시·군·구 결핵예방원을 통합하였다(WHO, 2018). 통합결핵예방원

---

7) 2006년 세계보건기구는 효과적인 약제공급 및 관리체계를 위해 약제분배 및 저장과 합리적 사용을 권고하고 있다.

은 당국 차원의 결핵관리프로그램에 기초하여 결핵치료 가이드지침에 따라 결핵예방, 관리, 통제하는 역할을 담당한다. 환자 진단에 필요한 현미경 검사를 진행하며 환자를 등록·관리하며 결핵환자로 판단되면 시·군병원에서는 결핵병원이나 결핵요양소로 환자를 보낸다. 결핵 합병증과 부작용, 도말양성 폐결핵 환자는 결핵요양소 입원 조치하여 집중 관리한다. 그러나 결핵요양소를 통한 불필요한 환자관리는 오히려 북한 보건재정에 부담을 준다(신희영, 안경수, 이혜원 외, 2017). WHO에서는 합병증이나 심각한 부작용이 있는 경우에만 요양소 입원을 권장하며 호담당의사를 통한 단기 직접복약 확인(Directly Observed Treatment and Short course, DOTS)[8] 관리 강화를 제안하고 있다 (WHO SEARO, 2015b).

리·동 진료소는 결핵 의심자를 발견하면 등록 후 관할 구역 내 가장 가까운 결핵진단 장소로 이동시켜 현미경 검사를 통해 결핵균을 확인·진단하는 역할을 담당한다. 결핵환자를 발견하는 방법에는 호담당의사가 담당구역 내 가가호호(家家戶戶) 방문하여 의심자를 발견하는 방법과 병원을 방문한 사람들 중에 진료를 통해 의심자를 발견하는 방법이 있다. 결핵과에서 확인한 결핵환자의 경우 리·동 진료소를 통해 단기 직접복약관리(Directly Observed Treatment and Short course, DOTS)를 받으며 결핵약 복약 내용을 진료기록에 작성하게 된다. 리·동 진료소는 결핵환자를 추적 관리하여 도말양성 환자와 접촉한 이력이 있는 경우는 검사를 위해 군 결핵과로 보내 결핵과 잠복결핵 진단

---

8) DOTS는 WHO에서 권고하는 결핵관리 전략으로써 환자가 적절한 기간 동안 적절한 방법으로 결핵약을 복용하도록 하기 위해 훈련된 요원이 환자의 약 복용을 직접 확인하는 방법을 의미한다. 북한에서 DOTS는 1998년 처음 도입되었으며 2003년 북한전역으로 확대 되었다(출처: 「통일의료-남북한 보건의료 협력과 통합, 2017」, p. 100).

절차를 거친다. 북한의 결핵관리체계는 〈그림 1〉내용과 같다.

〈그림 1〉 북한의 결핵관리 체계[9]

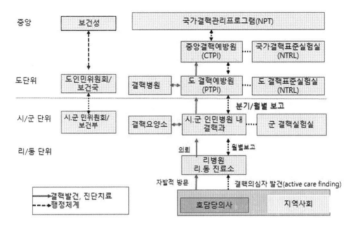

1) 북한의 결핵치료 구분 및 결핵약제 사용

북한은 WHO에서 제시한 필수약제를 사용하고 있다. 필수약제는 폐결핵 초치료 환자를 기준으로 6개월 간 5개의 항결핵제를 처방하도록 권고하고 있다〈표 1〉.

〈표 1〉 폐결핵 초치료 결핵약제 내역[10]

필수약제	치료기간		
	WHO	한국	북한
이소니아지드(Isoniazid, H;INH)	6개월 매일	6개월 매일	6개월 주3회
리팜피신(Rifampicin, R;RIF)	6개월 매일	6개월 매일	6개월 주3회

9) 위의 책, p 98.
10) Korean Guidelines for tuberculosis 3rd Edition(2017), pp 23~37, World Health Organization, Treatment of Tuberculosis Guidelines. 4th ed. Geneva: World Health Organization, 2010.

필수약제	치료기간		
	WHO	한국	북한
에탐부톨(Ethambutol, E;ETB),	6개월 매일	6개월 매일	2개월 주3회
피아지나마이드(Pyrazinamide, Z;PZA),	2개월 매일	2개월 매일	2개월 주3회
스트렙토마이신(Streptomycin, SM)	내성결핵 처방	내성결핵 처방	결핵 재발 시 처방

북한은 WHO의 분류에 따라 환자를 나눈다. 1 부류(category Ⅰ)은 신규도말양성 폐결핵 신환자, 2부류(category Ⅱ)는 재치료 환자와 치료 누락자, 3부류(category Ⅲ)는 경증 신규도말 음성, 경증 폐외 결핵 환자이다.

결핵치료는 집중기와 유지기로 구분한다. 2개월간 집중 치료기는 약을 매일 복용하는 것이 아니라 격일로 주 3회 결핵약을 복용하는 것이 특징이다. 초 치료기간은 남북한 모두 6개월로 동일하다. 한국은 결핵약을 매일 복용하는 반면, 북한은 주3회 복용하며 결핵 재발시 스트렙토마이신을 추가한 8개월 치료요법을 적용한다.[11] 북한의 공식적인 진단별 치료약제 구분은 국제표준치료와 동일하며 한국과 일치한다〈표 2〉.

〈표 2〉 북한의 공식적 진단별 치료약제 구분[12]

구분	환자분류	치료약제[1]
1형 (category Ⅰ)	신규도말양성 폐결핵 환자, 심한 폐 외 결핵 환자	총 6개월 집중치료: 2개월(HREZ), 주 3일씩 사용 유지치료: 4개월(HR), 주 3일씩 사용
2형 (category Ⅱ)	재발환자, 실패환자, 결핵치료 중 누락자, 결핵균 양성자	총 8개월 2개월 Streptomycin+1개월(HREZ), 주 3일 사용 5개월 (HRE), 주 3일씩 사용

---

11) 한국은 결핵 재발시 3개월 연장한 9개월 요법으로 치료한다.
12) 최태섭, 『필수약품』, p. 292.

구분	환자분류	치료약제[1]
3형 (category Ⅲ)	경증 신규도말음성 경증 폐 외 결핵	총 6개월 2개월(HREZ), 주 3일 사용 4개월(HR), 주 3일 사용

2) 결핵치료 절차

북한당국은 1966년 10월 20일 김일성이 보건성 지도일군과 담화하는 자리에서 "사회주의 의학은 예방의학이다" 연설을 한 이후 예방의학을 중요하게 여기는 보건정책을 변함없이 추진하였다. 이런 정책 기조로 전염성 질환자를 위한 특수병원을 운영하고 있다. 북한에서 일반병원과 달리 전염성 질환자를 전문적으로 관리하는 곳은 간염환자를 관리하는 제2예방원과 결핵환자를 관리하는 제3예방원이 있다. 제2예방원은 간염병원과 간염 요양소를 운영하며, 제3예방원은 결핵병원과 결핵 요양소를 운영한다. 이와 별도로 근로자 질병치료에 필요한 요양시설을 운영하며 부식물은 각 기업소에서 요양소에 공급토록 하면서 인민의 건강회복을 돕는 관리체계를 두고 있다.[13]

3) '증상에서 치료까지(Cough to Cure pathway 모형)'

북한의 공식적인 결핵치료 관리 절차를 'Cough to Cure pathway' 모형을 바탕으로 도식화하면 〈그림 2〉내용과 같다.

---

13) "우리나라는 자원이 풍부할 뿐만 아니라 경치도 아름답습니다. 또한 우리나라에는 주을, 양덕을 비롯하여 곳곳에 온천이 있고 삼방, 강서를 비롯하여 이르는 곳마다에서 약수가 나옵니다. 이 아름다운 산들과 맑은 물, 수려한 경치들이 모두 인민들의 휴식과 건강을 위하여 복무하게 된다면 우리나라는 얼마나 살기 좋은 락원으로 되겠습니까. 우리는 조국을 하루속히 해방하고 경치 좋은 곳마다에 휴양소를 세워 근로자들이 휴식을 즐기게 하고 물맑고 공기 좋은곳 마다에 료양소를 지어 우리인민들의 건강을 증진시키도록 하여야 할 것입니다. 『김일성 저작집 제1권』, pp. 237~238.

〈그림 2〉 'Cough to Cure pathway 모형'에 의한 북한의 공식적 결핵 치료 절차[14]

1. SYMPTOM (증상으로 인한 케어 탐색	구역병원 및 종합진료소의 호담당의사 능동적 환자 발견, 집단 검진(군대, 학교)

2. SEEK CARE (적합의료기관 방문)	의료기관 진료
	1차: 호담당 의사, 리/동/직장진료소
	2차: 리인민병원, 시/군/구역병원 결핵과의사
	3차: 도급병원, 결핵병원
	기타: 중앙병원(4차), 특수병원(철도성 병원 등)

3. DIAGNOSIS (진단 완료)	결핵진단(X-RAY 및 객담검사)
	2차: 시/군 구역병원
	3차: 도급병원, 결핵병원
	진단방법(객담현미경검사, X-레이, 기타)

4. START TREATMENT, DRUG SUPPLY (치료시작 및 약품 공급)	입원 치료 및 통원 치료시 약품은 무상공급 - 입원: 결핵요양소 및 결핵병원 * 활동성 결핵, 도말 양성 환자 - 통원: 리.동 진료소 - 복약치료는 단기직접복약치료(Directly Observed Treatment and Short course, DOTS)방법으로 관리

5.BEGIN TREATMENT (치료 지속)	입원치료	통원치료
	2차: 결핵요양소(인력, 시설, 서비스)	호담당의사 가정/직장방문
	3차: 결핵병원(인력, 시설, 서비스)	리/동진료소 통원

6.Complete TREATMENT (치료 완료, 균주 확인검사)	균주 확인검사 후 결핵치료 완료
	- 투약기간 6개월 종료 후 호담당의사와 결핵책임의사의 관리 하에 최종 객담검사 실시, 치료 성공 여부 확인 - 도 결핵예방원에 월보, 분기보, 반연보, 연보 결핵치료 결과 보고 * 치료 실패시 재치료, 재입원 치료를 시작함

14) 북한의 공식적 결핵관리 체계를 'Cough to Cure pathway 모형'을 바탕으로 결핵 치료 절차를 재구성함.

3. 북한여성 결핵 치료 경험[15]

1) 북한의 보건제도 내 시기별 결핵치료

북한에서 실제로 결핵치료 경험이 있는 북한이탈여성 10명과 심층면담을 통해 북한에서 결핵치료에 대한 전반적 내용을 파악하였다. 이들은 병원을 통해 결핵진단을 받았고 시기별로 무상치료 내용이 다르게 나타났다.

1970년대 결핵 치료는 결핵요양소에서 1년 3개월 동안 무상으로 입원 치료를 받았고 1990년대는 입원과 수술치료는 무상치료였으나 외래 통원 시 결핵약과 항생제는 장마당에서 구입하는 사례가 생겨났다. 2000년대 결핵치료는 경제적 여건에 따라 외국에서 들여온 약을 자체적으로 구입해서 치료를 하는 사례도 나타났으며 결핵요양소 입원 치료가 유지되었고 입원 시 무상치료를 받았다. 그러나 결핵이 자주 재발하면서 결핵치료를 자의적으로 중단하였다. 2010년 이후 결핵치료를 받은 경우는 결핵약은 자비로 구입해서 치료를 하는 형태가 다반사였다. 이들 중 교화소에서 결핵 진단을 받은 경우는 결핵약을 이소만 무상으로 지급하고 다른 약제와 처치에 필요한 물품은 가족이 공급하도록 하였다. 이상의 시기별로 결핵치료 과정을 살펴보면 북한당국이 무상치료제를 대내외에 지속적으로 선전하고 있는 현실과는 차이가 있다.

의사가 충수돌기염으로 진단하고 개복수술을 했는데 장간막 결핵 진단을 내리고서는..... 장간막 치료는 항생제로 치료해야 한다고.......장마당에서 항생제를 구해오도록 했습니다. 1개월 이상 치료해야 한다고 병원에서는 놔주

---

15) 결핵치료 경험을 가진 연구 참여자는 10명이며 70년대 1명, 90년대 4명, 2000년대 2명, 2010년대 3명이었음.

지 않는다고 해서 그냥 퇴원해서 집으로 왔습니다〈참여자 3〉.

북한당국은 1946년 처음 제정한 그들의 헌법 제17조에서 사회보험법에 기초한 제한적 무상치료제를 처음 선언하였다. 당시 사회보험법의 성격은 6개월 이상의 노동과 보험료를 납부를 해야만 의료혜택을 받을 수 있도록 하여 일정하게 기여한 경우에만 의료상 방조를 받도록 하였다. 동법 제116조에 "피부양자가 결핵성 질환으로 료양소에 수용되었을 때에는 그 료양비의 30%를 징수 한다"하고 규정하였고 동법 제1항과 2항에 "결핵환자는 폐결핵, 폐질윤 폐렴 가다루, 후두결핵, 장결핵, 골막결핵, 가리에스, 신장질환, 결핵성뇌막염, 결핵성부고환염, 늑조막염, 복막염, 임파선염, 질병으로서 결핵성으로 인정되는 것"으로 명기하였고(이철수. 이일학, 2006: 149). 1972년 사회주의 헌법 재48조에서 최초로 '전반적 무상치료제'를 명시하였다. 이후 1980년 공포한 후 2012년 개정한 인민보건법과 1997년 채택한 후 2000년 개정한 의료법에'완전하고 전반적인 무상치료제'실시를 명문화 하였다.

1970년대 결핵 치료를 받은 경험이 있는 경우는 1972년 채택된 '사회주의 헌법'에서 무상치료를 법으로 규정한 시기였다.[16] 연구 참여자 중 결핵요양소에 입소하여 치료를 받으면서 요양소 내 인민학교를 다녔던 경우는 1970년대 북한의 결핵 치료관리는 요양소 입원관리 중심의 무상 치료 보장이 가능했던 시기였다. 북한은 1947년「보건국 규칙」제5호를 통해 결핵요양소 규정을 공포하였고 결핵 요양소 입소자 관리를 엄격하게 통제하는'입소 폰트제'를 운영하였다.

---

16) 사회주의 헌법 제72조 공민은 무상으로 치료받을 권리를 가지며 나이많거나 병또는 불구로 로동능력을 잃은 사람, 돌볼 사람이 없는 늙은이와 어린이는 물질적 방조를 받을 권리를 가진다. 이 권리는 무상치료제, 계속 늘어나는 병원, 료양소를 비롯한 의료시설, 국가사회보험과 사회보장제에 의하여 보장된다.

아버지께서 대학교원으로 근무를 하고 있어서 구역병원 의사 추천으로 결핵요 양소 입소를 할 수 있었지요. 당시에 결핵 요양소 입소를 추천 받은 경우는 저 와 기업소 지배인 딸 2명뿐이었어요〈참여자 7〉.

이처럼 입원 치료를 받는 경우에만 무상치료를 해주는 현상은 1990년 대와 2000년대 결핵치료 경험 사례에서 동일한 형태로 나타났다. 1990년대 결핵 치료를 무상으로 받은 경우는 골결핵 수술과 폐결핵, 결핵성 늑막염 환자가 입원 치료를 받은 경우이며, 장간막 결핵 진단을 받은 연구 참여자는 항생제 치료를 위해 자비로 장마당에서 약을 구입 했다. 북한의 인민보건법 제10조 1항의 무상치료 내용에는 "외래치료 환자를 포함하여 의료기관에서 환자에게 주는 약은 모두 무료이다"로 명시하고 있으나 북한의 의료실상은 외래치료 환자는 무상치료를 하지 않고 입원환자만 무상치료를 하는 것으로 나타났다.

결핵요양소 2개월 입원치료를 받는 동안 북한이 미 공급 시기였지만 섬유공장 에서 요양소로 식량을 공급해 주어서 하루 3끼 밥은 먹었지요〈참여자 4〉.

북한의 결핵 요양소 입원 중심의 무상치료는 일정기간 유지한 것으 로 나타났다.[17] 2010년부터 병원에 입원해서 결핵치료를 받으라는 의 료진의 권유에도 입원 치료를 거부하는 양상이 나타났다.

결핵요양소 의사가 입원치료를 하라고 했어요. 입원하면 먹을 것과 땔감, 부식 품 모두 가지고 가야해서 그냥 집에서 치료한다고 했어요. 결핵요양소는 시설 이 너무 낙후해서....〈참여자 2〉

17) 인민보건법 제10조(무상치료범위) 2항: 진단, 실험검사, 치료, 수술, 왕진, 입원, 식사 같은 환자치료를 위한 모든 봉사는 무료이다.

병원에 입원 하는 순간 모든 식량과 부식품은 스스로 해결해야 하므로 대부분 입원 치료 받기를 꺼립니다. 아무리 의사가 입원을 하라고 해도 결핵병원과 결핵 요양소 시설이 너무 낙후해서 갈 수 없습니다〈참여자 1〉.

결핵환자들이 입원해서 치료 받는 것 보다는 통원 치료를 선호하게 되면서 병원에서 약을 무상으로 주지 않기 때문에 자비로 결핵약을 구입하는 사례가 증가하였다. 이들은 자비로 결핵약을 구입해서 치료한 전력이 있으며 경제적 부담 때문에 결핵약 복용을 중단하는 결과로 나타났다. 2010년 이후부터 무상치료가 이루어지고 있는 곳은 교화소와 같이 통제가 가능한 곳에서 결핵환자는 격리·입원 하여 무상치료를 받고 있는 것으로 나타났다.

2) 결핵치료를 지속할 수 없는 요인 발생

(1) 공적의료시스템 미 작동

북한에서 결핵 치료를 위한 공식적 진료 절차는 환자가 결핵증상을 인지하고 직접 병원을 찾아가는 방법과 의사담당구역제를 통해 호담당 의사가 주민들의 집을 가가호호(家家戶戶) 방문하여 환자를 찾아내는 능동적으로 시스템이 있다. 환자가 직접 의료기관을 방문하는 경우는 리/동/직장진료소의 내과 의사가 환자 진료 후에 결핵으로 진단하면 결핵과로 의뢰한다. 이때 입원 치료가 필요한 2차 진료의 경우 리 인민병원과 시/군/구역병원 결핵과 의사가 진료를 담당하며 시/군병원에서도 결핵환자가 입원 치료를 받을 수 있다. 이들은 결핵과에서 확인된 결핵환자들의 경우 각각의 리, 동 진료소를 통해 단기직접복약관리(Directly Observed Treatment and Short course, DOTS)를 받게 되며 약제복용 내용을 진료기록에 작성하게 된다. 리, 동 진료소는 결핵환자를 추적 관리하여 도말양성환자와 접촉한 이력이 있는 경우는 검사를 위해 군 결핵과로 보내어 결핵 또는 잠복결핵 진단 절차를 거친다. 결핵환자가 3차 진료를 받는 경우는 도급 병원과 결핵 병원에서 환자 치료 관리를 담당 한다. 도병원인 대학병원에서만 결핵환자의 폐결절 수술과 폐강 내 약물 주입 치료를 받도록 한다. 그 외 평양으로 가는 모든 진료 단계는 중앙병원으로 구분하여 4단계 진료에 속한다. 이러한 공적시스템은 돈이 들지 않은 의사의 진단과정까지는 어느 정도 유지되었으나 막상 결핵약을 받는 과정에서 무상치료는 차츰 축소되어졌다.

진료 시에 의사한테 담배 1막대기를 고였어요 진료 후에는 개인약국을 소개해 주기도 했어요〈참여자 1〉.

결핵약을 자체로 사서 먹으라고 해요. 결핵약 값이 비싸서 이소만 사서 먹고는 열이 없어지고 기침도 나오지 않아서 약을 더 이상 먹지않았습니다. 북한에서 돈이 없으면 결핵치료를 못합니다〈참여자 1〉.

의사한테 뇌물을 주지 않으면 형식적으로 환자를 대합니다〈참여자 2〉.

병원에 들어서는 것만 빼고 진료를 받기 위해서는 반드시 뇌물을 고입니다〈참여자 6〉.

결핵약 값이 비싸서 약을 끝까지 먹지 않고 중단했지만 사실 그렇게 치료를 중단한 것이 걱정이 되었어요〈참여자 2〉.

저는 운이 참 좋았어요. 김일성이가 살아 있을 때 병원을 다녀서 돈인 한푼도 들지 않았어요. 북한에서 김일성이 죽고 나서는 병원을 가는 사람은 돈을 물어야 진료를 해주는 구조로 바뀌었어요〈참여자 8〉.

이들은 북한에서 결핵치료를 지속할 수 없었던 사유로 병원 의료진에 대한 불신을 토로하였다. 결핵진단 과정에 뇌물을 고여야 했고 의료진이 지정해 준 약국에서 약을 구입해야만 하였다. 설사 병원에서 결핵약을 무상으로 주는 경우도 반드시 약값 명목으로 의사가 요구하는 물건을 뇌물형식으로 주거나 실제로 돈을 상납했다고 하였다. 결핵치료를 매개로 환자와 의사의 불편한 대립관계가 형성 되면서 심적인 부담감으로 병원을 찾기가 힘들었던 경험을 토로하였다. 이는 결핵치료 과정에 나타난 북한의 공적 의료시스템이 작동하지 않고 있음을 알 수 있다. 의료진의 결핵치료 전문성 결여는 지역사회에서 결핵 치료를 받는 중에 환자에게 결핵치료 과정에 대한 정확한 정보제공을 하지 않았고 오히려 잘못된 결핵 치료법을 제시함으로써 결핵치료는 성공하지 못했다. 결핵치료를 받은 여성 10명 중 병원 방문 시 뇌물을 준 경험이 있는 경우는 총 5명(50%)이었다. 이들이 사용한 뇌물은 의사에게 담배를 사주거나 돈을 뇌물로 상납하거나 의사에게 식사 혹은 술을 사주는 행동으로 나타났다. 대부분 담배를 뇌물로 상납 하고 있어서 북한에서 담배가 뇌물의 수단으로 사용되고 있음을 판단할 수 있다. 뇌물은 환자 스스로 병을 잘 봐주도록 의사에게 상납하였으나 일부 여성은 의사가 직접 종목을 정해서 뇌물을 요구하는 경우도 있었고 의사가 뇌물을 요구하지 않더라도 약값 명목으로 돈을 주어야만 치료를 원활하게 받을 수 있는 분위기 때문에 뇌물을 받치게 된다고 하였다. 대체로 여성들이 결핵치료를 위해 x-ray촬영을 하거나 상급의료기관으로 갈 수 있도록 파송증을 발급해 준 의료진에게 뇌물이 병원진료를 매끄럽게 처리하는 수단으로 자리를 잡고 있는 것으로 나타났다.

파송증을 발급해 준 의사에게 담배 1막대기 뇌물로 주었어요〈참여자 2〉.

의사가 숙제를 내요. 뭐 해달라. 병원에 필요한 도색 물감을 사 달라든가....식사를 대접해야 한다든가...〈참여자 3〉

피임수술을 위해 병원을 갔는데 의사가 결핵균이 남아있다고 하면서 아무런 치료를 해주지 않았습니다〈참여자 3〉.

(2) 성별 요인

북한의 남·여별 결핵 발생률에 대한 신고율을 살펴보면, 2013년의 경우 남성이 인구 10만 명 당 496명인데 비해 여성은 297명 수준으로써 남성이 여성보다 1.7배 결핵 발생률이 높다.[18]

2013년도 북한 총 인구는 24,662,482명이며 남성이 12,032,116명(48.8%), 여성 12,630,316명(51.2%)이었다.[19] 북한 인구 분포 상 남성이 여성보다 낮은 수준이나 결핵환자 비율에서는 높은 상황이다. 심층면담에 참여한 여성들이 진단 받은 결핵의 경우 폐 외 결핵 비율이 높은 특성이 나타났는데, 폐 외 결핵인 장간막 결핵, 림프 결핵, 척추결핵, 결핵성 폐농양 결핵은 진단 후 개방성이 아닌 결핵은 치료를 하지 않아도 큰 문제가 없다는 잘못된 질병인식으로 적기에 치료를 받지 못했다. 여성들이 제때 결핵치료를 받지 않아서 림프결핵이 폐결핵으로 재발 하였고, 장간막 결핵진단과정에서 충수돌기염으로 오진하여 불필요한 수술을 받았으나 어떠한 항의도 하지 못했다.

초기에 진단한 내과과장은 폐렴이라고....오진을 했는데 결핵 진단은 일반 의

---

18) WHO(2015) Global TB datebase, 북한 총인구 대비 결핵환자 남녀 비율은 2006(1.7배), 2007년(1.6배), 2008(1.7배), 2009(1.6배), 2010(2.2배), 2011(1.8배), 2012(1.7배)

19) "북한 총인구."『북한통계』(온라인). 2020년 9월 2일: 〈http://Kostat.go.kr/portal/korea/index.action〉.

사가 내렸다. 아무 말도 못하고....〈참여자 1〉

결핵병원 의사가 배를 딱 만져보고 장간막 결핵이다 진단했다. 아무런 검사를 받지 못했다〈참여자 2〉.

복통으로 병원에 갔는데 충수돌기염으로 진단 내려 개복 수술을 했는데 장간막 결핵이라고....〈참여자 3〉

게다가 여성은 결핵 진단 후에도 결핵약을 자비로 구입해야 하는 경제적 어려움이 동반되면서 결핵약을 자의적으로 중단하였고 일부는 민간요법으로 결핵을 치료한 사례가 있었다. 결핵치료를 받은 여성 10명 중 5명(33.8%)이 폐 외결핵으로 진단되어 폐 외 결핵의 평균 비율인 15% 수준보다 높다. 여성에서 폐 외결핵이 높은 원인으로 예측되는 점은 BCG(Bacillus Calmette Guerin) 결핵 예방접종을 하지 않았을 가능성을 내포한다.[20] 결핵예방접종은 결핵에 대한 면역을 형성하도록 하여 결핵발병을 방지하는 결핵예방 백신으로서 BCG 백신 예방효과는 소아의 속립성 결핵과 결핵성 뇌수막염 등 중증 결핵발병 예방에 효과적이다(대한결핵협회, 2018).

(3) 집단 및 개인치료 차이

북한에서 집단생활 중에 결핵 진단 받은 경우는 3명으로서 군대, 돌격대, 교화소 수감자이며, 나머지 7명의 결핵진단 당시의 직업은 노동자 1명, 주부 4명, 소아 2명, 대학생 1명으로 소아와 주부 비율이 높았다.

---

20) 북한에서 결핵예방접종인 BCG(Bacillus Calmette Guerin)는 생후 7일 이내 접종하며 남한은 출생 후 1개월 이내 접종 한다(탈북의사 인터뷰 자료와 예방접종 가이드 자료 재구성).

여군 입대 후 신체검진에서 결핵진단을 받은 여성은 결핵진단으로 군대 생활을 끝까지 마치지 못하고 감정제대를 받았다. 여성이 군대를 가는 목적이 당원이 되고자 하는 열망으로 군대를 입대했으나 건강문제로 감정제대를 받게 되어 당원의 꿈을 포기해야만 하였다.

북한의 군대[21]는 그 규모면에서 매우 많은 인원이 생활하고 있는 생활공간으로 군대 내 결핵환자의 유입이 되지 않도록 특수한 관리가 요구된다고 볼 수 있다. 연구 참여자가 군 입대를 한 연령은 17세였으며 돌격대는 21세 입대 하였다. 북한에서 군 입대를 위해 14세가 되면 초모대상자(招募對象者)로 등록하고 군 입대를 위한 두 차례 신체검사를 받으며 고등중학교 졸업 후 사단 또는 군단에 입대하게 된다(2018 북한이해: 93).[22] 이들은 군 입대 후 훈련기간 중에 결핵으로 진단 받고 잘 먹지를 못하고 힘든 노동에 투입되고 있어서 많은 인원이 결핵환자로 추정된다고 토로하였다. 북한당국이 선군정치를 표방하면서도 군인들에게 충분한 영양공급을 해주지 않고 있는 현실적 문제는 집단생활에서 결핵환자가 발생하면 면역력이 저하된 군복무자는 결핵에 감염될 위험이 높아질 수 있다.

---

21) 북한군 상비전력은 총 126만명 수준으로 육군 110만여명, 해군 6만여명, 공군 11만여명, 전략군 1만여명 이다(출처: 『2018 북한의 이해』, 통일교육원, p. 100).

22) 북한 군 입대시 신체 합격 기준은 신장 150cm, 체중 48kg 이상이었다. 그러다가 식량난으로 청소년들의 체격이 왜소해지자 1994년 8월부터 신장 148cm, 체중 43kg 이상으로 맞추었다. 입영대상자 가운데 신체검사 불합격자, 적대계층 자녀, 성분불량자(반동 및 월남자 가족 중 친가 6촌이내, 외가 4촌 이내, 월북자 및 정치범 가족, 형복무자 등) 등은 입대할 수 없다. 북한군 복무연한은 1993년 김정일 지시에 따라 '복무연한제'를 시행, 2003년 3월 제10기 6차 최고인민회의에서 '군사복무법'을 제정 '전민군사복무제'를 시행, 군 복무기간을 10년으로 발표한 것으로 알려졌다. 여성은 7년 복무하며 특수부대(경보병 부대, 저격부대 등) 병력은 13년 이상의 장기복무를 해야하며 주특기나 특별지시에 따라 사실상 무기한 근무해야하는 경우가 적지 않다(출처: 『2018 북한이해』, 통일교육원, p. 93)

여성이 돌격대 노동에 참가하면서 결핵에 걸린 경우는 개인이 병원을 찾아다니면서 질병관리를 하였다.

돌격대 나가서 철다리 건설에 동원되어 불도저를 타고 가던 중에 달려오던 차가 급 브레이크를 해서 불도저에서 급하게 뛰어 내렸어요. 이후로 계속 허리가 아파서 철도청 진료소에 갔더랬어요. 허리가 아파서 병 보러 왔다고 하니 의사가 나를 딱 쳐다보고 볼펜을 바닥으로 떨어뜨리고 주워보라는 거예요. 저는 테스트 하는 줄도 모르고 본능적으로 볼펜을 주워서 의사에게 건네주었는데 이런 행동을 관찰한 의사가 아무런 문제가 없다는 거예요〈참여자 8〉.

교화소 수감중에 결핵진단을 받은 여성은 초기증상으로 열이 나서 혹시 결핵일지도 모른다는 불안감이 생겨서 교화소 위생원에게 결핵검진을 요청했으나 거절당하는 경험을 하였다. 이후 기침증상이 멈추지를 않아서 계속 검진을 요청하여 x-ray촬영을 했지만 검진 결과가 정상이라면서 치료를 해주는 않는 불공정한 치료환경에서 생활하였다.

고열이 계속 나타나고 가래가 생길 때 마다 교화소에서 뢴트겐만 5번이나 촬영했는데 정상으로 판정하고 객담검사는 하지 않았어요. 기침증상이 심해지면 교화소에 면회온 사람들이 가져온 마이신 주사를 5회 정도 놔주었는데 몸이 허약해져서 주사를 맞은 후 더 힘들었어요〈참여자 10〉.

제가 교화소 출소 당시 신장이 152cm에 체중이 31kg까지 빠져서 얼굴에 털이 나고 눈이 푹 들어가서 거울을 보면 가죽만 남아있는 귀신처럼 보였어요. 당시에 나를 만나는 사람들은 무서워서 말을 걸지도 못하고 도망을 갔어요. 교화소에서 3년간 수감되어 장기간의 영양실조 상태로 결핵치료를 방치해서 생긴 결과였습니다〈참여자 10〉.

개인별로 결핵치료 받은 여성 3명은 출산 후 모유수유 중에 결핵 초기 증상을 호소한 동일한 양상을 보였다. 개인치료는 입원과 수술은 무상치료 받았으나 통원치료는 자비로 결핵약을 구입해야 했으며 경제적 부담으로 결핵치료를 중단한 공통점이 나타났다. 여성은 출산 후 산후조리와 육아를 병행하면서 신체적으로 힘든 시기에 결핵진단을 받는 경우가 많았다. 결핵치료가 필요한 여성에게 결핵약을 무상으로 지급하지 않고 자비로 구입해서 치료토록 함으로써 경제적 어려움이 동반되어서 제대로 치료 받지 못한 것으로 나타났다.

이들의 결핵발병 평균 연령은 23.4세로 대부분이 젊은 연령층에서 결핵진단을 받았다. 이러한 결과는 북한이 세계보건기구(WHO)의 기술지원과 재정적 지원을 받아서 2015년부터 2016년에 걸쳐 북한의 결핵발생률 전수조사를 실시했던 연령대별 결핵 발생률과 일치하였다.

북한의 2015년도 연령대별 가장 높은 결핵환자 분포는 25-64세였으며, 결핵에 감염된 가장 어린 나이는 0-14세로 나타나 전 연령대에서 결핵 신환자가 발생하였다(WHO Global TB database, 2017). 이는 북한 전 지역에서 결핵이 전염 되고 있을 가능성을 내포한다. 북한은 젊은 층에서 많은 환자가 발생하는 전형적인 후진국형 결핵 행태이다. Hans L. Rieder(1999)는 결핵이 감소하면 고령자에서 결핵 환자가 발생하고 결핵환자 평균 연령도 고령화된다. 반대로 결핵이 증가하면 청년층에서 결핵환자가 증가하여 결핵환자 평균 연령이 낮아지는 결핵발병 특성을 설명하였다.

3) 북한 여성의 결핵인식 행태

북한에서 결핵치료를 받은 여성의 결핵질병에 대한 인식수준은 결핵에 걸려서 사회로부터 냉대를 받았거나 결핵치료 과정에 주변사람들에게 알려질까 두려워서 질병을 숨기는 태도를 보였다.

기침증상이 악화될 때까지 바로 병원에 가지 못했어요. 주변에서 결핵환자라고 하면 죄인 취급해서 병을 숨기고 싶었어요. 가족들에게도 결핵을 앓고 있는 것을 숨기고 싶었어요. 결핵에 걸린 사람을 이상하게 보는 것 같아서 기관지 확장으로 둘러대고 집에서 약을 먹었습니다〈참여자 1〉.

우리동네 처녀는 결핵이 자꾸만 재발되므로 더 이상 살 수 없는 병에 걸렸다는 생각으로 언제 죽을지 모르는데 한번 태어나서 사는 인생 하고 싶은 것 모두 해보고 죽겠다면서 마치 인생을 포기한 사람처럼 주변의 유부남하고 거리낌 없이 잠자리를 하면서 지냈어요. 북한에서는 결핵이 재발되면 죽을병으로 생각하는 사람이 많습니다〈참여자 1〉.

결핵을 무서운 질병으로 생각하는 이면에는 질병에 대한 지식 부족으로 나타났다. 결핵을 전염성 질환으로 생각하기 보다는 선천적으로 유전이 되는 질병으로 인지하거나 죄를 지어서 생긴 병으로 인지하였다.

결핵은 가족에게 유전되는 병이다. 남에게 죄를 지어서 생기기도 하고 가족끼리 접촉을 해서 생기는 병이다〈참여자 1〉.

북한에서 개방성이 아니면 큰 걱정을 하지 않습니다. 저희 어머니도 과거에 장간막 결핵으로 5개월 치료를 받은 적이 있습니다. 개방성이 아니면 괜찮다고 알고 있습니다〈참여자 3〉.

당시에 몸이 나빠진 것은 사돈이 사망을 해서 상가에 다녀왔고 이후에 몸이 너무 아프고 체중이 36kg까지 빠져서 "내 몸은 상문(액)에 약하구나"라는 생각이 들었어요. 몸이 아픈 것은 액땜을 한다고 생각을 하게 되었어요〈참여자 5〉.

결핵환자의 지식부족 문제는 결핵을 적기에 치료하기 보다는 무조건 영양 보충만 하면 된다는 생각으로 치료약을 쓰기 보다는 다른 방법을 선호하였다.

장간막 결핵 진단을 받았는데 개방성이 아니면 괜찮다고 해서 소가죽 3장 달여서 장복을 했어요. 영양보충에 집중했습니다〈참여자 3〉.

우리집 옆에 신혼 부부가 살았는데 부인이 결핵에 걸려서 남편도 결핵에 전염이 되었다고 소문이 자자 했어요. 주변에서 결핵은 무조건 영양을 보충해야 낫는다고 젊은 부부에게 개를 한 마리 잡아서 먹도록 한 이후에 결핵이 치료되었다는 소문이 돌았어요〈참여자 8〉.

소아기 결핵치료를 받은 경험이 있는 여성은 결핵을 불완전하게 치료한 결과 잦은 재발로 어머니가 결핵치료를 중단하기도 하였다.

첫 번째 결핵에 걸린 시기는 8세였고 두 번째 결핵이 재발된 시기는 14세였어요. 그런데 어머니가 치료해도 자꾸 재발한다고 결핵요양소 2개월 치료 받고 그냥 치료를 중단했어요. 치료해도 소용이 없다고.....저는 16세에 탈북을 했어요. 중국에서 살면서 애 낳고 결핵이 재발되어서 중국에서 끝까지 치료 받았어요〈참여자 4〉.

이들은 결핵은 결핵균에 의해서만 감염이 되는 질병임에도 결핵환자가 사용하던 물건을 통해서도 결핵에 걸린다는 잘못된 위생선전 내용으로 결핵환자들에게 사회적 낙인을 주는 행동을 두려워하였다.

결핵균은 공기 중에 떠돌아다니므로 건강관리를 잘해야 합니다. 결핵환자가 사용한 물건을 다시 쓰지 말라, 결핵환자 가족이 파는 매대의 물건은 사지 말라. 결핵환자 가족들에게 결핵균이 묻어 있다고 여맹원들의 위생선전에서 떠들어 댑니다〈참여자 2〉.

여맹원들이 위생선전에 결핵환자를 나쁘게 말하는 것 같아서 결핵을 앓고 있는 사실이 주변 사람들에게 알려질까 봐서 두려웠어요〈참여자 2〉.

이처럼 결핵을 터부시하고 부정적으로 인식하는 사회적 분위기가 생겨나면 결핵환자는 질병 치료를 적극적으로 하지 못하고 음성적으로 질병을 숨기게 되어 주변에 결핵을 퍼트리게 된다. 감염성 질환에 대한 정확한 정보를 제공하여 적극적으로 치료를 받도록 해야만 환자가 음성적으로 증가하지 않는다. 북한에서 결핵에 잘못된 인식은 사회적 낙인으로 작용되어 결핵은 통제관리가 어려운 구조적 문제로 나타났다.

4) 결핵치료 성공요인: 출신성분

결핵을 완치한 여성은 결핵진단부터 치료 과정에 전반에 어려움 없이 치료를 받을 수 있었다. 결핵치료 과정에 부친의 사회적 지위를 활용하여 결핵요양소 혹은 도병원에 입원 치료를 받고 지속적으로 치료관리를 받고 결핵을 완치하였다. 북한에서 결핵 치료에 가장 큰 영향을 주는 요인은 출신성분으로 나타났다.

매월 결핵요양소에 입소를 할 수 있는 폰트가 배정되어 환자를 추천 받는 절차를 거칩니다. 저도 아버지가 의사와 안면이 있어서 결핵요양소에 입소를 했는데 농장 지배인 딸처럼 권력이 있어야 우선적으로 요양소 입소를 할 수 있다고 했어요. 면회 온 어머니가 말씀해 주셔서 기억합니다〈참여자 7〉.

결핵요양소에서 1년 3개월 입원치료를 받으면서 요양소 안에 있는 인민학교를 다녔어요. 결핵 치료를 마치고 온 이후에도 집 주변에 있는 종합진료소에서 근육주사를 계속 맞았습니다〈참여자 7〉.

도 병원으로 갈 수 있었던 배경에는 아버지와 의형제를 맺은 의사가 도병원에 내과과장으로 근무를 하고 있어서 큰 힘이 되었어요. 도병원에서 매일 마이신을 맞았는데 모든 치료비는 무상으로 치료를 받았습니다. 저는 아버지 후광으로 무상치료를 받았지만 다른 사람들은 결핵약을 장마당에서 사서 먹어야 했습니다〈참여자 9〉.

4. 결론

북한의 폐쇄성으로 잘 알려지지 않았던 북한 내 결핵치료 과정을 파악하기 위해 북한에서 실제로 결핵치료 경험이 있는 북한이탈여성 10명 대상 심층면담을 실시하였다. 이들에게 '증상에서 치료까지 (Cough to Cure Pathway)'모형에 기반한 치료절차와 방침을 이행했는지를 단계별로 질문해서 파악한 결과 2명만 결핵을 완치하였고 나머지 8명은 불완전 치료 결과로 나타났다. 이들이 결핵 치료를 받는 과정에 북한당국이 대외적으로 선전하는 무상치료를 시기별로 범위가 축소되어 실제로 국가주도의 결핵치료 관리가 부재하였다.

1970년대는 결핵요양소 입원중심의 무상치료이며, 1990년대 이후는 병원 진료를 받기 위해 환자는 의사에게 뇌물을 주는 구조로 변화하여 공적 의료시스템이 제대로 작동하지 않은 것으로 나타났다. 2000년대 이후는 입원환자에 국한해서 결핵약을 무상지급 했으며, 통원치료는 의료진에게 뇌물 혹은 약값 명목의 치료비 부담으로 결핵치료를 중단

한 것으로 나타났다. 2010년대 이후는 입원환자는 결핵약을 무상지급
했으나 의료진의 권유에도 입원을 거부하고 개인이 자비로 결핵약을
구입하는 비율이 증가 하는 양상이 두드러지게 나타났다. 북한에서 입
원치료를 기피하는 이유는 낙후한 병원시설과 생필품을 자체로 준비해
야 하는 현실적 어려움이 주된 사유이며 병원 의료진이 입원 환자에게
숙제 형식의 현물을 노골적으로 요구하는 행태가 빈번하게 나타났다.

북한에서 결핵 완치에 영향을 준 요인은 '출신성분'이었다. 결핵치료
를 완치한 여성들은 부친의 사회적 지위를 활용하여 입원과 통원 시 무
상치료 혜택을 받은 반면, 교화소 수감 여성은 결핵치료를 방치한 결과
건강악화로 이어지는 불공정한 치료 환경을 경험하였다. 이처럼 출신
성분이 결핵치료를 용이하게 할 수 있는 계급사회인 북한의 면모를 보
였다.

북한에서 결핵치료를 받은 여성 대부분은 먹고 살기도 어려운 시기
에 '잘 먹어야 하는 병' 결핵에 걸려서 가족에게 미안한 마음이 가득했
다는 죄책감을 토로하였다. 여성으로서 결핵에 걸린 사실이 남들에게
알려질까 봐서 조마조마한 두려움 마음으로 집안에 숨어서 전전긍긍한
생활을 했다고 하였다. 이들의 결핵에 대해서 무서운 병으로 인식하고
있었다. 이는 결핵환자를 터부시하는 '사회적 낙인'이 북한사회 저변에
퍼져 있었고 '운이 없어 상문(액)이 끼여서' 병에 걸렸다는 질병인식도
나타났다. 결핵은 치료할 수 없는 병으로 생각하는 부정적 인식은 의료
진의 결핵치료 전문성 부족도 한몫을 하였다. 의료진이 환자에게 결핵
에 대한 정확한 정보를 제공하지 않고 불안을 부추기는 잘못된 정보를
제공함으로써 부정적 영향력을 끼치는 문제점이 나타났다.

1990년대 중반 이후 북한에서 배급제가 마비된 상황에서 가족의 식
량을 구해야 하는 것은 오롯이 여성들의 몫이었다. 여성은 사경제 활동

으로 돈을 벌어 가족을 부양해야 했다. '고난의 행군기' 시기는 유례없는 경제적 어려움으로 식량사정이 나빠져 기아로 산모의 건강이 악화되어 출산율이 저하되었고 영유아 사망률이 높아졌다(안지영, 2015). 이로써 2000년 이후 북한의 출산정책은 기존의 억제정책에서 장려정책으로 변화되었다. 북한 여성의 출산율은 2000년(2.1명), 2012년(2.0명) 수준을 유지하다 2016년 이후부터 1.9명으로 급격하게 떨어졌다.23) 북한당국은 여성의 출산율이 떨어지면서 임신한 여성의 낙태를 허용하지 않는 보건정책을 폈다. 그러나 임신한 여성이 결핵진단을 받으면 낙태를 허용하고 있어서 결핵질환을 적극적으로 치료하기 보다는 결핵에 걸린 여성을 터부시함으로써 여성 건강을 보호하지 않았다(김어진, 2018). 북한에서 대다수 여성은 성별에 따른 북한 내 소수자로서(김석향, 2015) 결핵진단을 받고도 공적 의료시스템 붕괴로 적기에 치료 받지 못해서 불완전 치료 결과로 나타났다.

---

23) 유엔인구 기금은 '2018년 세계인구 현황 보고서'를 통해 북한여성들의 합계 출산율 1.9명이라고 발표함. 북한 여성출산율은 2000년 2.11명, 2012년 2.0명, 2016년 1.9명으로 현재까지 유지수준이며, 한 나라의 인구유지를 위해 필요한 합계출산율 2.1명에 미치지 못하는 수치이며, 이 같은 추세가 지속되면 장기적으로 인구가 줄어드는 것을 의미함. 합계출산율이란 15세-49세 여성 한명이 평생출산하는 평균자녀수를 의미하는 지표임. 출처: http://www.voakorea.com/a/4617889.html, (검색일: 2020.12.14).

참고문헌

1. 국문단행본

신희영·이혜원·안경수 외 4인.『통일의료-남북한 보건의료 협력과 통합』. 서울: 서울대학교출판문화원 (2017), pp. 1~251.

이종구·김희진·오현경 외.『북한결핵관리지원 중장기 실행방안 수립』. 서울: 한국국제보건의료재단, 2015.

이철수·이철학.『북한보건의료법제-원문과 해설』. 서울: 아주남북한보건의료연구소 (2006), pp. 1~142.

질병관리본부.『국가결핵관리지침』. 2018.

질병관리본부.『국가결핵관리지침』. 2019.

최태섭.『필수약품』. 세계보건기구전통의학협동연구중심 (2002), pp. 1~301.

통일교육원.『2018 북한이해』. 2018.

2. 영문단행본

Korean Guidelines for tuberculosis 3rd Edition (2017), pp 23~37.

World Health Organization, International Standards for tuberculosis care. 3rd edition (2014)

3. 국문논문

김석향. "북한 내 사람값 담론과 소수자 유형 분류 시도."『아세아연구』, 제58권 1호 (2015), pp. 7~37.

김어진. "북한여성과 사회변혁(2): 1980년대부터 김정은 정권까지."『마르크스21』, 제28권 (2018), pp. 105~133.

신희영·이혜원·안경수·전지은. "김정은 시대 북한 보건의료체계 동향-전달체계와 조직체계를 중심으로."『통일과 평화』, 제8권 2호 (2016), pp. 181~211.

이미경·정우곤. "북한사회보장제도의 실증적 연구: 의료보장제도의 운영실태를 중심으로."『북한연구학회보』, 제7권 1호 (2003), pp. 209~236.

안지영. "김정일 시기 이후 북한의'인구재생산'과 영화속 모성 담론." 『여성연구』, 통권 88호 (2015), pp. 43~81.

오경현. "북한의 결핵 현황과 관리실태." 『KDI 북한경제리뷰』, 제17권 4호 (2015), pp. 23~31.

전정희·이인숙. "북한이탈주민 결핵환자의 건강통제위 성격과 자가간호행위와의 관계." 『국회 입법과 정책』, 제7권 2호 (2015), pp. 565~588.

조경숙. "우리나라 결핵 실태 및 국가 결핵관리 현황." 『보건사회연구』, 제37권 4호 (2017), pp. 179~212.

최창민·정우경·김희진 외. "북한이탈주민에서의 결핵의 임상적 고찰." 『결핵과 호흡기 질병』, 제60권 3호 (2006), pp. 285~289.

4. 영문논문

Hans L. Rieder. "Epidemiologic basis of tuberculosis control". International Union Against Tuberculosis and Lung Disease. 1999.

Seung KJ, Linton SW. "The growing problem of multidrug−resistant tuberculosis in North Korea". *PLoS medicine* 2013;10;e1001486. 1~11.

WHO. "Joint Monitoring Mission, Tuberculosis Control Programme DPRK". Geneva: World Health Organization, SEARO−TB, 2015.

WHO. 2017 Global Tuberculosis Report. Geneva: World Health Organization, 2018.

5. 북한문헌

김일성. 『김일성 저작집 제1권』. 평양: 조선로동당출판사 (1979), pp. 237~238.

서창남편. 『위대한 수령 김일성 동지의 보건령도사』. 평양: 과학백과사전종합출판사 (1990), pp. 1~363.

6. 기타

북한이탈여성 심층면담. 2019년 7월~9월.

재북시 의사 경력자 2명 면담. 2020년 10월~12월.

"2018년 세계인구 현황보고서." 『유엔인구기금』 (온라인). 2020년 12월 14일: 〈https://www.voakorea.com/a/4617889/html〉.

"북한 총인구." 『북한통계』 (온라인). 2020년 9월 2일: 〈http://Kostat.go.kr/portal/korea/index.action〉.

제3장

섹슈얼리티와 북한여성의 주체적 삶의 변모양상*

곽 연 실**

1. 들어가며

이 연구는 고난의 행군 이후 북한여성의 주체적 삶에 주목하고 섹슈얼리티, 즉 성 영역과 관련한 제도권 안과 밖의 변모 양상을 고찰해보려고 한다. 1990년대 북한 최대의 경제난을 일컫는 '고난의 행군'으로 인해 식량배급이 끊기자 여성들은 가족의 생계를 홀로 감당하기 위해 삶의 주체자로서 변모하기에 이른다. 이는 "가정에서 여자가 움직이면 살고 여자가 가만있으면 굶어 죽는다."라는 말이 북한사회에서 공공연히 회자되는 현실에서도 확인할 수 있다.

기존의 북한여성 섹슈얼리티 연구에서는 체제와 여성의 관계를 주로 다루었을 뿐, 제도권 안과 밖의 여성 주체적 삶의 변모양상과 관련한

---

* 본 연구는 이화여자대학교 박사학위논문(2020) "'고난의 행군' 이후 북한여성의 정체성 재구성"을 수정·보완해 재구성한 것임.

** 이화여자대학교 이화사회과학원 비상임연구원

흐름은 전무하다. 당시 북한사회에서 여성들은 가정경제를 주도적으로 이끌며 자신의 섹슈얼리티를 재구성해가고 있는바, 이를 실제적으로 비교해 보는 것이 필요하다. 북한의 여성들은 단순히 가족의 생존문제를 해결하는 역할만을 수행하는 것이 아니라, 삶 자체를 자기 주도하에 이끌어간다. 여성의 자기 주도적인 삶의 행태는 특히 섹슈얼리티와 밀접하게 관련된다.[1] 성 의식과 행동, 성 규범, 성본능 혹은 성욕, 성 역할, 성적 현상 등 성과 관련된 총체적 단어인 섹슈얼리티 문제가 고난의 행군 이전부터 북한의 공적담론에서 자주 언급되었다는 사실은 대단히 중요하다.

북한당국이 수용하지 못하는 사회의 치부(恥部)를 공적담론에서 드러내고 문제화했을 때, 사회의 본질보다 내부 흐름을 이해하고 그 의미를 읽어낼 수 있는 하나의 단초가 되기 때문이다. 이렇듯 여성의 섹슈얼리티 문제에 주목한 공적담론과 제도권 안과 밖의 섹슈얼리티를 통해 변동기 북한여성의 주체적 삶의 양상을 가늠할 수 있을 것이다.

이 연구는 고난의 행군 이전과 이후 섹슈얼리티와 관련한 북한의 공적담론, 이를 통해 여성의 삶을 어떻게 통제·규율해왔는지, 여성의 성 의식과 행위가 어떻게 변모했는지 등 다양한 문제를 고찰할 것이다. 연구의 범위는 1990년 이전부터 2000년대 시장화 이후도 다루게 된다. 1990년대 말 고난의 행군 종식 선언 이후 오늘날에도 경제난 여진은

---

1) 섹슈얼리티(sexuality)란, 넓은 의미의 성(性)을 포괄하며 매우 복합적인 개념이다. 일반적으로 섹슈얼리티는 섹스(sex)와 젠더(gender)와 함께 '성(性)'을 표현하는 개념으로 다양하게 해석된다. 섹슈얼리티에 주목하는 이유는 이것이 섹스나 젠더보다 포괄적인 함의를 지닌 개념이라는 점이다. 따라서 이 연구에서는 북한여성의 성 의식이나 행위뿐 아니라, 성적인 태도·가치관·감정·정체성·환상·욕구·존재감 등을 모두 포괄하는 섹슈얼리티에 주목하면서 문맥에 따라 성을 혼용하고자 한다.

지속되는 것으로 판단했기 때문이다.[2]

이 연구는 성 주체성을 조망함에 앞서, 북한여성 관련 법·제도와 북한 유일의 여성잡지 「조선녀성」 등 공식문헌을 통해 여성의 섹슈얼리티 형성에 영향을 준 담론의 내용을 먼저 살필 것이다. 이후 탈북여성의 인터뷰를 통해 북한 거주 당시 여성으로서 겪은 성 경험담을 제도권 안과 밖으로 구분해 성적 주체성이 어떻게 변모했는지 고찰해보고자 한다.

〈표 1〉 인터뷰 참여자

코드	출생 연대	학력	직업	가족구성	혼인상태
사례 A	60년대 초반	대졸	의사	남편, 아들1, 딸1	혼인유지
사례 B	60년대 초반	대졸	기술공	남편, 아들2, 시부모	이혼
사례 C	60년대 중반	전문대졸	장사	남편2, 아들(사망)	이혼(2회)
사례 D	60년대 초반	대졸	사무원	남편2, 딸1, 시모	사별 후 동거
사례 E	60년대 중반	고졸	개인사업	남편, 아들1	이혼
사례 F	60년대 중반	고졸	장사	남편, 딸2	혼인유지
사례 G	60년대 초반	전문대졸	접대원	남편(사망), 아들1, 딸1	혼인유지
사례 H	60년대 중반	대졸	대학교원	남편, 딸1, 시부모	혼인유지
사례 I	70년대 중반	대학중퇴	장사	모, 남동생	동거(5년)
사례 J	70년대 초반	고졸	당비서	남편(사망), 딸1, 아들1	사별
사례 K	70년대 중반	전문대 중퇴	장사	딸1(사망)	동거(5개월) (8.3부부)

---

2) '고난의 행군'이란 1990년대 중후반 혹독한 경제난과 식량난으로 수많은 아사자가 발생하자, 김일성의 항일활동 당시 혹한과 굶주림이 극심했던 1938년 말부터 1939년 초까지 100여 일간의 강행군 상황을 주민에게 상기시켜 위기를 극복하고자 당국이 제시한 구호이다. 사실 '고난의 행군' 시기를 좁게는 자연재해 등으로 배급제가 와해된 1994년부터 1998년(1999년 신년사에서 고난의 행군이 1998년에 종식되었음을 짐작)까지로 볼 수 있으나, 동구사회주의권 붕괴에 따른 국제적 고립과 사회주의 시장을 잃게 된 1990년 이후부터 2000년까지(2001년 신년공동사설의 당 창건 55주년을 맞아 고난의 행군이 종식됨을 선언)로 넓히기도 한다. 그러나 북한당국은 이후에도 고난의 행군을 강조하고 있어, 이 연구에서도 그 시기를 광범위하게 설정했다.

코드	출생 연대	학력	직업	가족구성	혼인상태
사례 L	70년대 초반	대졸	작업반장	남편, 아들1, 시부모	혼인유지 (8.3부부)
사례 M	70년대 초반	고졸	재봉사	남편, 딸1, 아들1	탈북3번 자동이혼
사례 N	70년대 초반	고졸	인민반장	남편, 아들1	혼인유지 (외도)

2. 공적담론과 여성

건국 당시만 해도 북한에서는 해방 전「조선민사령」제11조에 의거해 봉건적 유습을 혼인생활의 규범으로 삼아 남성우위의 가부장 질서가 유지되고 있었다.[3] 1946년 7월 북한은「남녀평등권에 대한 법령」(이하「남녀평등법」)을「헌법」(1948년)보다 먼저 제정했는바, 이는 혼인관련 법 시행령의 방향을 미리 계획하는 것이었기 때문에 중요한 의미를 지닌다. 당시 사회주의 개혁조치를 단행하는 과정에서 제정된「남녀평등법」에는 "… 봉건관계의 유습인 일부다처제와 여자들을 처나 첩으로 매매하는 녀성인권유린의 폐해를 금후 금지한다."(제7조)와 "… 조선녀성의 권리에 관한 일본제국주의법령과 규칙은 무효로 된다"(제9조)고 명시함으로써 과거 혼인관련 모든 법규를 무효화했다는 내용이 담겨 있다.

이후에도 북한은「남녀평등권에 대한 법령시행세칙」과「봉건유습잔재를 퇴치하는 법령」등 일련의 혼인관련 법제를 잇달아 발표했다.[4] 사

---

3) 정광수, "북한혼인법과 중공혼인법에 관한 비교고찰,"『통일문제연구』, 제3권 (1986), p. 107.
4) 김진, "북한혼인법 개관,"『북한의 법과 법이론』(서울: 경남대학교출판부, 1988), p. 372 참조.

회주의 체제로 전환해야 하는 북한당국으로서는 그 당면과제로서 이를 뒷받침하는 법 제정이 시급했으나, 이에 못지않게 혼인관련 법제의 정비 역시 중대한 사안이었다. 이를 북한의 입장에서 보면, 일제 강점 당시의 혼인제도는 계급주의에 기반을 둔 봉건주의의 잔재로서 반사회주의 정책이 되는 것이다.

사회주의의 근간인 평등원칙에 입각한 남녀평등 실현의 내용은 이후 「헌법」에도 명시되어 있는바, "일제의 공민은 성별 … 여하를 불문하고 국가·정치·사회·문화생활의 모든 부문에 있어서 동등한 권리를 가진다."(제11조)라고 규정하고 있다. 그리고 「남녀평등법」에는 "여성들은 남자들과 같이 자유결혼의 권리를 가진다. 결혼할 본인들의 동의없는 비자유적이며 강제적인 결혼은 금지한다."(제4조)와 함께 "결혼생활에서 부부관계가 곤란하고 부부관계를 더 계속할 수 없는 조건이 생길 때에는 여성들도 남자와 동등의 자유이혼의 권리를 가진다."(제5조)고 여성의 혼인결정권의 자유가 포함되어 있다. 나아가 「형법」 제254조에는 여성에게 혼인을 강제하거나 혼인생활을 지속할 의사가 없는 여성을 강제할 경우 일정한 형벌로 제재를 가하는 규정도 마련해놓았다. 이 외에 여성의 혼인생활 자유는 그 생활 주거지에 대한 선택의 자유까지 인정하고 있어 실제로 함께 살지 않는 경우도 인정한다는 내용이 있다.[5]

북한은 이후로도 사회주의 경제건설에 필요하다고 여기는 혼인관련 법제를 변화하는 경제상황에 맞추어 수시로 제정해 나갔다. 한 예로 「협의이혼절차를 폐지하고 재판이혼에만 의하게 하는 규정」(1956년)이 그것이다. 이로써 사실상 개인의 자유의사에 따른 이혼권은 박탈되고 「남녀평등법」에서 확보되었던 기존의 권리가 대폭 축소되는 한편, 결혼

---

5) 최달곤, "북한혼인법연구: 주로 혼인의 성립과 효과를 중심으로," 『아세아연구』, 제15권 1호 (1972), pp. 22~23.

생활에 있어 국가 개입과 통제는 오히려 강화되었다.[6] 이는 가정의 재강화를 통해 체제를 안정시키는 동시에 사회주의 혁명을 성취하려는 국가 개입 의도를 드러낸 것이라 하겠다.

1) 사회주의적 생활양식과 탈성화된 여성

북한당국이 발행한 『조선말대사전』을 보면, 사회주의적 생활양식에 대해 "사회주의사회에서 사는 사람들의 활동방식"이며, "정치, 경제, 문화, 도덕의 모든 분야에서 사회주의적생활규범과 사회주의적행동준칙에 따라 모든 사람들이 생활하는 방식"이라고 설명하고 있다.[7] 다시 정리하면 북한의 사회주의적 생활양식은 전 주민이 지켜야 할 생활규범이자 행위양식으로, 그 범위는 정치적·경제적·사회적 활동과 문화생활, 도덕행위를 비롯한 가족생활은 물론 개인활동 등 모든 생활영역을 포함하는 것이 된다.

1972년 12월 27일 북한의 최고인민회의에서 채택한 「헌법」에는 "국가는 모든 분야에서 낡은 사회의 생활양식을 없애고 새로운 사회주의적 생활양식을 전면적으로 확립한다."(제38조)라고 명문화했다. 당시는 김일성 유일체제를 법적으로 제도화하고 김정일 후계체제를 굳히는 시기로, 국가차원에서 사회분위기를 조기에 일신(一新)해 전 주민의 사회주의적 생활양식을 새롭게 정립해가는 시점과 맞물린다. 그렇다면 1980년대 이후 북한의 사회주의적 생활양식은 여성의 섹슈얼리티를

---

6) 북한 재판소는 여느 기관과 마찬가지로 정치사업을 중시하는바, 이혼 관련 정치사업은 그 소송 제기를 막고 가정을 회복시키기 위해 당사자에 대한 개별 교양은 물론 가족과 친지를 통한 교양과 조직생활을 통해 군중투쟁방식으로 이루어진다. 김정금·리황, 『민사소송법』(평양: 김일성종합대학출판사, 1987), pp. 18~19.

7) 사회과학원 언어학연구소, 『조선말대사전 1』(평양: 사회과학출판사, 1992), p. 1649.

어떻게 규정할까?

북한에서 사회주의적 생활양식은 특히 결혼생활과 관련 있다. 한편으론 부부관계에서 혁명적 동지애를, 다른 한편으로는 수령에게 충성을 다하는 정신적 풍모를 바탕에 두고 혼인이 성사되어야 한다는 것이다. 혼인에 대한 조건은 다음에서 잘 드러난다.

> 오늘 우리 시대 청춘 남녀들의 사랑과 결혼은 철저히 동지적이고 혁명적인 관계에 의하여 이루어지고 있으며 이것은 이 사회를 주체사상화하는 혁명의 한 길에서 뜻을 같이 하고 서로 돕고 이끌면서 생활해 나갈 것을 약속하고 맺게 되는 결합이다. 때문에 … 돈이나 재물이 사상과 결혼의 조건부로 되는 것이 아니라 일생을 동지로서 당과 수령께 충성을 다할 수 있는가 하는 정신적 풍모가 그 조건부로 되는 것이다.[8]

위 대목은 남녀를 불문하고 결혼생활에서 지켜야 할 사회주의적 생활양식의 방향성을 제시하는 기본목표라는 것을 알 수 있다. 이는 수령에 대한 충성과 동지애를 절대적으로 요구하는 반면에, 정작 부부간의 자연스러운 애정행위나 친밀성(intimacy)은 간과되고 상대적으로 낮게 평가한 것이나 다름없다. 북한에서는 부부간의 애정이 너무 깊으면 혼인의 가장 중요한 목적인 '혁명적 동지애'와 '건전한 애정'의 범위를 넘어서 사적인 감정에 치우치게 된다는 의미다.[9] 사적인 감정에 치우치면 결국 부화방탕이나 퇴폐풍조, 반인륜적 행위를 저지른 자로 지목

---

8) 이상우, 『북한 40년: 조선민주주의인민공화국의 특성과 변천 과정』(서울: 을유문화사, 1988), p. 305.

9) 북한의 소설에는 혁명적 동지애와 관련해, "사랑은 순간의 향락을 위한 롱락물도 아니며 안온한 생활의 향유물도 아니다. 사랑은 뜻을 같이하는 동지들 간에만 이루어질 수 있는 가장 건전하고 신성한 교감이 것이다."라고 강조한다. 림재성, 『붉은기』(평양: 문예출판사, 1983), p. 474.

되어 사회적으로 낙인이 찍히거나 축출되기도 한다.[10] 따라서 북한에서 여성은 물론 남성도 부부관계에 있어 사회주의 '동지로서 결합'만을 받아들이도록 세뇌된바, 결국 무성적인 존재여야 하며 오로지 인민으로서 존재하게 된다.

이렇게 동지적 부부관계를 기반으로 한 사회주의적 생활양식은 여성의 성 의식과 정체성까지도 규율하는 근거가 되었다. 이는 특히 가정 내 전통적인 가부장 질서와 관련된바, 바로 남성중심적 성문화로 인한 남녀유별의 도덕적 기준이 유독 여성에게만 강조된다.[11] 이에 따라 여성은 스스로 비성욕적인 존재로서, 부부관계에서도 소극적이고 수동적인 반응을 보여야 한다. 이는 성적 충동을 느끼는 여성은 정숙하지 못하고 또 성은 남성이 주도해야 한다는 사회적 성 통념에 따른 것으로

---

10) 서재진은 낙인찍는 현상과 관련해 설명하는바, 개인과 사회의 사회적 상호작용의 산물이라고 한다. 낙인이론(labeling theory)에 따르면, 1차 범죄를 저질러 당국에 처벌을 받게 되면, 다른 사람들도 그를 범죄자로 취급해 사회에 적응하기 어렵기 때문에 체제에 적대감을 갖게 될 가능성이 높다. 다시 말해 북한에서 낙인이 찍히면 당원 되기도 어려울 뿐 아니라 대학입학이나 간부 등용 등 주요 경력의 관문마다 불이익을 당하게 되고 가족의 대물림으로 이어져 결과적으로 교정되기보다는 제2의 범죄를 저지를 가능성이 크다는 것이다. 실제로 국내에 정착한 북한이탈여성 중에는 간부와 부화 사건이나 성매매 등 부적절한 성 문제가 드러나 낙인이 찍혀 차별을 당하다가 결국 북한을 탈북하는 경우도 적지 않다. 서재진, 『또 하나의 북한 사회: 사회구조와 사회의식의 이중성 연구』 (서울: 나남, 1995), pp. 431~432 참조.

11) 1980년대 말경 「조선녀성」에는 "공산주의도덕과 사회주의생활양식"이라는 글이 등장했는데, 특히 공산주의 도덕교양과 관련한 글 중 "례절과 인품"에서는 예로부터 우리나라는 동방예의지국으로 불린바, 윗사람과 아랫사람, 늙은이와 젊은이, 부녀자 간에는 지켜야 할 예절이 다 있었으며 조상으로부터 이를 지키는 것을 미풍양속으로 자부해 왔다면서, 예절을 잘 지키는 문제가 그 사람의 정신도덕적 높이와 교양수준을 보여주는 매우 중요한 일이라는 것을 깊이 자각하고 시대적 요구와 현실발전의 추세에 맞게 예절을 지켜나가야 한다고 강조한다. "례절과 인품," 「조선녀성」 (평양: 근로단체출판사, 1989.1), p. 37; 특히 2004년 「조선녀성」 제4호부터는 "사회주의적생활양식을 철저히 세우자"라는 고정코너를 마련하고 "공산주의도덕과 사회주의생활양식", "사회주의 생활양식과 옷차림" 등 다양한 소제목을 매 호마다 연이어 게재하고 있어 북한당국이 사회주의 생활양식을 얼마나 중요시하는지 짐작할 수 있다.

볼 수 있다. 여기에는 여성에게만 순결과 정절을 강조하는 남성중심의 성문화와 성을 '자유주의' 풍조로 여기는 북한사회의 부정적 고정관념이 여성의 탈성화(desexualization)를 부추기는 것이라 하겠다.

이상의 간략한 고찰에서 볼 수 있듯이, 북한여성의 섹슈얼리티는 사회주의적 생활양식을 중심으로 형성되었다는 점을 주목할 수 있다. 특히 경제가 침체기에 접어든 1970,80년대는 김정일로의 체제 전환에 맞춰 새로운 사회주의적 생활양식 구축을 목표로 하는바, 혼인의 조건에서 돈이나 재물보다 '사상과 정신적 풍모'가 우선해야 한다는 논리에서 담론의 모순과 여성의 달라진 의식을 확인할 수 있었다. 그 결과 공적담론을 통해 국가가 강조하고 규율해온 사회주의 생활양식은 균열을 보였다. 특히 고난의 행군 시기부터는 사회 전반이 자력갱생 형태의 새로운 생활양식을 모색하고 있어 여성의 삶에도 변화의 국면을 맞이한다.

2) 성개방 및 반동사상문화 배격에 따른 '조선민족제일주의'

1970년 1호부터 「조선녀성」에는 공산주의 도덕교양과 관련한 글들이 거의 매 호마다 게재되고 있었다.[12] 특히 1980년대 들어 이전에 볼 수 없었던 이른바 '부화'(외도)라는 표현이 등장했는바, 이는 대내외환경의 변화에 따라 점증하는 북한사회의 풍기문란 행위와 연결된 것으로 보인다. 김일성은 이에 대해 비교적 상세하게 지적하고 있다.

---

12) 「조선녀성」에서 보여준 이상적인 여성상은 '개인은 집단을 위하고 집단은 개인을 위하는 집단주의적인 이상을 실현하는 여성'이다. 북한사회에서는 개인주의와 이기주의는 배격되고 집단과 사회를 위하여 개인의 모든 것을 바치는 공산주의 도덕원칙이 강조된다. 이상화, "북한여성의 윤리관," 『통일을 대비한 남북한 여성의 삶에 대한 비교』, 이화여대 한국여성연구원 제4차 통일문제학술세미나(1996년 12월 9일).

우리는 부화방탕하는 것을 반대하여 투쟁해야 합니다. 이것도 다 낡은 사회의
잔재입니다. 술마시고 투전하는 것, 남녀사이의 풍기를 문란하게 하며 방탕한
생활을 하는 것을 철저하게 없애야 합니다. 즐겁게 논다는 것은 결코 부화하
고 타락하는 것을 의미하지 않습니다.[13]

여기서 주목할 점은 "남녀사이의 풍기를 문란하게 하며 방탕한 생활
을 하는 것을 철저하게 없애야"라는 대목이다. 이것은 그만큼 국가가
개입·통제하지 않으면 안 될 정도로 퇴폐적인 성문화가 사회 깊숙이
침투했다는 것을 입증해주는 것이기도 하다.

그동안 혁명적 동지애로 탈성화된 삶을 살아왔던 북한의 여성들은
1989년 평양에서 열린 제13차 세계청년학생축전(이하 평양축전)을 계
기로 변화하기 시작한다.[14] 북한이 폐쇄적이고 배타적인 체제라는 이
미지를 국제사회에 불식하고 제한적이나마 개방의지를 대외적으로 부
각하고자 기획되었던 이 축전은 특히 외부 자극에 민감할 수밖에 없는
새세대 여성들의 눈을 뜨게 했다. 세계 각국에서 온 외국인들의 세련되
고 패션화된 차림새가 젊은 여성들에게 큰 반향을 준 것은 물론, 특히
밀입북해 이 축전에 참석했던 임수경을 통해 남한이 자유롭고 풍요로
운 국가라는 사실을 깨닫게 한 것이다. 이뿐 아니라 청바지 등의 옷차
림과 헤어스타일 등 자본주의 생활방식을 직접 목격함으로써 북한사회

---

13) 김일성, "자녀교양에서 어머니들의 임무," 『김일성저작집 제15권』 (평양: 조선로
동당출판사, 1981), p. 339.

14) 북한은 평양축전을 계기로 만경대학생소년궁전 등지에 '자본주의적' 전자오락시
설이나 군중무용을 디스코식으로 개조해 보급한 것이 평양시민의 여가문화의 하
나가 되었다. 오양열·임채욱, "북한의 군중문화정책과 주민의 문화예술활동,"
『북한주민의 일상생활과 대중문화』 (서울: 오름, 2003), p. 168; 한편, 북한에서
'엉덩이춤'으로 알려진 디스코는 평양축전을 계기로 급속도로 확산된 후 북한당
국이 '불량 춤'으로 금지 조치를 취했지만 중국 접경지역을 중심으로 유행하기도
하였다.

는 자문화와 타문화에 대한 비교의식이 형성되고 외래문화에 대한 환상을 갖는 기회가 되었다.

외래문화의 급속한 유입을 예상치 못한 김정일은 같은 해 12월 당중앙위원회 책임일꾼들 앞에서 '조선민족제일주의' 정신을 재차 강조하게 된다.[15] 조선민족제일주의는 당시 소련 등 동구사회주의권이 몰락하고 중국마저 개혁개방의 길로 나서자, 북한 내 변화의 바람을 차단하고 체제안정에 주력하고자 내놓은 새로운 통치담론 중의 하나이다. 이 담론은 1990년대는 물론, 고난의 행군이 종식된 이후에도 전 주민 대상의 사상교양을 강화하는 논리가 된다.[16]

> 제국주의자들은 … 신문, 잡지, 방송을 비롯한 출판보도수단들과 록화물, 소설, 영화, 음악 등 문학예술작품들을 통한 부르죠아사상문화선전공세에 힘을 넣어 자본주의와 자본주의생활에 대한 동경심, 제국주의에 대한 환상을 조장 류포시켜 사람들을 머저리로, 정신불구자로 만들려 하고있다. … 젊은 세대들이 날라리풍, 부르죠아황색바람에 맛을 들이면 그 후과는 참으로 크다. … 무엇보다도 중요한것은 부르죠아사상문화가 스며들 수 있는 모든 통로를 철저히 차단하고 혁명의 모기장을 든든히 치는것이다.[17]

---

15) '조선민족제일주의'는 1986년 7월 15일 김정일이 발표한 논문 "주체사상교양에서 제기되는 몇가지 문제에 대하여"에서 공식적으로 제시되었다; 이후 '조선민족제일주의'는 수차례 수정·보완되었다가 1989년 9월 『우리민족제일주의』라는 책으로 집약되어 출판되었는바, 그 원천으로 첫째는 김일성과 김정일이라는 지도자, 둘째는 주체사상, 셋째는 혁명전통, 넷째는 북한식 사회주의, 다섯째는 민족의 고유한 역사에서 나온다고 주장한다. 고영환, 『우리민족제일주의론』(평양: 평양출판사, 1989), pp. 127~188.

16) 이와 관련해 북한은 '전승' 40주년에 앞서, 1993년 5월 "우리 수령, 우리 당이 제일이고 주체사상과 우리식 사회주의가 제일이라는 조선민족제일주의 정신을 높이 발양하자"라는 구호를 통해 전 주민에게 사상교양을 강화해 나간다. 통일원 정보분석실, 『95 북한개요』(서울: 통일원, 1995), pp. 53~54.

17) "제국주의사상문화적침투는 세계제패전략의 중요한 수단," 『조선녀성』(1999.5), p. 34.

민족의 선행세대들이 창조하여 후세에 물려준 민족문화유산에 대한 교양사업을 잘하여야 사상과 도덕, 문화와 풍습, 심리와 기질을 비롯한 모든 면에서 다른 민족과 구별되는 민족성을 적극 살려나갈수 있고 우리 인민들로 하여금 남다른 민족적긍지와 자부심을 가지고 조선민족제일주의정신을 높이 발양시키게 할수 있다.[18]

한편, 2000년 들어 시장화와 함께 외래문물이 본격적으로 유입되며 여성의 성 의식이 개방적으로 변하고 성적 욕망을 표출하는 경향도 증가한다.[19] 시장은 늘어도 경제 상황은 더욱 악화되어 매춘에 내몰리는 여성이 급증하고, 가정에서는 이혼 등 가족이 해체되는 경우가 많아졌다. 「조선녀성」에는 이러한 상황을 반영하는 글들이 빈번하게 등장한다.

돈이 모든것을 지배하는 자본주의사회에서는 인간의 가치가 돈에 의해 규정되며 인간의 존엄은 한갖 빈허울에 지나지 않는다. … 수천수만의 녀성들이 가정을 빼앗기고 거리를 헤매고 있다. 그들을 기다리는것은 유흥장과 매춘업소들이다.[20]

미국에 대한 환상과 미국식 ≪자유≫에 대한 동경, 미국식생활양식에 물젖어 사회주의제도에 대한 불평불만을 로골적으로 표시하면서 나중에는 선렬들이 지켜온 혁명의 전취물을 스스로 버린 이전 동유럽사회주의나라들의 력사적교훈을 깊이 새기면서 적들에 대한 자그마한 환상의 표현이라도 묵과하지 말고 투쟁해야 한다.[21]

---

18) "민족문화유산을 통한 교양을 잘하자," 「조선녀성」 (2005.8), p. 39.
19) 북한에서 외래문화 접근은 당국의 지시로 철저히 봉쇄되어 있으며, 이를 위반할 경우 사회주의적 생활양식을 훼손하는 범죄행위로 규정한다. 2004년 개정 형법에도 한국 등 자본주의 영상물을 보는 행위를 "퇴폐적인 문화반입, 류포죄"(제193조), "적대방송청취, 인쇄물, 유인물, 수집, 보관, 류포죄"(제195조)로 2년 이하 '로동단련형'과 4년 이하 '로동교화형'으로 처벌한다고 명시했다.
20) "≪살고 싶다, 사람답게, 여자답게≫," 「조선녀성」 (2003.5), p. 41.
21) "제국주의자들의 사상문화적침투책동에 경각심을 높이자," 「조선녀성」 (2005.8), p. 43.

부르죠아사상문화는 … 말초신경을 자극하는 색정적인 영화와 음악, 소설, 광
란적인 춤과 라체미술, 알콜과 마약으로 사람들의 건전한 정신세계를 혼란시
키고 타락시킨다.[22]

예로부터 우리 인민은 남녀가 한번 결혼하면 서로 돕고 이끌며 일생을 함께사
는 것을 응당한 것으로 여겨왔으며 리혼은 륜리도덕에 심히 어긋나는 행위로
규탄받았다.[23]

위 담론들은 북한당국이 자국 여성들의 왜곡되고 부정적인 삶의 모습
을 있는 그대로 드러내기보다 동구사회주의권과 자본주의사회를 빗대
어 우회적으로 표현했다는 것이 더 정확할 것이다. 즉 북한의 여성들이
경제난으로 기존의 순결·정조 의식이 무너졌고 또 새로운 문화접변
(cultural acculturation)으로 외부세계에 대한 동경과 호기심이 싹텄
다는 것을 간접적으로나마 인정한 셈이다.[24] 이것은 오늘날 여성들이 어
떠한 삶의 방식을 지향하고 어디로 가고 있는지 가늠해 볼 수 있게 한다.

이와 같이 공적담론을 살펴본바, 여성들이 생존을 위해서는 사상도
정조관념도 없었으며, 성에 대한 사고와 신념도 변하여 자신의 몸을 생
계유지나 경제적 안정을 추구하는 하나의 도구로서 인식하는 경향이
확대되는 것을 확인할 수 있었다. 북한여성의 섹슈얼리티를 탐구하는
데 있어서 '사회주의적 생활양식'과 '조선민족제일주의'에 주목한 이유

22) "부르죠아사상문화는 우리 식 사회주의를 좀먹는 위험한 독소," 「조선녀성」
(2006.10), p. 36.
23) "우리 민족의 고상하고 건전한 결혼풍습," 「조선녀성」 (2009.3), p. 55.
24) 시장화 이후 북한에서 성매매·포르노비디오·부화 등 불건전하고 왜곡된 성문화
가 확대되고 있는바, 북한당국은 이러한 문화를 비사회주의 요소로 지목하고 단
속을 펴고 있지만 불투명한 미래 속에서 힙겹게 살아가는 여성의 심리 상태를 반
영하는 것으로 보인다. 최대석·박희진, "비사회주의적 행위유형으로 본 북한사
회 변화," 「통일문제연구」, 제23권 2호 (2011), pp. 82~83.

는 두 공적담론 속에 드러나는 이념적 지향성과 성차별적 요소, 폐쇄적인 문화에서 이미 모순과 여성의 현실을 파악할 수 있기 때문이다. 그럼에도 북한당국은 오늘날에도 여전히 이 두 담론을 재차 강조함으로써 체제안정에만 주력한다.[25] 김일성-김정일-김정은으로 3대세습 체계가 완성되어 현재에 이르는 상황에서도 이 논리는 북한체제가 존속하는 한 유지될 것이라는 잠정적 결론에 이르렀다.[26]

3. 제도권 내 성과 여성 주체

성(性, sexuality)은 인간의 가장 기본적인 욕구이자 몸과 마음을 동시에 표현하는 가장 자연스러운 현상이다. 따라서 남녀 간의 성은 지극히 정상적인 행위로 통하기도 한다. 성을 완곡어법으로 표현한 말이 '남녀관계'인 것이다.

오늘날 수많은 증언을 통해 알려진바, 북한은 아직도 남녀교제와 성 문제와 관련해 매우 엄격하고 보수적인 사회이다. 특히 북한에서 여성의 성은 가부장 질서와 연관된 사회문화의 한 축으로 전통적인 여성성

---

25) 북한은 고난의 행군에 접어든 1990년 10월 「가족법」을 단일법으로 제정하고 제1조에 "조선민주주의인민공화국 가족법은 사회주의적 결혼, 가족제도를 공고발전시켜온 사회를 화목하고 단합된 사회주의 대가정으로 되게 하는데 이바지한다."고 명시했다. 가장 혹독한 고난의 강행군 시기인 1998년에도 「헌법」을 개정한바, 제42조에서 사회주의적 생활양식을 재차 강조했다. 특히 「가족법」은 북한이 선전해온 「남녀평등권법령」의 진보성이 상실되고 전통적인 가부장적 유습과 국가 개입이 혼돈된 내용으로 채워져 있다. 간략하게 정리하면, 청년들에게 "국가에 오랜 기간 헌신한 후에" 결혼할 것(제9조)과 혼인외 남녀관계 금지(제12조), 이혼시 자녀양육은 판결에 따르되, 3세 이하는 어머니가 양육하도록 권장(제22조)하는 것 외에도 부부는 노동능력을 잃은 배우자를 부양할 의무(제19조)와 자녀는 노동력이 없는 부모를 부양(제28조)해야 한다는 것을 명문화했다.

26) 이에 관해서는 2019년 4월 11일 북한 최고인민회의 제14기 1차회의에서 개정된 「조선 사회주의 헌법」 서문과 제42조를 참조할 것.

을 강요한다. 이러한 여성성을 요구·강화하는 또 하나의 축으로서 북한사회에서 막강한 영향력을 미치고 있는 것이 바로 폐쇄적이고 보수적인 성문화이다. 북한의 이러한 성문화는 공식적·비공식적 논리체계가 공존하면서 각각의 체계 안에서도 여성과 남성에게 다르게 적용하는 도덕적 기준을 지닌다. 공식적인 법체계 안에서 허용하는 성 경험은 혼인관계 내에서만 가능하다. 혼인관계 외 성 경험은 일탈적인 것으로 간주된다. 따라서 여성이 결혼생활에서 정숙한 여성으로 인정받으려면 혼전은 물론, 결혼 후에도 남편 외에는 절대 순결을 지키고 성에 대해 보수적이어야 한다는 의식이 팽배한 사회가 바로 북한이다.[27]

그럼에도 사회주의 북한에서 지난 70여년 간의 역사 중 가장 크게 변한 것은 성 의식이라고 할 수 있다. 특히 국가의 성담론에 오랫동안 지배를 받아온 여성의 섹슈얼리티가 그 의식과 실천에 있어 괄목할만한 변화를 보였는바, 가장 중요한 계기는 바로 '고난의 행군'이다. 이 시기를 거치면서 여성은 성을 새롭게 인식했다. 고난의 행군 당시 가족의 생존문제를 홀로 해결해나가는 과정에서 여성의 성 의식은 현실적으로 바뀌었다. 2000년대 들어 외부사조 및 문물이 유포되면서 여성의 성 의식에도 뚜렷한 변화가 감지된다.[28] 특히 시장화와 더불어 나타

---

27) 1990년 제정된 「가족법」에는 결혼과 이혼 등 가족의 성립과 해체에 대한 국가적 규제가 담겨 있다. "결혼은 신분등록기관에 등록하여야 법적으로 인정되며 국가의 보호를 받는다"(제11조)라고 명시하고 "결혼등록을 하지 않고 부부생활을 할 수 없다"고 규정해 법률혼 외에 남녀간 성생활을 인정하지 않는 것으로 판단된다. 이는 개인의 성생활 영역까지 국가가 규제한다는 것을 알 수 있다. 정상인, 『북한 가족정책의 변화』 (서울: 민족통일연구원, 1993), p. 63.

28) 한 매체에 따르면, 중국의 성문화가 상당히 개방적이고 문란하다보니 (탈북자들이) 자본주의 사회나 자유세계에 대한 잘못된 인식을 가지고 성문화를 접하는 경우가 많다고 보도했다. 한 탈북자는 인터뷰에서 "중국에 머무는 북한주민 대부분이 성에 무지한 상태에서 음란문화에 노출된다."고 말했다. 성매매가 중국의 최고 산업이라는 말까지 나오는 상황에서, "… 어쩌면 그게 유일하게 중국에서 목돈을 빨리 벌어서 한국으로 올 수 있는 길이기 때문에 대안을 제시하지 않는 한

난 서구문화의 범람은 여성에게 '성 정보'를 습득하는 주요 경로가 되어 성 의식에도 상당한 영향을 미쳤다.

1) 성 주체 의식 형성

북한에서 여성의 성은 합법적인 혼인관계가 아니면 도덕적으로 지탄받는 보수적인 문화이다. 혼전 여성은 순결을 지켜야 하고 이것에 문제가 생기면 결혼생활에도 문제가 발생할 수 있다는 성에 대한 보수적 인식이 깊이 박혀 있다.

북한의 여성들은 이러한 성향을 어릴 적부터 습득하게 되는바, 이때 형성된 섹슈얼리티가 무의식에 고스란히 저장되어 성인이 된 후에도 지속적으로 영향을 받는다고 볼 수 있다. 따라서 여성의 성은 본능보다 비성욕적인 존재로서 절제되고 금욕적인 모습을 보이게 된다. 여성들이 성에 대한 인식과 태도에 있어 순진한 측면도 있지만, 여기에는 국가차원에서 성교육을 실시하지 않는 것도 한 원인이 된다.[29] 성에 대해

참 어려운 문제"라고 강조했다. 이에 대해 한 연구자는 "더 큰 문제는 중국 내의 성적 체험 때문에 남한생활에 적응하지 못하는 것"이라고 하면서, "정도가 심해서 전문적인 치료를 필요로 하는 사람들도 상당수 있습니다. … 섹스 홀릭이라고 불리는 현상, 혼자서는 시간을 보낼 수 없는 현상에 처해있는 그런 사람들이 하나의 징후군으로 나타난다"고 한다. 한 국제인권단체 연구원은 이들의 정착교육은 "사회경제적 변화뿐 아니라 문화나 가치적 변화에 중점을 둔 재활훈련이 돼야 한다"고 지적했다. "중국 음성문화에 노출된 탈북자들의 남한 적응," 「자유아시아방송」, 2007년 10월 26일자.

29) 일반적으로 성교육이란 인간의 생리와 해부학적 구조 등 생물학적인 지식만을 제공하는 것이 아니라, 건전한 성에 대한 태도와 행위가 인격화될 수 있는 인성교육까지 포함하는 전인격적인 교육을 의미한다. 따라서 성교육은 특정 연령층이나 사회집단에 한정하지 않고, 어린 시기부터 사춘기, 성인기에 이르기까지 일평생 수행되어야 하는 개념이다; 한 매체에 따르면, 북한에서는 청소년에게 성교육을 실시하지 않는 탓에 성에 대해 무지하며 대부분의 성 지식이 어른들의 음담패설 등을 통해 전파된다고 한다. "성교육 '性(성)은 불경' 인식 교육 안 해 어른 음담패설 통해 습득," 「동아일보」, 1996년 6월 23일자.

호기심은 많으나, 북한사회가 은밀하고 부끄러운 것으로 여기는 폐쇄적인 문화이기 때문에 기초적인 성 지식은 물론 피임이나 성병 예방에 대한 이해가 매우 부족한 실정이다.

> 학교 시절에는 안 배워줬는데, 첫애는 자연스럽게 임신을 했어요. 그다음에 고리를 했는데 자꾸 출혈하고 안 맞더라구요. 그래서 둘째는 그 주기를 맞춰서 조절한 거죠. 어떻게 아냐면, 조절이 잘 안 되고 3번이나 유산을 하니까 산부인과 의사가 "생리가 시작하기 3일 전과 끝나고 3일 뒤 일주일을 딱 맞춰라"고 가르쳐주더라고요.(사례 F)

여성의 성 통제의식은 성교육의 부재에서만 나타난 것은 아니다. 부부간에 성생활을 언급할 때도 조심스러운 반응을 보인다. 북한에서 유일하게 인정되는 것은 결혼생활 내에서 이뤄지는 부부의 성관계이지만, 그 안에서조차 솔직하게 성 감정을 표현하고 소통하는 경우가 많지 않다. 대부분 여성은 스스로 요구도 못하고, 그저 남편이 주도하는 대로 따라했다고 한다. 이는 부부이기에 의무적으로 받아들여야 하고, 남편이 원하니까 수동적으로 응해야 하는 아내의 역할일 뿐이라는 것이다. 부부간의 성관계가 즐기는 행위가 아닌 의무가 된 이유에는 한 방에서 다른 가족과 동거하는 열악한 침실 환경에도 기인하지만, 부부간의 진정한 소통이 이루어지지 않는 것이 가장 큰 이유로 판단된다. 그리고 여성 스스로도 성은 부끄러운 것, 정숙해야 한다는 전통적 성 규범과 인식이 팽배해 있음을 보여주는 것으로 해석할 수 있다.

> 저는 일을 계속했으니까 집안일은 밤에 하잖아요? 이것저것 하다나면 항상 남편이 "빨리 자자. 됐다 그만하고 자자" 그러죠. 그럼 저는 아무 생각이 없는 체

하지만 생각은 뻔해가지고 좀 하는 택이지요. 남편이 생각이 있어서 옆에 왔는데 거절한다고 해서 뭐 그만 두겠어요? 또 방 한 칸에서 아이들 가운데다 놓고 자니까, 성관계할 때는 기실기실 그런 방법으로 하지 무슨 뭐 키스해보거나 이런 거 없어요.(사례 A)

체네(처녀)일 때는 남자들하고 거리를 좀 멀게 해요. 근데 시집가서 이튿날에는 이 남자하고 저녁에 그렇게 하고는 마주보기도 별 나서 밥상에 못 앉았어요. 퇴근해 오면 그저 한 번씩 하고는 남편은 피곤해서 자고 또 그때는 성관계하면 기분이 좋거나 흥분하는 게 없으니까 요구도 못 해봤어요. 그저 남자가 해주면 그런가 보다 하지요.(사례 B)

여성의 성적 표현에서 수동적인 모습을 보이며 애정표현도 서툰 모습을 보여준다. 부부간의 사랑과 친밀감을 가장 절실히 느낄 수 있는 성생활에서조차 "기분이 좋거나 흥분하는 게 없으니까 요구도 못 해봤어요"라고 표현하는바, 여성은 성 영역에서 남성 주체에 의해 소외되고 있음을 엿볼 수 있다. 북한에서 부부생활은 애정이 결여되어 있어 '성적인 즐거움'도 거의 없다고 볼 수 있다. 이는 성생활이 없다는 의미가 아니고, 다만 부부생활에서 중요한 행위로 인식하지 못한다는 의미이다. 그러므로 부부간에 성적 끌림이 있는지 여부는 전혀 문제시되지 않았고, 성적인 만족감이나 쾌감 등도 고려의 대상이 아니다. 이런 부부생활에서 성적 즐거움이 있을 리 만무했다.

이러한 이유로 여성은 자신이 누려야 할 성적 권리를 제대로 인식하지 못하는 경향이 나타난다. 더욱이 생계활동과 가사, 양육 등 과로와 영양실조로 달거리까지 끊기는 등 힘든 상황의 연속을 겪고 있는 여성은 남편의 일방적 요구를 거절하지 못하고 '좌간 이거 해야 되는가?' 하는 감정적·육체적 한계를 드러낸다.

저는 피임약 먹어본 적도 없고 고리도 몰라요. 애 둘 낳고 달거리가 딱 끊어지더라고요. 또 남편이 싫은 건 없는데 하루종일 오봉 들고 국수 만 끼를 나르다가 밤 10시에 아이 업고 오는데 무슨 맥이 있겠어요? 남편이 요구할 때 거절은 안 해봤는데 피곤하고 먹고사는 게 바쁘니까 그때는 '하면 하는 갑다. 그저 이러카면서 사는 모양이다.' 또 그걸 느끼지 못하니까 '좌간 이거 해야 되는가?' 그러고 살았어요.(사례 G)

남편이 지방에서 오랫동안 근무하고 돌아왔는데 그동안 홀아비로 있었잖아요. 기숙사에서 남자들끼리 친하게 지내다보니까 로동자들한테 들었던 걸찍한 이야기들을 실행해보려고 상당히 노력하더라구요. 근데 저는 좀 더딘가 봐요. 또 새벽에 일어나서 밥하고 직장에 출근해야 되고 항상 잠이 부족하니까 먼저 요구하지 않았어요.(사례 H)

성교육은 북한 남성에게도 체계적으로 이뤄지지 않아서 주로 동네 형이나 친구들, 지인을 통해 성 지식을 습득하며 내용은 주로 여성의 몸이나 남녀 간의 성행위라고 한다.[30] 주변에서 들은 "걸찍한 이야기"를 아내에게 실행해 보려 하지만 일상에 지친 여성은 그것을 의무적으로 받아들일 뿐 먼저 요구하진 않는다고 한다. 일에 지쳐도 남편의 욕구를 받아주어야만 하는 순종적인 여성이 만들어진 것도 사회적으로 요구하는 정조관념이 깊이 뿌리박혀 있었기 때문에 나타난 결과라고 할 수 있다. 남편에 대한 순종에는 남편의 성욕을 충족시켜주는 것도 포함되며, 여기에는 반드시 '음란하지 않아야' 했다. 여기서 주목할 점은 여성이 성적인 면에서 만족감을 느끼지 못하거나 무덤덤한 것이 오히려 '음탕'하지 않은 증거가 되고, 사회적으로는 모범여성의 본보기가

---

30) 권금상, "규범에 경합하는 북한여성들의 성적실천: 고난의 행군 이후 일상에서의 성경험을 중심으로," 『문화와 사회』, 통권 제20권 (2016), p. 256.

될 수 있다는 사실이다. 즉 여성은 성적으로 탐닉해서도 안 되며 단지 말없이 순종하고 정숙해야 이상적인 모습이라고 인정받았다. 그 결과 누가 '성'에 대해 언급이라도 하면 긴장하고 회피하는 경우가 대부분이다.

성에 대한 흥미는 매우 자연스러운 현상이다. 인간의 감정 중에서 성에 대한 것은 큰 비중을 차지한다. 옛사람들도 "식욕과 성욕은 타고난 본능"이라 할 정도로, 인간의 욕구에는 식욕과 함께 성적 욕구 또한 기본욕구에 포함된다. 그러나 북한에서 식욕과 성욕은 단연코 같은 차원이 아니다. 고난의 행군으로 인한 경제불황의 장기화로 생계활동이 우선시되면서 여성은 육체적 욕구를 부차적으로 여기고 자제하는 모습이 나타난다. 국가와 남성이 제 역할을 수행할 수 없는 상황에서 여성들이 생계부양의 주체로 나섰기 때문이다. 여성들은 가족을 살리기 위해 장사에 적극 참여하며 실질적인 가장으로 가정경제를 주도하면서 자립능력을 키워나간다. 이렇게 여성의 높아진 자립능력은 과거 남편주도의 성관계에서 여성이 주도권을 가져오는 양상으로 나타난다. 경제적 위기상황에서 여성이 가족의 생계부양자 역할을 떠맡게 되자, 무능하고 가부장적인 남편에 대한 불만이 어느 때보다 높아졌다. 남편의 성 요구를 거절하지 못하고 순응했던 과거와 달리 차츰 이를 거부하며 자신의 목소리를 내기 시작한다.

애가 태어날 때 고난의 행군 시작됐는데 뭐 남자 볼 새가 있나요? 눈앞에는 쌀만 보이고, 장사해도 사는 게 쪼들리고 삶에 지쳐서 그런 생각을 못 하지요. 근데 남자란 거는 배가 고파서 힘들어 죽겠다고 하면서도 그러니까 거부한 적이 많아요.(사례 C)

제가 돈을 벌면서 피곤하니까 남편이 하자는 대로 안 하고 많이 멀리 했지. 근데 북한에 '씨 투정 열흘 가도 밥투정은 3일밖에 안 간다'는 속담 있어요. 잠자리가 그렇게 중요하다는 건데 자기 곁을 안 주면 매일 심술 쓰는 거에요. 그땐 냉정하게 "난 돈 버느라고 정신이 없는데, 지금 한가할 때냐?" 막 뭐라 하고 안 받아주죠.(사례 F)

북한에서는 여성들이 생계활동을 이유로 성관계를 기피하거나, 남성 중심의 성문화에 불만을 표출하는 경우가 많아졌다. 힘겹게 돈을 벌고 가사와 육아까지 책임지는 상황에서 남편은 '볼 새도 없는 존재'가 되어버린 것이다. 이러한 상황 속에서 여성은 부부간 성관계에서도 자신이 주도하는 모습을 보이는바, 남편의 요구가 이어져도 거부 의사를 명확히 밝힘으로써 주체적인 성향을 드러낸다.

2) 남성 중심적 성문화 탈피

북한사회도 개방화 추세로 인해 남녀 간에 만날 기회가 늘어나면서 자유연애가 증가하는 경향을 보인다.[31] 여기에는 여성의 경제활동이 빈번해진 것도 하나의 요인이 된다. 무엇보다 혼인의 조건으로 성을 중시하는 경향이 나타나고 있지만, 성생활은 여전히 남성 본위로 행동하는 경향이 남아있다.

나이가 있으니까 조금 지나서 자연스럽게 했지요. 그담엔 성이 중요해졌어요. 그기 안 되면 80%는 못 사는 거 아니에요? 뭐 늙어서도 성은 있지만은 말 그대로 젊어서 한때잖아요?(사례 I)

---

31) 민성길, 『통일이 되면 우리는 함께 어울려 잘 살 수 있을까』 (서울: 연세대학교출판부, 2004), p. 68.

처음엔 별로였어요. 애를 낳고도 잘 몰랐는데 남편이 노력하는 게 보였지요. 근데 차츰 30에 들어가니까 그때서야 '아, 이런 느낌이구나.'라는 거를 알게 됐어요. 그니까 처음에는 남편이 나를 맞추다가 애를 낳으면서 내가 맞췄는데 잠자리 누우면 사랑해주는 걸 느꼈어요. 그저 남편이 이끄는 대로 열심히 사랑했어요.(사례 F)

사례 I의 경우 '성의 중요도'가 80%로 이상이 될 만큼 부부관계에서 매우 큰 부분을 차지하고 있다고 밝힌다. 사례 F 또한 30대에 들어서며 남편과 성적 결합을 사랑으로 느끼기 시작했다고 한다. 그러나 남편이 "이끄는 대로" 사랑했다는 언술을 보면 성을 매개로 부부간의 몸과 마음이 합치되는 경험을 하지만, 여성의 의식 속에는 남성 본위로 생각하는 경향이 여전히 있음이 보여준다. 그러나 주목할 것은 여성 스스로 성을 깨닫기 시작했다는 점, 성관계를 의무감이 아닌 친밀감을 중시했다는 점, 그리고 그 과정에서 부부간의 신뢰를 바탕으로 사랑의 감정을 키워가는 양상으로 변모했다는 점이다. 이러한 변모양상은 시장화와 더불어 나타난바, 여성들이 자신의 삶 속에서 성과 애정을 결부시키는 경향으로 나타났다.

북한여자들이 2000년대에 변혁이 오면서 조금씩 성생활문화에 눈을 뜨고 인간생활의 맛을 알기 시작한 거죠. 그 섹스에 맛을 알게 되면서부터 남편 존재가 더 소중하게 느껴졌어요. 아들을 낳은 담부터는 부부관계가 더 돈독해지고 출근할 때 서로 뽀뽀도 했어요. 그때 때늦게 내가 무슨 생각을 했나? 여자가 성적 만족을 얻게 되면 애교가 더 나가게 되고, 조금 개방된 느낌이 된다 길까? 전에는 그냥 부부는 다정하게 살아야 되는갑다 했는데 남편이 사랑하는 게 느껴진 담부터는 제가 신경질이 없어지더라구요. 그래서 손목 잡고 다니고 자전거 뒤에 붙들고 다녔어요. 북에서는 부부가 다정하게 다니면 엄청 사람들이 창피하게 생각하고 이상하게 쳐다보는데 우리는 그런 게 없었어요.(사례 J)

인간은 누군가를 사랑하고 사랑받고 싶은 욕구, 가족을 이루고 싶은 욕구, 집단에 소속되고 싶은 욕구 등 여러 사회적 욕구를 느끼며 살아간다. 특히 애정과 소속에 대한 욕구는 여성 스스로 존재감을 확인하려는 경향으로 나타난다.[32] 무엇보다 성은 부부간에 가장 자연스러운 행위라는 것을 위의 사례가 보여준다. 성에 눈을 뜨면서 남편의 존재를 더 소중하게 느꼈으며, 공공장소에서도 애정표현과 스킨십을 창피함 없이 당당하게 했다는 것이다. 이 증언은 북한에서 여성의 성 의식이 과거에 비해 얼마나 개방되었는지 잘 드러낸다. 여성 스스로 성 감정을 알게 되면서 남편과 관계가 돈독해졌고, 주변 시선도 개의치 않을 만큼 기존의 성문화에서 벗어나고 있음을 확인할 수 있다.

한편 성 지식이나 정보를 얻고 싶은 여성은 중국 등지에서 입수한 불법 CD나 녹화물과 같은 음란물을 '교재'로 삼기도 한다. 북한당국은 사회주의적 생활양식을 유지하고 사회적 혼란을 방어하는 차원에서 외래문물에 대해 엄격하게 차단해왔다.[33] 이것들이 사회 기강이나 기존 질

---

32) 매슬로(Abraham H. Maslow)는 인간의 욕구는 5단계로 이뤄지며 하위단계의 욕구에서 상위단계 욕구의 순으로 전개된다고 주장하였다. 즉 인간의 가장 기본 욕구인 생리적 욕구가 우선적으로 채워지면, 다음 단계인 안전의 욕구, 사랑과 소속의 욕구, 존경 욕구, 그리고 자아실현 욕구의 순으로 만족하려고 한다는 것이다. 매슬로의 욕구 5단계 이론은 특히 심리학과 경영학 등에서 광범위하게 활용되는바, 인간의 심리를 다루는 인사 부문은 물론 동기를 부여할 때도 사용해 "동기부여론(Motivation Theory)"으로 일컫기도 했다. 에이브러햄 매슬로, 오혜경 역, 『동기와 성격』(파주: 21세기북스, 2009), pp. 83~112.

33) 북한에서 외래문화 접근은 당국의 지시로 철저히 봉쇄되어 있으며, 이를 위반할 경우 사회주의적 생활양식을 훼손하는 범죄행위로 규정한다. 2004년 개정 형법에도 한국 등 자본주의 영상물을 보는 행위를 "퇴폐적인 문화반입, 류포죄"(제193조), "적대방송청취, 인쇄물, 유인물, 수집, 보관, 류포죄"(제195조)로 2년 이하 '로동단련형'과 4년 이하 '로동교화형'으로 처벌한다고 명시되어 있다; 한 매체에 따르면, 1990년대 중반 이후 북한 간부사회에서는 음란 서적이나 영상물이 유행했다고 한다. 최근엔 외래문화의 포르노물이 이를 대체하고 있지만, 이전에는 간부들이 남녀 간의 노골적인 성행위를 묘사한 '육담집'을 비공식적으로 돌려보고, 관련 테이프까지 유통시켰다는 것이다. 이런 기류를 타고 1998년 북한에

서가 문란해질 소지가 크기 때문이다. 예전에 없었던 외래문화에 대한 기대치는 개인에 따라 다르다. 어떤 여성은 새로운 문물이 보여주는 이국의 화려한 문화를 동경해 자신의 여성성을 실현하는가 하면, 어떤 여성은 서구사회의 자유롭고 적극적인 성문화를 보면서 잠재된 욕망을 표출하기도 하고, 또 어떤 여성은 새로운 양식의 문화접촉을 통해 자신에게 필요한 것만을 선별적·주체적으로 수용하기도 한다. 반면에 사상성을 이유로 완강한 거부반응을 보이는 경우도 있다.

> 88년도, 89년도에 일본 잡지를 남편이 보고 그런 데 밝아졌어요. 북한에서 컴퓨터 분야는 대부분 일본 단어들을 많이 쓰니까 일본책을 볼 수밖에 없어요. 또 남편이 일본어를 잘해서 일본에 가는 사람들한테 부탁하면 가져다주니까 그런 문화를 좀 쉽게 접할 수 있는 상당히 유리한 위치에 있었어요. 저는 93년도에 첨 봤는데 섹스필름 중에서 한국 것도 많이 봤어요. 그때 남편이 "우스운 게 있다. 완전 웃기지? 누구보고 말하면 안 된다." 하면서 5분 정도 돌리다가는 끊고 했는데 처음에는 완전히 펄쩍 뛰었어요. 남편이 그런 걸 보면, "칵 좀 치우라."고 하면서 내 안에서 상당히 배격을 많이 했어요. 북한에 다른 여성들에 비하면 빨리 봤다고 볼 수 있지요.(사례 H)

1990년대만 해도 북한에서는 외래문물을 접하기가 쉽지 않았다. 그러나 외부문화에 접근이 용이한 일부 계층에서는 이미 1980년대 말부터 컴퓨터물이나 외국도서 등을 통해 몰래 남다른 성문화를 즐기는 것을 볼 수 있다.

서는 첫 육담집인 『칠보산 전설집』(금성청년출판사)이 출판되었다. 김일성 시대에는 외설물 자체가 나돌지 못하는 풍토였지만, 김정일 시대는 간부들의 눈요기용으로 특별히 『육담집』(평양: 문학예술종합출판사)을 비공개로 출판·보급했다고 한다. "90년대 北 육담집(음란소설) 유행 김정일 취향 때문," 「데일리NK」, 2007년 12월 14일자.

2000년대 들어 시장화가 본격적으로 진척되자 외래문화도 더욱 범람하면서 북한사회에서는 성 의식은 물론 성적 욕망이 표출되는 양상이 두드러졌다.[34] 특히 성적 본능을 사회적으로 억압하고 도덕적으로 폄하하는 북한에서 외래문화 접촉은 일종의 탈출구이자 해방감을 느끼는 계기가 되었다고 짐작된다. 일반적으로 사람들은 음담패설 등을 접하면 평소와는 다른 강렬한 심리적·성적 반응을 일으키게 되기 때문이다. 북한여성도 마찬가지다. 여성의 달라진 면모는 부부간에 심리적·성적 교감이 자연스럽게 이루어지는 데서도 알 수 있다.

남편이 그 씨디알 보고와서는 변화하는데 조금 뭐 시간이 연장되고 애무해주는 거부터 다르더라구요. 그담에 "당신 어디 가서 뭘 봤어?" 하니까 "친구놈이 자기 마누라한테 그렇게 해주니까 좋아하더래. 나도 그래서 하는 거야." 그래서 "아유, 할 지랄이 없어 별난 거 다 배워온다." 했는데 한 보름 동안을 그렇게 하니까 막 감흥이 오는 거예요. 그 감을 30대 초반에 알았는데 관계가 딱 고조될 때는 그 감정이 엄청 좋았어요. 근데 뭐 150일전투, 200일전투 들어가고 비상소집해서 공장에서 제품 뽑아야될 때도 있으니까 그때는 늦게 들어간다고 전화가 오는데 신랑이 엄청 기다려져요. … 그담에 북한에서 중국에 수호전을 아예 다편작으로 쫙 한 2달 동안 매일 저녁 티비로 실지 방영했는데 그게 엄청 인기가 있는 드라마였어요. 고 수호전은 섹스하는 장면이 많이 나오니까 그때는 진짜 머리결이 쭈뼛서요. 그런 걸 보여주는 자체가 이제는 성생활문화가 조금씩 자리매김한다는 거예요.(사례 J)

---

34) 시장화 이후 북한에서 성매매·포르노비디오·부화 등 불건전하고 왜곡된 성문화가 확대되고 있는바, 북한당국은 이러한 문화를 비사회주의 요소로 지목하고 단속을 펴고 있지만 불투명한 미래 속에서 힘겹게 살아가는 여성의 심리 상태를 반영하는 것으로 보인다. 최대석·박희진, "비사회주의적 행위유형으로 본 북한사회 변화," 『통일문제연구』, 제23권 2호 (2011), pp. 82~83.

사례 J는 북한에서 중국 드라마 '수호전'이 방송됐는데 섹스 장면을 볼 때마다 '머리가 쭈뼛서는' 경험을 했다고 밝혔다. 또한 성인 동영상이 암암리에 유통되면서 이를 접한 남편의 달라진 행태를 보고 여성은 자연스럽게 받아들이며 부부애가 더 깊어졌고 자기 주도적인 성적 욕망을 드러내기도 한다.

이렇듯 고난의 행군은 한편으론 여성에게 경제권을 주고 자긍심을 함양시키고 주체성을 확보하는 데 큰 계기가 되었다. 다른 한편으로는 기존의 성적 관념이 의식 혹은 무의식중에 사라지는 결과를 가져왔다. 남성중심적 성문화와 여성을 규율하고 통제하는 방식에 대해 저항하거나 탈피하는 '자신'을 발견하게 되었다. 그러면서 여성 스스로 왜 이렇게 살아야 하는지 물음을 던진다. 자신이 원하든 원하지 않든 결혼이란 이렇게까지 희생하면서 살아야 하는지 초반에는 체념하고 인내하며 살면 되는 것이라는 생각도 했다. 그러나 이후 여성들은 시장화와 함께 여러 정보 및 외부 문물과 사조를 접하며 새로운 의식과 가치관을 갖게 되었다. 물론 북한사회에 뿌리 깊게 잔존해온 남성중심의 성문화가 사라진 것은 아니지만, 여성 스스로 존재가치를 분명히 인식하며 자신의 삶을 진지하게 성찰할 수 있는 능력이 생겼다. 이 때문에 현실에 대한 불평·불만과 같은 감정을 표출하는 것이고, 이 가운데 가장 두드러진 특성은 바로 성 영역에서 주체성의 확대이다. 보수적이고 소극적이던 섹슈얼리티가 점차 희석되고 개방적·능동적인 섹슈얼리티로 변모하는 양상을 보였는바, 여성들의 이러한 변모양상은 남성뿐 아니라, 북한사회 전반을 변화시키고 있다는 점에서 시사하는 바가 크다.

4. 혼외 성과 육체의 경제성

앞에서 살펴봤듯이, 사회적 혼란과 경제적 파탄의 생활구조는 여성을 가정 밖으로 내몰았고, '경제'의 중요성을 체득한 여성들은 고난의 행군 속에서 기존의 통념을 적극적으로 해체하기에 이른다. 여전히 공적담론이 여성의 삶을 통제·규율하는 현실 속에서도 여성들은 당당히 주체로 자리매김해 나간다. 그러나 혼외정사와 같은 비사회주의적 행태는 당연히 비판의 대상이 되었다. 법적 처벌의 대상이자 도덕적 지탄을 면할 수 없음에도 불구하고 제도권 밖에서 여성들의 성적 일탈과 자유풍조 현상이 확산되는바, 이에 주목하지 않을 수 없다.

1) 혼인에 대한 회의, 동거

북한에서 고난의 행군과 함께 도래한 것 중의 하나는 혼인과 관련된 다양한 선택이다. 여성의 만혼화와 혼인기피 현상이 확산되고 있는 것이다. 결혼하면 여성이 가족생계의 모든 것을 책임져야 하기 때문이다. 혼인을 통해 남녀가 부부로 결합하는 것은 개인이 행복하기 위해서가 아니며, 다만 국가에 대한 충성과 헌신을 우선해야 한다고 앞서 설명한 바 있다. 그런 까닭에 성년이 된 남녀가 혼인할 의지가 없다면 이는 국가의 명을 어기는 일이 된다. 그러나 고난의 행군 이전만 해도 결혼하는 추세가 유지되었는바, 경제난에 식량난까지 겹치자 여성의 만혼·비혼 현상이 뚜렷해졌다.[35] 이는 결혼기피 현상이 만연했다는 것을 의미한다. 여기에는 여러 원인이 있겠으나 만성적인 경제침체와 식량배급 붕괴에 따른 생존문제 해결이 더 시급했던 것으로 보인다.

---

35) 안인해, "김정일체제의 경제와 여성," 『한국정치학회보』, 제35집 2호 (2001), pp. 237~238.

고난의 행군 때 만났는데 저도 그 남자도 형편이 안 됐어요. 또 그 당시는 사는 게 힘들고 시집가면 온 가족을 먹여 살려야 되는 부담이 있으니까 '내 맘대로 살아보다가 싫으면 관두자.' 그런 관념도 있었어요. 혼자서 살았으니까 그냥 '똑똑한 사람 만나 합치면 살 수 있겠다.' 단순하게만 생각하고 방 하나 빌려서 동거했지요.(사례 K)

북한에서도 결혼생활의 많은 부분이 경제적인 부분과 연결되어 있기에 혼인을 기피하는 가장 큰 이유가 '돈'이라 해도 과언이 아니다. 돈을 중시하는 이러한 현상은 여성의 결혼관 변화에도 영향을 끼쳤는바, 가족부양에 대한 경제적 부담을 덜고 "내 맘대로 살아보다가 싫으면 관두자"는 식의 동거생활로 이어졌다.[36] 이는 시장화와 함께 여성의 성 개방 풍조 및 자유주의적 가치관, 개인주의적 성향이 두드러지며 더욱 확산하는 양상이다. 그만큼 여성의 결혼관에서 경제적 자립능력이 결정적 요소가 되고 있음을 알 수 있다. 여성의 혼인 기피하는 모습은 다음에서도 잘 드러난다.[37]

결혼 초입에 삐걱거리는 게 감지가 돼서 결혼등록을 안 했어요. 또 저는 함흥시에 거주했지만, 남편 따라서 시외로 옮기면 다시 돌아오기 힘들어요. 함흥시

---

36) 일반적으로 미혼은 혼인상태가 아님을 의미하지만, 비혼은 혼인할 '의사'가 없다는 것을 의미한다. 따라서 비혼 동거여성이란, 결혼등록과 같은 법적 절차를 거치지 않는 대신 동거를 선택한 여성을 말한다. 북한사회는 여전히 '법적 혼인'이 대세지만, 고난의 행군 이후 급격한 경제적·사회문화적 변동을 경험하면서 여성들 사이에는 '결혼은 필수가 아닌 선택'으로 생각하는 비혼주의자들이 증가하는 추세이다. 본 연구자는 탈북여성과 사전 만남을 통해 이들이 동거를 선택한 이유로 '혼인과정의 한 단계'로, '결혼의 대안'으로, '혼인과 무관'한 경우로 구분할 수 있었다.

37) 혼인은 남녀 당사자 간의 일이 아니라 일종의 사회적인 행위이기 때문에 혼인관계를 맺는 것도 하나의 사회적 약속으로 반드시 승인을 거쳐야 한다. 북한의 경우 신분등록기관에 등록해야 법적으로 보호를 받을 수 있다.

는 평양시 다음으로 큰 도시가 돼서 마음대로 거주를 뗐다 붙였다가 안 되고 승인이 있어야 되거든요. 그때는 하늘에서 도왔는지 모르겠는데 남편 집보다 친정에 많이 와 있어서 결혼등기도 안 했으니까 다른 사람들에 비하면 쉽게 헤어졌어요.(사례 C)

위의 표현 그대로 '결혼 초입에 삐걱거리는 게 감지'된 후, 여성은 결혼등록이라는 사회적 관행에 자신을 희생하거나 매몰되지 않으려는 분명한 의지를 보였다. 이는 오늘날 북한 세태의 한 단면을 반영한 것으로 볼 수 있다. 북한당국이 대도시의 인구유입을 막고 농촌의 노동력을 확보하기 위해 지방주민의 대도시 이주를 제한하는 상황에서, 여성도 정상적인 결혼생활이 불가능하다는 것을 예단하고 기존의 관행을 따르지 않는 모습이 발견된다.[38] 결혼등록할 경우 이혼 절차가 매우 복잡하기 때문에, 경제적 이유 등으로 '일단 살아본 후 결정한다'는 인식이 사회적으로 팽배해 있는 것이다. 동거하다가 서로 성향이 맞지 않으면 쉽게 헤어질 수 있기 때문이다. 부부생활을 시작하면서 결혼등록도 소신에 따라 하지 않은 위 사례는 강한 가부장 문화와 이에 따른 여성 폄하적인 분위기가 존재하는 상황에서 굳이 결혼등록이라는 법적·제도적 구속을 피하고 싶었다는 의미로도 해석할 수 있다. 그런가 하면 동거에 대해 양가가 문제를 삼는 경우 더 이상 자신을 희생하고 싶지 않으면 다음과 같이 동거를 거두기도 한다.

임신하고 석 달이 지나서 엄마한테 들켰어요. 엄마가 남자집 가서 구들바닥

---

38) 1993년 북한에서 제작한 영화 "도시처녀 시집와요"는 평양에 사는 미모의 처녀가 성실한 시골총각을 만나 발생하는 해프닝을 그렸는바, 도시여성을 농촌으로 시집보내기 위해 대대적인 캠페인의 일환으로 만들어 북한사회에 큰 반향을 일으키기도 했다.

치며 내 딸 이렇게 됐으니 책임지라고 난리를 쳤어요. 근데 이 사람 맏형이 도산원 부원장인데 저를 찾더니 "깨끗하게 해줄게" 이러더라구요. 남자친구는 무조건 낳을 거라고 했지만 나도 생각해보니 '체네(처녀)가 아(아이)를 놓고 말밥에 오르는 것보다 소리 없이 없애는 게 제일 좋다'고 결심했죠. 대신 유능한 선생으로 5달 만에 중기 중절했어요. 그담엔 둘 다 뭐 결혼도 아니니까 서로 자기 생각이 있잖아요? 그담부터는 '내가 다시는 희생 안 한다.'하고 중국쪽에 왔다갔다 몇 번 하다가 헤어졌어요.(사례 I)

여러 우여곡절 끝에 동거하기로 합의했지만, 이후 여성은 이런 결합이 혼인 안에서 책임지는 관계가 아닌 아무런 보장 없는 행위라는 것을 깨닫게 된다. 무엇보다 이러한 관계는 법적 구속력 없는 상태에서 무고한 생명의 피해로 이어지는바, 예상치 못한 임신이 타의로 인해 낙태하는 경우가 그것이다. 한편 고난의 행군기부터 여성들은 혼인에 있어 타산적인 성격을 띠는바, 여성들은 상대를 고를 때 경제적인 조건과 능력을 우선시했다. 남편과 사별한 후 동거를 결심할 때도 다를 바 없다.

제가 37살 됐을 때 남편과 사별하다 보니까 그게 엄청 아쉬운 거에요. 실제 내가 여자로서는 진짜 이런 말을 어디가 못했는데, 한 석 달은 밤에 외로워서 늘 울었어요. 어떤 생각까지 드냐면, 우리 집이 도로 옆인데 밤에 누우면 남자들이 지나가면서 기침소리 나잖아요? 그럼 지나가는 남자라도 막 안고 하고 싶은 생각이 들었는데 엄마라는 그 사명감이 있으니까 그걸 내리 누를 수밖에 없는 거예요. 여자들이 그때부터 한창라고 봐야 되잖아요? … 그담에 제가 혼자 애 둘 키우면서 사니까 어머니가 오라고 그래가지고 사표내고 김책에 갔어요. 내가 당일꾼했던 경력이 있으니까, 김책시당에서 다시 날 쓰겠다고 하던 찰나에 아는 언니 동생이 중국 넘어갔는데, 그 동생이 와서 "중국은 여자 혼자 오는 걸 원한다." 그래서 성매매로 북한을 떠났어요.(사례 J)

북한에는 3부... 간부·과부·어부가 잘 산다는 말이 있어요. 간부는 권력을 가졌고, 과부는 뇌물을 몸땡이로 바치고, 어부는 바다에서 잡은 물고기로 물건을 살 수 있다는 거죠. 남편 없고 돈도 없는 여자들이 죽지 않으려고 이것밖에 없다고 생각한 거에요.(사례 C)

북한에서 여성이 홀로 산다는 것이 대단히 어렵다. 일반적으로 배우자를 사별한 여성은 '주인' 없는 공유물처럼 여겨져 유혹의 손길이 뻗치는 경우가 많다. 혼자 있는 그 자체만으로 의심의 눈초리를 받게 되면서 심리적·육체적으로 자유롭지 못했으며 수절하기란 더더욱 쉽지 않은 것으로 보인다. 다음 사례는 30대 젊은 나이에 한밤중에 성적으로 흔들릴 때마다 스스로 통제하고 억압하며 마음을 진정시키곤 했다고 술회한다. 위 사례들은 젊은 여성이 홀로 살아가는 것이 경제적으로 얼마나 큰 고통을 받으며, 성적 욕구 또한 억압하기가 얼마나 어려운지 잘 설명하고 있다. 성욕에 눈을 뜬 여성들은 성관계의 목적과 주체가 남성 중심이 아닌 '나'를 중심으로, '내가 하고 싶은 것'이라는 의식의 전환이 일어났는가 하면, 기존의 삶의 방식이 무의식중에 사라져버리거나 '개인화'하는 결과를 가져오기도 했다.

이처럼 경제불황이 가져온 북한의 동거행위는 결혼의 전 단계가 아닌 다양한 가족형태 중 하나가 되었고, 결혼하지 않아도 경제력만 갖추면 편하게 살아갈 수 있는 환경이 조성된 것도 또 다른 요인이 되었다. 과거에는 법적 혼인만을 인정하는 풍토 속에서 비혼 동거가족은 해체 가능성이 높은 '문제집단'인 것처럼 사회적 낙인이 찍힌 채 살아야 했다. 그러나 가족에 대한 부양 역할이 남성보다 여성에게 더 가중되면서 기존 질서, 즉 전통적인 혼인 관습이나 규범을 따르지 않는 풍조를 묵인하는 경향이 나타난다. 특히 시장화 이후 동거는 결혼에 대한 시각이 고난의 행군 시기보다 더욱 약화되며 급증하는 양상을 보여준다.

2) 부화의 극치, 8.3부부

오늘날 시장화의 확산으로 인해 부부간 결속력이 느슨해지며 성적인 일탈과 자유 풍조를 가장 잘 보여주는 행위는 '부화'(불륜)라고 하겠다. 앞서 여러 번 설명한 바와 같이, 고난의 행군 이전에도 북한에서는 여성의 부화방탕에 주목한 담론들이 빈번했을 만큼 자유 풍조가 만연해 있었다.

이후 여성의 불륜행위는 남편 외에 다른 남성과 외도하는 방식으로 이루어진다. 그러나 이러한 방식은 도덕적으로 지탄받으며 법적으로도 허용되지 않는다. 북한당국이 남녀관계를 법적으로 엄격하게 규정·통제하고 있음에도 불륜행위는 늘어나는 추세이다. 시장화가 진척된 이후에는 가장으로서 남편의 역할이 축소되면서 상대적으로 아내의 부화 사건이 급증하는 양상을 보인다.

> 이전만 해도 여자들의 외도는 상상을 못 했는데, 2000년대 초반 들어서면서 그런 8.3부부가 많이 늘어났어요. 또 전에는 여자들이 고리타분하게 살았다면, 2000년대부터는 문화적으로 생활할라고 하지요. 그니까 부부 사이가 개선되는 사람들도 많지만, 그와 반면에 부부 사이가 그렇지 않은 여자들은 다른 남자하고 해보는 게 많아졌죠.(사례 J)

이전만 해도 여성이 외도하는 것을 상상하지도 못했지만, 2000년대 들어 달리기 장사 등 지역이동이 빈번해지면서 여성은 자신의 물질적 자금과 남성의 육체적 힘이 결합해 신변을 보호받고 경제적 이익을 챙

기려는 생계전략으로 삼았다.[39] 북한에서는 이런 불륜남녀를 지칭하는 '8.3부부'라는 신조어까지 등장했다.[40] 이들은 거래 과정에서 정분(情分)이 생겨 다른 지역에서 비밀리에 이중생활을 하거나 각각 이혼한 후 함께 살기도 한다.[41] 북한은 재판이혼만을 인정하는 사회 분위기 때문에, 이들은 이미 법적으로 혼인한 상태에서 다른 대상과 동거하며 부부처럼 행세하는 모습이 다음의 사례에서 잘 드러난다.

결혼한 사람들이 동거하는 '8.3부부' 많아요. 불륜이지만 생활이 힘들어지면서 부부간에도 정이 다 떨어지거든요. 여자가 나가 버는데 남편은 못 번다. '저 바보같은 기' 그담에 다른 남자하고 장사해 보니까 감정이 더 좋은 거에요. 그럼 그 사람하고 눈 맞아지고 내 남편은 싫더라구요.(사례 I)

8.3부부들이 엄청 많았어요. 솔직히 나도 남편이 교화소에 들어가고 달리기 장사할 때 무역하는 한 남자하고 같이 다녔어요. 가정이 있는 분인데 어쩌다

---

39) 이른바 '달리기'란 극심한 식량난으로 아사자가 발생하자, 젊은 여성을 중심으로 거주지를 벗어나 타지역에서 물품을 구입해 이동·판매하는 행위를 말한다. 예컨대 황해도와 같은 곡창지대에서 농산물을 구입한 후, 곡물이 필요한 지역에 되팔아 이윤을 챙기는 것이다. 북한에서는 지역이동을 통제하고 이를 위반할 경우 '비법행위'로 규정하고 있는바, 이는 뇌물을 주면 가능한 것으로 알려진다.

40) '8.3'이란, 1984년 8월 3일 김정일이 "공장과 기업소내 부산물을 활용해 생필품을 만들어 쓰라"고 지시한 날이 계기가 되었지만, 이후 가짜나 조악한 물품을 지칭하는 것으로 변질되었다.

41) 북한사회에 번지고 있는 성 개방 풍조는 여성의 생활양식과 정체성의 변화가 반영된 결과라 볼 수 있다. 이런 풍조는 배우자의 간통행위를 엄격히 처벌하는 법조항을 보면 알 수 있다. 북한은 「행정처벌법」에 '부당한 이혼, 부화방탕한 행위죄'(제221조) 규정에서 "부당한 목적과 동기에서 리혼을 하였거나 상습적으로 부화방탕한 생활을 하였거나 리혼수속을 하지 않고 다른 대상과 부부생활을 한 자에게는 벌금 또는 3개월 이하의 로동교양처벌을 준다."라고 명시하고, 「형법」에는 '비법혼인 및 가정파탄죄'(제257조) 규정에서 "여러 대상과 혼인했거나 남의 가정을 파탄시킨 경우 1년 이하의 노동 단련형에, 정상이 무거운 경우 2년 이하의 노동교화형에 처한다"라고 명시해놓았다. 박복순 외, 『통일대비 남북한 여성·가족 관련 법제 비교 연구』(서울: 한국여성정책연구원, 2014) 참조.

보니까는 나도 그렇게 되더라구요. 처음에는 가끔씩 이래도 되나 하는데도 당시는 좋더라구요. 다른 남자하고 하니까 감정이 뭔가 다른 거에요. 진짜 남편만큼 재미없는 사람도 없을 거에요. 내가 오죽했으면 "빨리 풀라."고 짜증을 내는데 이 사람은 한참 흥분시키다가 하는 게 좀 맞더란 말이죠. 또 남편보다는 참 따뜻하고 잘 생기고 좀 하는 방식이 여러 가지로 잘 하다보니 떼려야 뗄 수 없는 사이가 됐어요.(사례 L)

시장화와 맞물려 이들 여성은 점점 대담하고 겁이 없어지는 것을 볼 수 있다. 이들은 성이나 결혼, 외도에 대해 그다지 대수롭지 않아 보였다. 입에 담는 것조차 부끄러워했던 성이나 외도라는 단어도 스스럼없이 사용하고 있었다. 이들 여성의 성 의식과 행태 역시 예상을 초월할 정도로 빠르게 변하고 있었다.

동업자로 만나 8.3부부라는 불륜관계를 이어가던 사례 L의 남편은 과거 비법(불법) 장사로 교화소에 수감된바, 여기에는 경제적인 요인 말고도 성적인 이유가 있었다. 무뚝뚝했던 남편과 달리 친절하고 자상한 남성에게 마음이 끌렸고, 남편이 교화소에 수감되자 그 남성 옆에 있는 게 좋았다고 한다. M은 남편과 성관계에서 소극적인 태도로 일관했던 여느 여성과는 다른 의식과 행태를 보였다. 남편과 성행위에서는 '빨리 풀라'고 짜증을 낼 정도로 재미없는 태도를 보이는가 하면, 다른 남성과는 만족할 만큼 잘 맞았다며 떨어질 수 없는 관계였다고 실토한다. 도덕성을 유난히 강조하던 시기였기에 이들의 불륜행위는 드러난 것보다 오히려 감추어진 것들이 훨씬 많았을 것으로 짐작된다.

오늘날까지 북한당국은 혼전·혼외 성관계를 일절 금지하고 남녀관계를 규범화하는 데 많은 노력을 기울여왔다. 그럼에도 불구하고 고난의 행군과 함께 북한여성의 섹슈얼리티는 경천동지할 엄청난 변화가 일어났다. 고난의 행군에 따른 성 의식의 급변화와 함께 생계유지의 방편으로써 매춘행위가 성행함에 따라 혼전·혼외를 가리지 않고 이런 행위는 확대되고 있었다. 생계 방편으로서 시작된 매춘행위는 1990년대 중후반부터 부의 축적과 안락한 생활을 위한 도구로 활용되기 시작했으며, 2000년대 시장화가 확산하면서부터는 개인의 쾌락을 위한 행위로 성을 즐기는 모습으로 변해가는 양상을 보인다.

3) 육체의 경제성, 자구책에 따른 성매매

고난의 행군과 이후 시장화는 앞에서 설명한 사례 외에도 기존의 성규범에 변화를 일으켰는바, 이는 여성의 몸을 자본화하는 '성매매'의 등장이다. 여성의 이런 비사회주의적 행태는 국가와 사회의 기강 해이를 부추기는 것이기에 사회주의적 생활양식을 저해하는 행위로 볼 수 있다.[42] 사회주의 규범에서 성매매 행위는 용인될 수 없는 것임에도 장기화된 경제난으로 순결의식이 희박해져 성을 생계유지와 부의 축적 수단으로 인식된 것이다. 고난의 행군 시기에도 북한에서는 동거와 8.3부부, 매춘행위가 급증해 남성들 사이에서 "새것을 찾으려면 탁아소에나 가보라"는 말이 회자될 정도로 여성의 순결·정조의식이 심각하게 약화되었다. 이런 의식변화가 나타난 이유는 배급제 붕괴와 함께 먹고사는 문제를 더 중요시함으로써 자신의 몸을 경제적 도구로 삼아 목숨을 연명했기 때문이다.[43]

---

42) 최대석·박희진, "비사회주의적 행위유형으로 본 북한사회 변화," 『통일문제연구』, 제23권 2호 (2011), p. 82.
43) 임순희, 『식량난과 북한여성의 역할 및 의식변화』 (서울: 통일연구원, 2004), p. 97.

배고프니까 역전에서 성매매하는 여자를 많이 봤죠. 빵 하나로 몸 주는 여자들 많았으니까… 아줌마들도 장사가 안되면 나이 먹은 아저씨들 "돈 좀 주겠다"면 따라가서 자고 돈 받아요. 근데 돈 벌어 오니까 남편들이 그거에 대해 말이 없는 거에요. 또 남편들이 "OO 팔아서래도 빨리 국수죽이래도 쒀 달라"고 요구하니까 다 해요.(사례 D)

성매매는 고난의 행군 시기에 엄청 많았어요. 역전 같은 데서 지나가는 군대 붙잡아서 돈 받고 그런 게 많았어요. 북한에서는 성매매를 돈 때문에 하잖아요? 어떤 여자가 장애인인데 성매매라기보다 너무 살기가 힘들어서. 그것도 얼마 못 받으면서 하루 종일 남자 몇을 했는데 쌀 500g 받았다고 울면서 말을 하더라구요.(사례 E)

여성의 어려운 여건이 '성'을 하나의 생계 수단으로 삼으면서 기존의 순결의식도 크게 약화되었다. 아사자가 속출하고 생계문제 해결이 어느 때보다 시급한 상황에서 자신의 성을 적극적으로 이용해 도구화하는 경향이 확대된 것이다.[44]

시장화 이후에는 배금주의가 만연하면서 자신의 몸을 성적 도구로 삼는 경우가 확산일로에 있다. 그렇다고 이러한 현상이 고난의 행군 당시보다 시장화 시기가 더 많다고 단정 지을 수 없다. 다만 겉으로 노출되지 않았을 뿐이며, 이것이 시기적으로나 사회적으로 매우 복잡한 신드롬인 것만은 분명하다. 군대나 직장의 남성 상급자가 여성 직원에게 입당 등을 이유로 성접대를 요구하는 경우도 흔히 나타났다.

---

[44] 당시 북한의 국제적 식량지원을 총괄하던 UN 구호기관들은 북한의 상황을 "슬로모션 기근(slow motion famine)"으로 표현한바, 식량부족이 장기간에 걸쳐 진행된 것으로 보았다. 극심한 식량난으로 아사자 수가 수백만에 이른다는 주장이 제기되기도 했으나, 대한민국 통계청은 33여만 명이 사망한 것으로 추산했다. 자세한 내용은 김두섭 외, 『북한 인구와 인구센서스』(대전: 통계청, 2011)를 참조할 것.

대대에서 지시받으러 오라고 할 때 가면 정치지도원 방에 들어오라는 경우가 있어요. 근데 방이 요만하니까 "앉으라"고 하면 가까워지는 거에요. 군입대하고 3년 만에 입당하고 그런 요구를 받았어요. 또 정치지도원은 점심때 집에 가서 1~2시간씩 자는데 사모님은 나가있구요. 그럼 집안일 같은 걸 시키면서 몸을 만져요. 그때는 솔직히 두렵더라구요. 그 이후에도 몇 번 요구가 있었는데 거부하기 어려웠죠.(사례 N)

위의 사례에서 볼 수 있듯이, 여성의 육체는 언제나 남성 주체에 따른 의도된 기존의 권력체계 내에서 관리의 대상이라는 것을 알 수 있다. 기존의 체계는 여성에게 내면화되어 자신이 처한 상황에 대해 문제제기하는 것이 불가능할 수도 있다. 여성이 자신의 현실을 파악하고는 있지만, 여전히 자신을 부차적인 존재로 인식하고 문제해결의 방향성을 남성에게 의지하고 있다는 데서 적어도 성에 관한 한 주체적일 수 없다는 것을 확인할 수 있었다.

그러나 수단이 좋고 실익을 중시했던 사례 N은 돈을 벌기 위해, 생활비에 보태기 위해 밖에서 여러 남성과 관계를 주도적으로 이끌어갔다. 그들은 '능력 있는 남자들'이었던 것이다. 이 남자들을 통해 경제적 지원을 받는 등 적지 않은 보상을 얻기도 한다.

저도 20대는 그냥 순수한 가정주의였어요. 근데 배급 주고 완전한 알짜 사회주의에 있다가 어느 날 벼락 맞았잖아요. 제 머리가 점점 먹고살아야겠다는 게 커지면서 뭔가 해야겠다는 생각이 들면서 밖으로 도니까 눈이 달라지는 거에요. 남자들을 사겨보니까 나를 도와주는 거에요. 그 연줄 내서 여행증명서 급히 떼어다 주니까 많이 보탬 됐어요. 능력 있는 남자 사겨가지고 탄 쪽지 받으면 공장에서 가져오기도 해요. 겨울 탄값이 1년 식량이랑 같았어요. … 그때가 서른 때잖아요? 일주일에 2,3번 2시간 정도 만났는데 이틀 되면 또 생각나니까 자주 만나게 됐어요. 충족적인 게 서로 맞는 거에요. 근데 여자가 바람피우는 이유는 제 남자의 한계가 있는 거에요. 또 애가 있으니까 내가 몸을 팔아서라도 살리자는 게 2000년 이후에 엄청 강했어요. 또 나를 여자로 보니까 당연히 외모도 가꾸죠. 화장도 더 짙게 하고, 잘 보여야 하니까 신발, 가방도 고급진 거... 어떨 땐 신발을 숨겼다가 나갈 때만 신었어요.[45]
(사례 N)

위 여성은 고난의 행군 시작할 시기에 군대에서 함께 있었던 사람을 통해 연줄이 닿는 대로 도움을 받았다. 처음부터 외도를 목적으로 만난 것은 아니었지만, 간부였던 남성은 남편보다 직위가 좋아 의지가 되었다. 그러나 점점 육체적·정신적으로 외도남성에게 끌리기 시작했다. 여기에는 여러 가지 이유가 있겠지만 결혼생활에 진정한 애정을 갈망했던 것으로 보인다. 이후 여성의 섹슈얼리티는 낭만적·쾌락적인 욕구와 경제적 욕망이 결합되면서 '본능적 성'에 접근하게 된다. 그리고 자신을 여자로 봐주는 남성 앞에서는 예쁘게 보이고 싶은 욕구가 살아나 잠재된 여성성을 일깨우는 계기가 되기도 했다. 정서적 교감도, 성적 교감도 부족했던 남편이지만 가정까지 깨고 싶지 않다는 고백에서, 여성은 '자신의 육체'를 당당하게 긍정적으로 인식하고 스스로 주체가

---

45) 북한은 여행이 극도로 통제되어 있어 시·군(郡)을 벗어날 때는 반드시 여행증명서(출장증명서 포함: 이름, 기관 및 직위, 용무, 가는 곳, 기간 등 기재)를 소지해야 한다. 따라서 주민이 다른 지역으로 이동하려면 여행증을 직장에서, 무직의 경우에는 인민반을 통하여 발급받아야 한다. 이 때 뚜렷한 사유없이 사적인 여행을 할 수 없으며, 관혼상제의 경우에는 친척이 보내준 편지가 필요하다. 특히 평양과 국경지역, 나진·선봉 등 자유무역지대, 개성 등 휴전선 지역은 여행증 발급이 어렵다. 그리고 타 지역에서 온 친지를 집에서 숙박하려면 해당 주민이 인민반의 '숙박등록대장'에 친지의 이름과 숙박 목적, 날짜 등을 기재하여 주거지역 분주소(파출소)나 보안서의 동의를 받아야 한다. 여행증이 없으면 '불법여행자'로 취급되어 인민반장이 담당 주재원(보안원)에게 신고하게 되어 있다. 자세한 내용은 이금순의『북한주민의 거주·이동: 실태 및 변화전망』(서울: 통일연구원, 2007)을 참조할 것.

되어 섹슈얼리티를 재구성해 나간다. 한편, 중국으로 탈북한 여성의 경우에도 이와 비슷한 경험을 했다고 한다.

그런 감정을 전혀 모르다가 좀 알게 된 것이 2005년도에 중국에 팔려오면서부터 남자가 다루는 것을 보고 정신이 좀 들었어요. '아 이렇게도 하는구나. 이런 감정도 있구나'라는 걸 느꼈죠. 관계가 시작되고 두 달 정도 되니까 마음이 안정돼서 저도 모르게 이 사람이 없으면 안 되겠더라구요. 북한 남자들은 친근하게 맞춰주는 게 없는데 이 사람은 분위기를 맞출 줄 아는 거에요. 후에 알고 보니 노력이 아니고 본능적인 행동이었는데 그 자체에 호감을 가졌어요.(사례 M)

처음엔 중국 남편과 언어도 통하지 않고 처음으로 외국인과 관계를 하려니 무섭고 공포스러웠다고 술회한다. 그러나 생계를 위한 중혼이었기에 중국 남편과 관계가 시작되면서 성에 눈을 뜨기 시작한다. 무성적이고 탈성화된 존재라고 여기며 살았지만, 중국 남편의 본능적 행동 그 자체에 호감을 느끼면서 성적으로 각성하게 되었다고 한다.

오늘날과 마찬가지로 고난의 행군 시기에도 여성의 경제력이 증대했는바, 이는 여성의 삶에서 자기 존재감을 확인하는 한편 성 주체적 성향이 변모하는 양상을 확인할 수 있었다. 여전히 대내외적 환경이 녹록하지는 않지만, 여성 스스로 살아남기 위해 기존의 공적담론에 굴복하지 않고 나름의 삶을 터득해 나갔다. 특히 시장화를 계기로 남성중심적 성문화에서 벗어나 자기 주도적 면모로 변화하고 있었다. 여기에는 사유재산 추구에 따른 배금주의도 한몫했는바, 기존 담론에 저항해 인간 본성과 여성성을 추구하고자 하는 노력이 돋보였다.

여성은 '제도권 내'의 성에 무조건적으로 복종·순응하는 것이 아니라, 자신의 이해와 충돌할 때 주체적인 양상으로 변하고 있었다. 이러한 변모 양상은 특정 개인에게만 나타난 것이 아니라 보편적으로 나타났다. 특히 시장화 확산에 따른 '혼외' 경험과 새로운 문화접촉은 여성으로 하여금 섹슈얼리티에 눈을 뜨게 했고 그 의식과 행태에 있어 괄목할만한 변화를 보였다. 여성이 주체가 되는 성행위에 과감하게 도전하는바, 이는 동거나 불륜, 성매매 등으로 나타났다. 무엇보다 여성들이 자신의 몸을 경제적 수단으로 삼는 행위가 급증했는데, 이 또한 단순히 '생존'이라는 틀로만 바라볼 순 없다. 비록 사회적으로 한계를 지녔을지라도 그 안에서 여성들의 성적 욕구와 그 실천적 행위가 갖는 의미, 가정을 유지하고자 하는 욕구와 현실 사이의 복합적인 관계에 대한 해석이 필요하다.

5. 나가며

지금까지 고난의 행군 이후 북한여성의 주체적 삶에 주목하고 이를 섹슈얼리티, 즉 성의 영역에서 고찰해보았다. 1990년대 절체절명(絕體絕命)의 식량난과 경제난을 일컫는 고난의 행군은 사회주의권 몰락과 연이은 자연재해 등으로 국가배급이 끊기면서 수많은 아사자와 대량 탈북사태가 발생한바, 이에 여성들이 국가와 남성을 대신해 생계활동에 나서며 가정경제의 주체가 되었고 여성 스스로 성 의식까지 바꾸는 중요한 지점이 되었다. 비록 엄격하고 폐쇄적인 북한사회라고 할지라도 제도권 안에서 여성들은 주체적인 성 의식과 행태를 보였다. 나아가 윤리와 도덕성이 요구되는 제도권 밖에서 여성들이 보여준 자기 주도적인 성적 일탈행위는 간과할 수 없는 대목이었다.

먼저 여성의 섹슈얼리티 형성에 영향을 준 공적담론을 살피기 위해 법·제도는 물론,「조선녀성」등 공식문헌의 내용을 살펴보았다. 북한은 건국초기부터 여성해방과「남녀평등법」등을 내세우며 체제 우월성을 선전해왔지만, 그보다는 전통적인 가부장 문화와 질서를 앞세운 국가 지배의 의도를 정당화하는 논리로 강화되고 있었다. 부부관계에서조차 '혁명적 동지애'를 강조하는 성담론은 김정일 후계세습 구도와 맞물리면서 여성에게 사회주의적 생활양식을 강요하는 등 여성의 성을 통제·규율하는 기제가 되었다. 따라서 국가와 남성 중심의 논리는 여성을 종속과 타율적 성향의 비주체적이고 탈성적인 존재로 만드는 통치방식이라 하겠다.

이러한 통치담론에도 불구하고 여성의 성 의식은 평양축전과 함께 개방적으로 변한다. 북한당국은 성개방 풍조를 반동사상문화로 규정하고 이를 배격하기 위해 '조선민족제일주의' 정신을 재차 강조했지만, 여성들의 변화된 성 의식은 시장화 확산 속에서 다양한 정보 습득이 한몫하게 된다.

한편, 심층 인터뷰를 통해서 여성이 성적 주체가 되는 양상을 '제도권 안과 밖'으로 나누어 살펴보았다. 우선 제도권 내 성은 합법적으로 이루어진 결혼생활을 말하는바, 남성중심적 성문화에 여성들이 순응하기보다 오히려 생계활동을 이유로 저항하거나 거부하며 성적 자기 주도성을 보였다. 아직도 여성의 성이 무성적이고 탈성화된 속성을 벗어나지 못하고 있음을 보여주는 단적인 예인 것이다. 반면에 외래문물을 접했거나 남편의 노력으로 성 불감증이 회복되어 성에 탐닉하는 양상도 나타났다. 이러한 행태는 여전히 '남성중심적 성 관념에 낭만적 사랑을 결합한 형태'의 보수적인 성의 재현방식이라 하겠다. 그렇지만 자신의 성 감정을 남편에게 솔직하게 표현했다는 점에 주목했다.

다음으로 제도권 밖에서 여성의 성은 북한에서 비사회주의 행위로 간주하는 동거나 부화, 8.3부부 등으로 경제적 상황과 쾌락적 성이 맞물린 일탈행위로 나타났다. 이들의 성적 욕구는 다양한 방식으로 표출하는가 하면 자신의 육체를 경제적으로 활용하며 억압된 욕구가 '해소'되기를 원했다. 이들 여성이 혼외에서라도 성적 욕구를 채우려는 모습을 보면, 그동안 여성의 성적 본능이 어느 정도 억압되어 있었는지 짐작할 수 있다. 따라서 경제적 안정과 성 욕구 표현이 보장되지 않으면 이들 여성의 섹슈얼리티는 보다 직접적이고 노골적이며 복합적인 양상을 보일 것이다. 특히 이들 여성의 섹슈얼리티가 시장화와 함께 성적 자기 주체성, 즉 성은 경제적 욕망 속에서 낭만적·쾌락적 욕구에 이르기까지 점진적으로 '확장'되는바, 그 욕구가 내면화된 여성만이 '본능적 성'에 접근하게 된다는 것은 시사하는 바가 크다.

이처럼 고난의 행군이라는 전대미문(前代未聞)의 위기 속에서 섹슈얼리티를 통한 여성의 주체적 삶의 양상은 경천동지할 만큼 파격적이었다. 이러한 양상은 국가와 남성, 이 두 주체에 의해 만들어진 '여성의 성'과 실제 생활 속에서 '여성의 성', 스스로 추구하는 '여성의 성'은 상당히 다를 수밖에 없다. 이 연구가 섹슈얼리티 관점에서 북한여성의 주체적 삶의 변모양상에 주목한 이유는 체제와 생존, 욕구 사이에서 이들이 어떻게 반응하고 살아가는지, 그 지향하는 바가 무엇인지 그 함의가 향후 통일의 과제이기 때문이다. 특히 북한 현지와 탈북과정에서 원치 않은 성 경험으로 인해 트라우마가 발생할 경우, 이들을 어떻게 치유할 것인지 근본 원인의 단초를 찾는 데 유의미한 대안이 될 것이다.[46]

---

46) 상담과 심리치료 분야에서는 이야기 틀과 구조 속에서 나타난 새로운 방법을 "이야기 치료(Narrative Therapy)"라고 일컫는바, 한국에는 1990년대에 소개되어 학제간 연구와 임상실험이 지속적으로 이루어지는 분야로 주목받고 있다; 실제로 본 연구에 참여한 탈북여성은 연구자와 적극적인 공감대를 통해 은밀하고 지

극히 사적인 경험담을 소상하게 이야기하는 도중에 북한에서 받은 상처와 응어리가 많이 풀렸다고 연구자에게 고마움을 전했다. 인터뷰가 진행하는 동안 이들은 기억하고 싶지 않은 과거를 회상하며 눈물을 흘리고 때로는 통곡하면서 '살아온 이야기'를 가감없이 토로하며 마음을 치유하는 시간을 가졌다. 연구자는 참여자와 화기애애하고 편안한 분위기 속에서 인터뷰를 진행했지만, 북한에서 힘든 생활을 뒤로 하고 이주해 온 이들이 국내 정착 이후에도 가시지 않는 상처로 인해 고통받고 있음을 확인할 수 있었다.

참고문헌

1. 국문단행본

고영환. 『우리민족제일주의론』. 평양: 평양출판사, 1989.

김두섭·최민자·전광희·이삼식·김형석. 『북한 인구와 인구센서스』. 대전: 통계청, 2011.

민성길. 『통일이 되면 우리는 함께 어울려 잘 살 수 있을까』. 서울: 연세대학교출판부, 2004.

박복순·박선영·황의정·김명아. 『통일대비 남북한 여성·가족 관련 법제 비교 연구』. 서울: 한국여성정책연구원, 2014.

서재진. 『또 하나의 북한 사회: 사회구조와 사회의식의 이중성 연구』. 서울: 나남, 1995.

에이브러햄 매슬로. 오혜경 역. 『동기와 성격』. 파주: 21세기북스, 2009.

이금순. 『북한주민의 거주·이동: 실태 및 변화전망』. 서울: 통일연구원, 2007.

이상우. 『북한 40년: 조선민주주의인민공화국의 특성과 변천 과정』. 서울: 을유문화사, 1988.

임순희. 『식량난과 북한여성의 역할 및 의식변화』. 서울: 통일연구원, 2004.

정상인. 『북한 가족정책의 변화』. 서울: 민족통일연구원, 1993.

통일원. 『95 북한개요』. 서울: 통일원, 1995.

2. 국문논문

권금상. "규범에 경합하는 북한여성들의 성적실천: 고난의 행군 이후 일상에서의 성경험을 중심으로." 『문화와 사회』. 통권 제20권 (2016), pp. 241~288.

김 진. "북한혼인법 개관." 『북한의 법과 법이론』. 서울: 경남대학교출판부(1988), pp. 371~384.

안인해. "김정일체제의 경제와 여성." 『한국정치학회보』. 제35집 2호 (2001), pp. 225~240.

오양열·임채욱. "북한의 군중문화정책과 주민의 문화예술활동." 『북한주민의 일상생활과 대중문화』. 서울: 오름(2003), pp. 89~176.

이상화. "북한여성의 윤리관." 『통일을 대비한 남북한 여성의 삶에 대한 비교』. 이화여대 한국여성연구원 제4차 통일문제학술세미나. 1996년 12월 9일. pp. 3~23.

정광수. "북한혼인법과 중공혼인법에 관한 비교고찰." 『통일문제연구』. 제3권 (1986), pp. 105~137.

최달곤. "북한혼인법연구: 주로 혼인의 성립과 효과를 중심으로." 『아세아연구』. 제15권 1호 (1972), pp. 21~84.

최대석·박희진. "비사회주의적 행위유형으로 본 북한사회 변화." 『통일문제연구』. 제23권 2호 (2011), pp. 69~106.

3. 북한문헌

김일성. 『김일성저작집 제15권』. 평양: 조선로동당출판사, 1981.

김정금·리황. 『민사소송법』. 평양: 김일성종합대학출판사, 1987.

림재성. 『붉은기』. 평양: 문예출판사, 1983.

사회과학원 언어학연구소. 『조선말대사전 1』. 평양: 사회과학출판사, 1992.

『조선녀성』. 1989년 1호.

_____. 1999년 5호.

_____. 2003년 5호.

_____. 2005년 8호.

_____. 2006년 10호.

_____. 2009년 3호.

4. 기타

『동아일보』. 1996년 6월 23일.

『DailyNK』. 2007년 12월 14일.

『자유아시아방송』. 2007년 10월 26일.